U1019989

卓越系列

卓越科学家的工作与创新方法系列研究丛书

方正大师　王选

刘大椿　主编
刘海波　李黎明　著

中国科学技术出版社
·北　京·

图书在版编目（CIP）数据

方正大师：王选/刘海波，李黎明著.—北京：中国科学技术出版社，2012.3
（卓越科学家的工作与创新方法系列研究丛书/刘大椿主编）
ISBN 978-7-5046-5953-8
I. ①方… II. ①刘… ②李… III. ①王选（1937—2006）—人物研究 IV. ①K826.16

中国版本图书馆CIP数据核字（2011）第250907号

策划编辑 郑洪炜
责任编辑 李 剑
责任校对 林 华
责任印制 王 沛

出　　版 中国科学技术出版社
发　　行 科学普及出版社发行部
地　　址 北京市海淀区中关村南大街16号
邮　　编 100081
发行电话 010-62173865
传　　真 010-62179148
投稿电话 010-62176522
网　　址 http://www.cspbooks.com.cn

开　　本 787mm×960mm 1/16
字　　数 273千字
印　　张 16.25
版　　次 2012年3月第1版
印　　次 2012年3月第1次印刷
印　　刷 北京长宁印刷有限公司

书　　号 ISBN 978-7-5046-5953-8/K·99
定　　价 32.50元

（凡购买本社图书，如有缺页、倒页、脱页者，本社发行部负责调换）
本社图书贴有防伪标志，未贴为盗版

科技部创新方法工作专项项目[2008IM020100]

编 委 会

主　任　刘大椿

委　员　（按姓氏笔画排序）

王伯鲁　王鸿生　任定成　刘永谋
刘海波　吴　彤　林　坚　高　策

Contents 目录

总序 INTRODUCTIDN

刘大椿

科学发现，技术发明，都是创造性事业，它们需要特定的环境条件，更端赖有特定素养的人，但在所有的创造性要素中，最须臾不可忽缺的，就是不与前人和周遭同仁雷同的原始创新。而原始创新，最重要的还是创新方法。

创新方法研究的直接和最终目标，在于正确把握科学思维、科学方法、科学工具的意义和作用，确立科学思维创新、科学方法创新、科学工具创新的具体机制，提高我国科技工作者和公民的科学素养。

呼唤创造性，提倡原始创新，不能不关注创新方法，但切不可抱持一蹴而就、马到成功的浮躁心态，因为，并没有一种放之四海而皆准的、可以清楚总结出来作为规范的所谓创新方法。如果有的话，创新就不在话下，而能把这种创新规范倒背如流、熟练掌握的人，也将是万能的科学创造者了。但这在实际上，不就是等于取消了创新吗？

那么，我们该怎样研究和讨论创新方法呢？

从科学方法的规范性研究到创新方法的启发式研究

自近代科学产生以来，世界许多科学家和方法论专家特别关注科学方法的意义和具体运用，近、现代科学史上许多重大科学发现本身就是科学思维、科学方法或科学工具上的创新。

在我国，关于现代科学方法的研究则兴起于二十世纪二三十年代。新中国成立以来，这方面的研究主要又集中在三方面：一是自然辩证法学界对科学方法的研究，二是国内科学家针对特定学科领域进行的科学方法研究，三是译介国外学者关于科学方法的论著。大致上，国内学者关于科学方法的研究比较注重对科学认识逻辑和理论思维方法的研究，侧重于对一些基础性科学研究方法的历史性描述与总结，而对于科学方法的创新性则相对忽视，并且缺乏与科学家具体科研实践的紧密结合。

方法之于科学，重要性不言而喻，只是人们未必知道，这种重要性同时还带来了科学家在解决问题、扩展知识的过程中应当遵循某种规范的信念。长久以来，科学被视为人类理性事业的绝对典范，而方法，正是科学取得成功的根本保证。在认识层面，方法规定了获得真知的规则和程序，在实践领域，方法又明确了达至具体目标的途径与工具，于是，人们就将这样的科学方法认定为最佳，而作为规律性知识和实践模式之集中体现的方法程式，自然也就成为人们尽力依循的标准，乃至努力追求的目标。

不仅如此，基于方法与科学之间的直接联系，许多人在一定程度上把科学等价于方法，认为使一种研究成为科学的那种东西，不是这种研究所涉及的事物的本性，而是这种研究用以处理这些事物的方法，如此，就连评判科学的标准也可以约化成方法。相当长期间的科学方法研究，或说科学方法论，就一直试图寻找这样的标准，以期最终能用那些不变的、应绝对遵守的原则和方法来从事科学研究。

然而，这种对方法论标准的寻求和程式化努力，却在20世纪以来的科学演进中变得不复绝对有益。这一时期，人类的认识视野急剧扩大，认识背景从以感觉知觉转变为以思维操作为主，科学理论的建构性成分越多，对观察现象与科学事实的理解便越难统一。在这样的背景下，科学方法标准观念的设定日显不着边际，相反，让方法成为活生生的、可以成长的工具或手段的理念则大得人心。

这也就是说，科学事业愈向前推进，方法多元化的发展格局就愈清晰，创新方法研究的重要性也愈发迫切。然而，对于这样一种旨在提示人们寻求科学探究更好途径的创新方法研究，原来那种以制定常则为目的的规范性研究方式已经不够了。如果说此前科学方法论采用规范性研究方式尚能有所斩获，因为规范性研究可满足在认识论意义上对“结构”与“规律”等方面的需要，而如今，想要围绕创新方法的实际运用做些扎扎实实的事情，规范性方式的短处就暴露无遗了。

首先，真正的创新通常是不合逻辑的，围绕创新方法问题，即使能够措辞严谨地给出界定和解释，对于我们切实了解和把握它，实际上也不会有太多具体的帮助。其次，纵然一般方法论规则对于概括和明晰认识规律有一定的必要，但它们的意义也仅限于此，创新方法研究的目的绝不仅仅是为了揭示这些一般性的适用原则。就好比我们开车到一个地方去，交通规则和驾驶技术尽管都是必要的，但并不意味着我们因此就知道如何选择一条最短的路径到达目的地。最后，一切科学方法论事先设定的规则，即便不是禁令式的，也只能限于一种消极、机械的表述，并不能结合千变万化的情况而激发出人们积极的创新能力，而后者，恰恰才是创新方法研究为之努力达到的目标。

总之，创新方法研究不是要制定传统科学方法论意义上的普遍的、规范的和确定的常则——在貌似有章可循的指令之下，似乎每个人都能为此做点什么，但实际上却没有谁能最终做出些什么来——我们的研究要竭力避免这样的结果。然而，这也不是说人们只能望“法”兴叹，事实上，创新方法即便不能按照某些规定加以实现，但也绝非凭空而至之事。一种富有成果的创新方法研究，就是要将任何有可能帮助实现创新的异质性因素转化为实际启发创新的内在要素。

对于方法，既可以从规范性意义上去理解，也可以从启发式意义上来理解。当以区别科学方法与非科学方法作为主要目标时，比较流行的是从规范性意义上理解，然而，一旦进入真正科学发现或技术发明的实践层面，规范性意义上理解的科学方法是无法自动带来创新的，一味拘泥于此理解，反而可能导致落后和失败，这时，从启发式意义上来理解的方法就是必要的了。

基于这样一种理解上的区分，传统的科学方法论与当下创新方法研究的目标便易于区别了。传统的科学方法论，其目标是认识论的，即从逻辑上重构科学研究的逻辑过程，是面向过去的解释理论，追求普遍性。当下的创新方法研究则立足于对创新实践有所启发，是面向未来的指导理论，追求启发性。抑或可说，创新方法研究具备一种实用的和直接指向行动的研究目标，尽管它所追求的启发性根本不能达到普遍性的高度——往往只能在某个狭窄领域或具体问题上重复使用，或者仅仅是具有启发意义——但它依然称得上是某种对创新的实质性支持；至于科学方法论，其关于科学过程的认识论重构再完美，对于未来的创新方法实践都只能是基础性的。

作为一种启发式的分析，创新方法研究因此只能是“助成法”而不是“必成法”，“这样必定成功”和“怎么都会成功”都是不合理的设定，正确的理解是“这样较易成功”。基于对创新方法研究定位的这种明确认识，我们就主张用“助发现”作为创新方法研究本身的方法论指导，因为试图建构一种完全确定的、机械的甚至逻辑演算的创新方法体系是不可能的，启发式的创新方法更多是间接的帮助，而不是直接的操作。于此，找到一种能够更好地体现、贯彻“助发现”思想的具体研究方式，从而把那些不容易讲的、但又值得讲的东西彻底讲清楚，就成为我们的当务之急。这种方式已经找到了，就是创新方法的范例研究方式。

为什么选择范例研究方式？

创新方法问题不论如何复杂，如何充满悖论，因事关科学创造性，人类不可能在科学技术实践中盲目地撞大运，所以必定会仔细讨论和审度创新方法。与实践联系十分密切，对方法的研究自然也就是一种实践性较强的研究——它不仅具备一种实用的和直接面向行动的研究目标，而且也需要用丰富生动的实践来加以说明和解释。显然，客观地考察创新方法这样不确定的东西的企图本身，从一开始就包含着一种矛盾：对于今后未可知的结果，谁也无法说出如此这般就是新方法所必须的。换言之，人们即便只是一般地谈论它，也只能在科学发现的事后进行推断或研判。所以，不得不承认，围绕创新方法的任何探讨都无法不限于科学家的实践，只有它们，才是对当前和未来都有深刻意义的重要经验。

说一种研究具有很强的实践性，那就意味着，作为研究者，我们一方面要深入实践，另一方面也要有适当的话语方式接近实践。结合近年来人文社会科学领域这类实践性较强的研究中所出现的叙事转向，我们认为，方法论也同样面临着一个从逻辑的哲学式话语向经验的叙述式话语的转向问题，质言之，坚持扶助、激发和培育等启发式思路的创新方法研究，必须悬置传统的逻辑重建追求，代之以一种类似“解释学循环”的情境性方式。

如果说方法研究就是从科学家的历史经验中选择那种在后来的经验中富有成效并具有创造性的经验，那么，现实情况却是，方法研究的理论进路不等于、且无法替代从方法实践中获取经验的方式，常规的逻辑框架也根本不能将一位科学家进行方法探究的过程或细节叙述详尽。在这种情况下，研究者只有提供一种具有生活语言风格的研究文本，或者说经验的叙事方式，才能改变自上而下的视角，而让读者更深入地走进历史现场，揭示在规范研究下已被过滤掉和被遗忘的真实过程和细节，从而更加接近对创新方法之运用的实质性理解。

就这样，一种经验研究的典型方式——范例研究进入我们的视野之中。这种问世不久就显示出重要价值并风行于诸多领域的研究方式，由于可以提供扎根于实践的具体经验，因此在满足那些极具复杂性、过程性等特点的实践问题的研究方面有着其他研究方式难以企及的优势。

概而言之，创新方法不是一种传统科学方法意义上的普遍的、规范的和确定的常则，更多的是一种启发式的、助发现的、支持性的东西，至少包括理念上的、逻辑上的、心理上的、制度上的和文化上的各种可重复的“帮助”或“方法”。

启发式的创新方法论追求对未来创新活动的实用性指导，寻找能在一定程度上可重复、可启发和可操作的“方法”。也就是说，创新方法不等于科学方法，科学方法属于创新方法的组成部分，不能把创新方法仅仅作为认识活动或科学方法来研究。

启发式的创新方法论并不指望规范未来的创新活动，相反它恰恰指望在过去轨迹的基础上突破过去。所以，在实际运用中，创新方法必定要出现变形、扭曲甚至倒置的情形，不可能完全地重复。这种不完全重复恰恰是启发式的创新方法论所要求的，即对创新方法的运用不是重复，而是又一次的创新。能够给新的创新以更多帮助的创新方法，就是好的创新方法。

启发式的创新方法坚持扶助、激发和培育的思路，悬置客观性、真理和逻辑的追求，因而不排斥经验归纳法。然而启发式的创新方法论对过去的归纳不是为了重复过去，而是汲取过去的智慧，并以此为基础再创造。所以，这里并不存在经验归纳与未来重复之间的矛盾。并且，从本质上看，启发式的创新方法研究只能走经验研究的道路，而不是走逻辑研究的道路。换言之，经验归纳、总结和一定范围的普遍化是创新方法研究的基本方法，不同于科学方法研究的逻辑重建方法。

在启发式的创新方法论背景下，创新心理研究、创新制度研究和创新文化研究等对创新方法的非逻辑研究当然属于创新方法论的范围。创新心理研究要解决的核心问题是：如何使个体达到最佳的创新心理状态？创新制度研究要解决的核心问题是：如何建构一种使群体达到最佳的创新心理状态的制度？创新文化研究要解决的问题是：如何培育一种激发创新的文化环境？因此，创新方法研究是异质性的、复杂性的，各个分支在主旨、视角以及问题域、应答域上差异很大，启发式的创新方法论不以一个逻辑严整的理论体系为目标，严守帮助创新的实用性诉求。

关于创新方法的最好展示，是回到科学本身。科学范例作为人类进步阶梯上的宝贵足迹，其间蕴藏着很多人所梦想的发现之艺术，它们因独特性地展现了对象世界的经验现实而彰显出自身的杰出性。当研究围绕某个范例的展开，能够结合具有生活化特征的日常经验情境进行关于科学探究过程的整体性描述时，读者也就进入了一场对这些发现艺术的从头到尾的“边缘参与”之旅。在这个过程中，人们即便不是直接经验，也仍然可以对某项发现的具体过程进行一次全面、动态的观摩，若再反复研究，洞察其幽，也就能领会到方法创新的实践诀窍和“秘密”技巧，从而发展出自己的默会知识与能力，所谓细节之处见真章，范例研究的这一点，是其他方式所不能比拟的。

另一个显而易见的成果，还在于范例研究能够给人们指出各种最有希望的途径，我们称之为创新法则指南。纵然一举使人的大脑变聪明并在短时间内实现创新是不可能的，但如果我们起码了解了避免失败的方式，那么是可以取得真正的改进的。再则，从不同的思想途径得以交汇的观点出发，入乎其内，出乎其外，人们便可以用比较自由的视角环视周围，发现前所未知的道路。

此外，范例研究中充满人性的原始材料无疑也是有趣和感人的，这会帮助人们在更近的距离以内，感受科学家的人格魅力，消除多数人头脑中也许存在的对科学家的刻板印象，从而恢复科学的人性形象。与此同时，范例还有助于唤起人们从事创新的巨大激情——了解伟大发现的一个重要后果，就是其他人受到鼓励去追寻更多的发现之艺术，从而源源不断地培养出承继科学事业的后来者，在感召的意义上，范例研究这样的方式将拥有最大量的受众。

总之，如果没有具体的范例，关于科学进步怎样取得、科学探究如何进行的概括就将是空洞的，从而谈不上有何启发，人们更是无从体会科学的永恒创新及其人道价值。征之于智慧意义的示范性与美学意义的感召力，我们的研究最终才能从根本上有助于人们对创新方法本质的理解和对科学实践要旨的传承。

本课题对创新方法范例的遴选

应该说，最具显示度并易于理解和普及的范例是卓越科学家的创新方法范例，而以人带事，通过对卓越科学家事业、人格、思想的概括和分析，生动而具体地展现创新方法的实际运用和重要作用，也是本课题的着眼点。具体说来，由于国内关于创新方法的研究，较为缺乏与自身文化传统和科研实践结合，学理探讨远远多于范例研究，因而更要结合本国科学方法发展的实际多做工作。作为科技基础性工作专项项目研究，本课题将遴选的范围圈定在本土（包括华裔）的著名科学人物中间，且以刚刚过去的一百年中的科学家为主。众所周知，我国的学问家和发明家昔日有过辉煌的成就，这种荣光在20世纪后得以复活亦有目共睹，作为整个中国现代科学技术史最重要的时期，20世纪的中国科学技术事业，不仅成果源源不尽地汇入人类文明史册，而且达至这些成果的创新方法也奇光闪耀。

有关范例的选择，本课题具体采取了综合范例研究这一复杂方式，它研究的不是一个而是多个范例。具体而言，所选取的范例涵盖数、理、化、农业、工程、高科技、人文及领军型、领袖型等多种学科和类型的卓越科学家，以图较好地反映创新方法在我国过去一百年最顶尖的科学工作中的关键作用。

应该说，这种做法对于较大程度地提升创新方法范例研究成果的通用性有很大帮助。通用性，即指从范例研究中得出的相关教益完全可以外推到相似的其他情境中。本来，作为一种以特殊体现普遍、以具体反映整体、以少见多的形式，每位科学家的创新方法范例不仅可以看作是他自己的一个独特系统，还可同时展示创新方法的共同特征。而不同范例涉及不同学科领域的创新方法，此种有意为之的差别将使得研究结果的解释性更加引人注目。也就是说，通过对一系列主题相似而内容不同的范例的审视，人们不但可以理解一个单一范例如何展开以及为什么它会如此展开，而且，还可以通过不同类型范例的互相参照和彼此印证，加强研究成果的精确性、稳定性以及有效性。一言以蔽之，多范例的根本意义就在于它提升了研究成果所具有的后见之明。

当然，一旦具体进入到某个范例的研究，这种以人带事的方式很可能因为容易面面俱到而导致与主题的疏离。为此，我们规定，以创新方法为主题展开的范例研究，研究者关注的必须是与创新方法有紧密关联的方面。也许对象、事件、情境因范例不同可能有很大变化，但主要的观察视角在这些范例中必须保持核心地位，创新方法始终站在事实材料的前面。这样的特别强调，将免于造成因关注大量历史细节而淹没课题中最重要的事情，始终不离开创新方法范例研究这个核心。

尽管创新方法的范例研究不能包含所有科学探究和创新方法的事件、历程，研究者中的每一个人也只能对少数范例或者范例的少数成分作出贡献，但随着时间的流逝，通过这种个人贡献的叠加和对范例理解的增进，人们就有可能以一种更深刻的方式达到对科学及其进步方法的把握。开始时那种似乎混乱并且像随意组合的东西，最终将呈现出一种比较有条理的格局，正是这一点，构成了创新方法范例研究作为一项科学研究的基础。

总之，创新方法范例研究作为一种叙事性的探讨，其目标在于，哪怕通过并不被认为是系统化的努力，也要让人们在某种程度上理解，没有所谓一成不变的创新方法。因此，他们就会接受类似“任何可以解决问题的方法就是好的方法”这样的观点，修正此前关于科学方法的概念框架，从而增大创新发生的可能性。

在对研究思路进行梳理和总结，对卓越科学家的工作和创新方法进行缜密调研的基础上，本课题研究形成了十个子课题，最终推出了当下这样一套多卷本的系列著作，总称之为《卓越科学家的工作与创新方法系列研究丛书》。其中，《范例研究：科学大师与创新方法》是对创新方法范例研究的一个宏观而实际的阐释，突出科学大师的范例如何有助于加深对创新方法的理解，并对范例研究的意义以及范例研究怎么做等问题进行前提性的交代。它在勾勒基本问题的意义上，应是无愧于后续卷本的领衔之作。其余九本都是具体的创新方法范例研究之作。首先呈现给大家的是方正大师王选和育种大师袁隆平、李振声，他们所提供的创新方法范例极具时代感和说服力； 相应的两本书是《方正大师：王选》和《育种大师：袁隆平、李振声》。接着是基础学科物理、化学、数学方面的大师，物理选了杨振宁，化学选了徐光宪，数学则选了华罗庚、陈省身、吴文俊三位院士，他们的成就都是代表性的，在创新方法领域亦多有亮点；相应的三本书是：《物理大师：杨振宁》、《化学大师：徐光宪》、《数学大师：华罗庚、陈省身、吴文俊》。再接着是在我国科技发展的举国体制中作出卓越贡献的两类科学家，即两弹一星领军科学家钱三强、钱学森、赵九章，以及战略性领袖科学家王大珩、叶笃正、刘东生，这些院士在自己的专门领域的成就也是首屈一指的；相应的两本书是：《领军科学家：钱三强、钱学森、赵九章》、《领袖科学家：王大珩、叶笃正、刘东生》。最后两本选取的是工程和人文两方面的重要科学家，工程巨匠以当代桥梁大师为范例，人文大师以20世纪上半叶在巨变时代做出奠基性工作的人文学者为范例，写的都是一组人和事；这两本书是：《桥梁大师：辉煌业绩与创新方法》、《人文大师：奠基性研究与创新方法》。当然，本课题所选取的虽然都是有分量的科学家，但肯定不全面，只能算挂一漏万。唯望对科学大师创新方法的范例研究，人们能首肯：“这是有意义的第一步。” 倘如此，则所有的付出都可以忽略不计了。

前言 PREFACE

汉字，关乎中华民族的命运。汉字信息化，关乎中华民族在信息时代的命运。感谢王选，他用创新叩开了汉字信息化的大门，引导中华民族迅速进入信息时代的发展平台。只要你用汉字交流，读书、看报、上网、写邮件、发短信，你就应该感谢王选。没有王选，中华民族也许要在信息时代的大门前摸索更长的时间。正如王选反复说的，“最可怕的是错过一个时代”。感谢王选，让中华民族及早地、及时地进入了信息时代。

王选是上苍赐给中华民族的一柄利器、一件瑰宝，一个民族的崛起和复兴，总是在关键时候有一些杰出人物用自己的实践展示这个民族的能力和精神。这其中的一些细节透露出的信息更值得、也更启发我们思考。比如，1991年年初，王选在重新考虑激光照排系统名称时，最初并没觉得“方正”是个合适的选项。王选说：“3月8日下午，我们开了个小会，专门讨论这个问题。我当时不觉得‘方正’这个名字特别好，一直犹豫着。下午5点多，周喻采他们拿给我一个做好的报纸广告样张，是琥珀体斜排的‘北大方正’四个字，当时就觉得非常好看，笔画简单、明快。当时拍板决定，就用‘方正’。我看了一下表，当时正好是6点”。[①]

中国历史上有对“方正”的解释，被经常引用的是《汉书·晁错传》。“察身而不敢诬，奉法令不容私，尽心力不敢矜，遭患难不避死，见贤不居其上，受禄不过其量，不以无能居尊显之位。自行若此，可谓方正之士矣”。晁错是汉朝改革家，是历史上的方正之士。

王选是当代创新家，是当代的方正。王选不但在古老汉字中找到了数学规律，还在传统文化中汲取了创新营养。

王选对汉字激光照排技术有着高度的文化自觉。他认为，汉字激光照排技术并不单纯是一项技术，而是个很好的载体，保护和促进了汉字乃至中华文化的发

---

① 丛中笑.王选的世界[M].上海：上海科学技术出版社，2002：185.

展。他说："20世纪80年代，我开始研究中文信息处理，受钱老（钱学森）的启发，我逐渐认识到软件也是人类文化的一部分，信息时代就是以信息技术来支撑文化，一定要把信息资源建设、软件建设放在新文化建设的视角和高度，要增加历史使命感。现在的人越来越多地使用电脑打印、电子邮件、手机短信等方式来交流，这实际上影响了我们的文化准则和文化习惯。现在，中国网民占全世界第二位，但我们所掌握的网络资源，只是占全世界3%多；而所有这些资源中间，汉字的网络资源更少，这影响到我们的新文化建设。"①

王选对自己、对时代、对创新、对文化、对事业、对生命、对生活、对国家、对民族等诸多方面都保有高度的自觉。"做一个好人"、"不能让国家的钱白花"、"献身科学必然会失掉常人所能享受的不少乐趣"、"今后衡量我贡献大小的一个重要标志，就是发现了多少年轻才俊"，②王选的这些话语，深刻揭示了他的自觉胸怀。

王选是一个高度自觉的人。自觉是通过学习、修养、磨炼、努力而达到该做什么、不做什么、特别是知道自己的特长是什么、能做什么，从而把自己的长处发挥好的一种境界。王选卓越地实现了这个境界。

自觉包括基于使命感的远见和基于责任心的努力，远见和努力是王选创新自觉的突出表现。他说他一生中有八个最重要的选择（第一个是选择计算数学专业;第二个是从硬件转向软件但不放弃硬件;第三个是通过收听英语广播锻炼英语听力、提高英语水平;第四个是跳过二代三代照排机直接研究第四代激光照排系统;第五个是技术顶天、市场立地;第六个是退出科研第一线全力扶持年轻人;第七个是进军日本市场;第八个是开发数字视频技术进军广电行业），一生中的绝大多数时间都"在第一线拼命干活"。八个重要选择是他的远见，在第一线拼命干活是他的努力。每一个选择、每一天的努力，都基本上不是外力强加的结果，而是基于生命自觉、使命自觉、精神自觉的主动行为。倒是他的远见和努力，感染、影响和说服了外界，使他在几次关键时刻，赢得了有决定性影响力的人物的实质性支持，因而彻底改变了局面。

---

① 易蓉蓉.大科学家王选的人生地图.中国教育和科研计算机网：http：//www.edu.cn/20060321/3179844.shtml.

② 王选语录.王选纪念网：http：//www.wangxuan.net/node/node_161.htm.

王选最被人熟知的成果是“汉字激光照排系统”，但这只是王选贡献的冰山一角。在技术上，王选发明了汉字压缩存储、快速还原和栅格图像处理器RIP。这些发明是为解决计算机汉字排版、印刷问题研究出来的，但它们的应用领域绝不局限在排版、印刷。应该说，它们是汉字数据库、汉字信息技术的基础。在产业上，20世纪80年代初，王选就开始致力于研究成果的商品化、产业化，并成功闯出一条产学研紧密结合的技术经营之路。在精神上，王选基于本土资源的创新，已经成为范例，感召和激励着全国人民。

胡锦涛总书记先后多次号召向王选学习。2006年6月5日，胡锦涛总书记在两院院士大会上指出，前不久过世的王选院士是我国院士的杰出代表，他献身科学，敢为人先，提携后学，甘为人梯，为我国广大知识分子树立了光辉的榜样。

2008年5月3日，北京大学建校110周年之际，胡锦涛总书记冒雨来到北京大学参加纪念活动。总书记在校史馆仔细观看了王选遗嘱、王选设计汉字激光照排技术的手稿以及他在字模稿上修改字形压缩信息的手迹等实物。总书记在这些实物前驻足良久，说：“从这些实物中，可以看出王选同志艰苦攻关的科学精神”。在与北京大学师生代表进行的座谈会上，总书记先后三次握着王选夫人、北京大学计算机科学研究所教授陈堃銶的手，问寒问暖，亲切叙谈。总书记说，王选同志的事迹让我感动，他是我们大家学习的榜样。

2006年5月13日，王选去世3个月后，中宣部、统战部、教育部联合决定，在广大知识分子和统一战线各界人士中开展向王选同志学习的活动。决定指出，学习王选同志，就是要学习他对国家、对人民忠心耿耿，为中华民族的伟大复兴殚精竭虑、鞠躬尽瘁的爱国情操；学习他坚持中国共产党的领导，同中国共产党肝胆相照、真诚合作的思想风范；学习他献身科学、努力拼搏、敢为人先、开拓进取的自主创新精神；学习他以提携后学为己任、甘为人梯、淡泊名利、乐于奉献的崇高品德。

在中宣部、统战部、教育部联合决定发布不久，2006年5月15日至18日，《光明日报》连续发表4篇社论，论述王选精神，号召向王选学习。社论指出，“学习王选，因为其发明创造的价值彪炳千秋。青年时代的王选呕心沥血于原始性创新，27岁研制成功了ALGOL60高级语言编译系统，开创了软硬件结合从事计算机体系设计的先河。中年时代的王选坚持在国际时代潮流的风口浪尖自主创新，38岁时直接跳过二代机和三代机，研制最先进的激光照排系统。50岁时决定跨越当时供不应求的华光IV型系统，研制PostScript中文解释器。迈入花甲之年的王选仍坚持领导方正的汉字技术现代化的持续创新，研制激光直接制版，告别软片。即便到了晚年，身患肺癌的王选还坚持工作，关心方正。王选将毕生精力全部倾注给了汉字现代化事业，献给了祖国的科学事业”，“学习王选，因为其发明创造的精神难能可贵。无论是在科研工作还是平常生活中，王选历经磨难而矢志不渝，从没放弃过为祖国和人民贡献力量和智慧的理想，始终为祖国和人民作出实际贡献而不懈奋斗”，“学习王选，因为其发明创造的意义惊天动地。科学无国界，科学家有祖国。一个人的科学研究、一个科学家的科学事业只有与人类进步、与祖国的繁荣昌盛紧密结合时才会显示出强大的生命力。”

“独创，绝不模仿他人”，是王选创新的原则；“不短视，不务虚名，把为国民经济和科学事业作出实际贡献当作奋斗目标”，是王选创新的追求；“关心青年，提携后进”，是王选创新的魅力。王选创新，至高至重，人们对其认识和理解还在不断深化。创新是民族进步的灵魂，是社会发展的不竭动力。唯有创新，才能开启民族智慧，才能拥抱人类文明，才能让中华民族屹立于世界先进民族之林。王选走了，他留给我们自主创新的精神财富和影响将照耀我们奋勇前行。

第一章

王选创新的杰出贡献与人格特质

北京大学郝斌教授说，王选身上有中国人的真精神。是呀，没有中国人的真精神，怎么会受到中国人的真爱戴呢？

王选，全国政协副主席、中国工程院院士、中国科学院院士、第三世界科学院院士。生前，赢得了祖国和人民的高度评价，在国际上获得了广泛的赞誉。1985年获首届中国发明协会发明奖，1986年获日内瓦国际发明展览会金奖，1987年获首届毕昇奖，1987年和1995年两次获国家科技进步一等奖，1989年获中国专利金奖，1990年获陈嘉庚技术科学奖，1991年获国务院特殊津贴，1995年获联合国教科文组织科学奖、何梁何利科学与技术进步奖，获2001年度国家最高科学技术奖。他还先后获全国先进工作者、有突出贡献的中青年专家、全国高等学校先进工作者、北京市劳动模范、“首都楷模”等荣誉称号。王选去世后，还当选“100位新中国成立以来感动中国人物”、“60位新中国成立以来最具影响的劳动模范”、“共和国60年影响中国经济60人”、“新中国60年杰出出版家”、“建国60年60位功勋品牌人物”等。他用自己的科学发明和自己身上承载的中国精神——“苟日新、日日新、又日新”的自强不息精神；“立德、立功、立言”的求真务实精神；“己欲立而立人，己欲达而达人”的主动协作精神；“修齐治平”的内圣外王精神——把自己的名字深深地印在了中国人的心中。

一、信息时代的毕昇

在人类历史上，在当今世界中，没有哪一个民族的文明与其本民族文字的关系像中华民族与汉字的关系那样纠结。迄今为止的两次汉字“危机”充分说明了这一点。

第一次“危机”是滥觞于“新文化运动”的“汉字拉丁化”。那次危机起源于思想界，夹杂着政治因素，以汉字简化和拉丁拼音的出现告一段落，延续40年。第二次“危机”是由计算机带来的“汉字信息化”。这次危机起源于科技界，夹杂着商业因素，以王选“汉字激光照排系统”实用化、产业化为标志，基本结束。

如果说这两次“危机”都有思想、政治、科技、商业在其中发生作用的话，那第一次“危机”则以思想和政治为主，第二次“危机”则以科技和商业为主。如果说汉字简化和拉丁拼音是伴随着“中国人民站起来了”而取得成功的话，那“汉字激光照排系统”则在技术上拉齐了汉字和拼音文字的距离，使汉字表达的信息和拼音文字表达的信息可以用同样的速度驰骋在现实和网络的世界里。

1．汉字有大美

国学大师饶宗颐[①]先生曾这样评价汉字，造成中华文化核心的是汉字，而且成为中国精神文明的旗帜。汉字不仅是记录语言的符号，让今人可以清晰看懂古代时期文字所表达的内容，还能让中华民族的千年传承深烙其中。

汉字自身是一个复杂信息系统，这个系统有其独特性质，从思维的角度看，汉字的特点主要表现在具象和隐喻方面。从结构的角度看，汉字的特点主要表现在二维方块和平衡方面。

《说文解字·叙》记载：“黄帝之史仓颉，见鸟兽蹏迒之迹，知分理之可相别异也，初造书契”，“仓颉之初作书也，盖依类象形，故谓之文。其后形声相益，即谓之字。文者，物象之本也；字者，言孳乳而浸多也。”

甲骨文中的象形字大多为名词，表现自然界的山水、草木等事物，表现人的各种形态和身体部位。这些“近取诸身，远取诸物”的具体形象，是人类感性认识的视觉符号化，是直观的感性特征经过抽象、概括的思维组合后的固化形象。

早期的汉字，从人们直接感受到的对象，经抽象思维、多维联想，以“依类象形”的方法表现出来，是当时的人们认知水平的体现。这种直接的取象表义方

① 饶宗颐（1917—），字固庵，号选堂，广东潮州人，著名国学家。《饶宗颐二十世纪学术文集》（中国人民大学出版社，2009）14卷20册，近1200万字，涉及甲骨学、敦煌学、史学、简帛学、目录学、考古学、金石学、楚辞学、宗教学等，在很多领域都走在了国际汉学研究的前沿。

式，决定了汉字的本质特征就是象形，以具体的形象表达语义。具象性是汉字的突出特征。

随着汉字的发展，以象形字为基础的合体字成为汉字构形的主体，此时的象形字成为合体字的构字部件。象形字以具象示义的功能与它作为构造部件的作用共同进入合体字中，从而形成了整个汉字体系独特的具象示义的功能和形式。例如，同是“日”、“木”，日在上为“杲”，表示阳光明亮的意思；日在下为“杳”，表示天色昏暗不明的意思；再如，“鑫、森、淼、燚、垚、磊”等，表现的都是以具体代抽象、以定数代不定数的思维方式。

汉字包含的这种具体代抽象的思维对于创新有重大意义，因为科学理论的发展不能只靠抽象的逻辑思维，单靠它无法真正创新。任何逻辑推理的结论其实都已隐含在其前提中了，逻辑推理只是将原来隐含的东西挖掘出来、挑明而已。要想真正创新，必须突破旧的前提及其逻辑体系，具象思维正是实现这种突破的一种思维方式。当年爱因斯坦提出相对论也正是从具象思维入手的，通过一个理想实验——追光实验，悟出了光速不变原理。

隐喻思维是汉字另一个显著的思维特征。隐喻是从一个认知域向另一个认知域结构的映射，即将原概念范畴映射到目标概念范畴上。隐喻实质上是一种借助于相似性的替代过程，就本质而言是“联想式”的。在隐喻结构中，把两种看似无联系的事物相提并论，是因为人类在认知领域对它们产生了相似联想，因而最终会利用这两种事物的交融来解释、评价或表达他们对客观现实的真实感受或情感①。

以“武”为例，《说文·戈部》：“武……止戈为武”，其实这里的“止”不是“息止”或“停止”之义，而是“趾”的本字。《说文》：“以止为足”，借以表示“行走”。“戈”，借指武器。“止”、“戈”都是象形字，二者组合为“人持戈行走”的意象，隐喻“征伐行动”的深层含义。

由此可见，隐喻是用乙类事物来解读、感知甲类事物的一种联想式的思维方式。当今世界很多的发明创造都得益于这种思维。例如，人们将蜻蜓、鸟的飞行现象与飞行器的研制进行联想，将鱼的游弋与水上战争武器的研制进行联想等，从而创立了仿生学；人们将机械修理与动物医疗进行联想，建立起基因医学理论；人们将植物的无性繁殖与动物的繁殖进行联想，研究出克隆技术，实现了动

---

① 赵艳芳.隐喻的认知基础[J].解放军外国语学院学报，1994（4）.

物的无性繁殖。德国地球物理学家魏格纳[①]观看墙上的世界地图时，惊奇地发现地球大陆的几大板块边沿的凹凸部分恰相吻合的现象，将其与地壳演变研究进行联想，从而创立了大陆漂移学说等。这些都是人们运用联想式思维探求未知世界的典型事例。

同时，受儒、释、道三家交互影响的中华民族的传统思维方式呈现出一种古朴的系统观，一种有别于西方机械论和现代系统观的有机论思维方式。“这种有机论的观点认为，宇宙是一个包括社会和生物变化在内的演化过程。世界是万物交感的世界，学问家的任务就在于建立起对自然现象、社会现象和精神现象一以贯之的理论解释。它强调部分与全体、内在与外在、结构与功能、源与流、天与人之间的各种微妙关系，认为人与万物无不处于生灭循环的过程之中。任何具体事物都不具有独立实体的意义，但任何个别事物又因禀受天道而息息相通”[②]。

这种有机论的哲学导致在方法论方面重视直觉体验和类比推理的倾向，不同于演绎几何中的形式逻辑。希腊科学精确性的根源就在于其对形式逻辑的重视，当希腊人处理纯粹的、抽象的图形时，即便图形没有现实的材料相对应，只要推理正确，得到的结论同样能被接受。“但是受古朴系统观的影响，中国古代的哲学家更倾向于用综合的方式而不是分析的方式去发现真理，对事物的认识往往也不是直接探究事物本身，而是在观照他物、在编织起的此物与他物互倚互重的整体中达到对此物的理解。也就是说，寻求真理的目的就是要寻求一种最全面、综合性的方法对不断扩展的人类经验加以把握。这种目标导向使得很多学者和哲学家习惯于以人的行为和感受外推来解释自然现象，借助归纳推理，尤其是类比推理达到对自然的领悟”[③]。类比推理的最大特点就是要充分利用经验和直觉，展开丰富的联想。

从结构上看，二维方块式无疑是汉字最大的构型特征，汉字专家何九盈先生[④]在谈及汉字形体的文化功能时说，现代汉字，除了几百个独体字外，其余多

---

① 魏格纳（Wegner，Alfred，1880—1930），德国天文学家、地球物理学家、气象学家。以其大陆漂移学说的贡献，成为20世纪最有影响的地质学家之一。主要著作有《海洋和大陆的起源》（1915）。

② 刘大椿.互补方法论[M].北京：世界知识出版社，1994：264.

③ 刘大椿.互补方法论[M].北京：世界知识出版社，1994：271.

④ 何九盈（1932—），湖南省安仁县人，中国古汉语、汉语音韵学专家，主要著作有《古汉语音韵学述要》、《上古音》、《中国古代语言学史》等。

为方块形二维组合体。或左右结构，或上下结构。如“桥”的二维空间配置就是左“木”右“乔”，汉字之二维方块能动地体现了中国传统思维中阴阳对映、对立统一的辩证思维方式。

平衡对称是汉字构形的又一基本特征。象形字“臼”、“門”、“鬥”、“羽”、“兆”；指事字“亦”、“八”；两个或四个独体字构成的同体会意字“珏、林、昌、炎、炏、北、炑、皕、爻、朋、𦬾、燚”等，给人以强烈的视觉对称美；形声字中的大部分，在结构上形旁和声旁各占一方，或上声下形、上形下声，或左形右声、左声右形，或内形外声、内声外形，总是对称的，即使是左中右结构的，如“街、衝、衕、術、衢、弼”等字的左和右也是对称的。还有许多字在形体结构上是局部对称的，如“篼”、“琵”、“琶”、“琴”、“瑟”。汉字的这种构形特征凝结了中国人传统的审美意识——对称。

我国古代哲学代表著作《周易》，饱含丰富的辩证思想，提出了一系列互相矛盾对立的概念，如阴阳、刚柔、动静、屈伸、进退、大小、内外、损益、盈虚等传统的辩证思维方式。“作为汉民族文化元素之一的汉字，从它的字形特征和形声字的构造方法等方面也体现出了受这种思维方式的影响。实际上它也是中华民族‘叩其两端取其中’，特别强调不偏不倚的中庸之道，在对立中追求和谐统一的镜像”[①]。汉字记录了中华民族的光辉历史，熔铸了中华民族的辩证思维和包容的文化。正因为这样，汉字和中华民族的命运是如此地合拍，荣辱与共。“造次必于是，颠沛必于是”。

2. 汉字遇大变

汉字一帆数千载，成为中华五千年灿烂文明的印记，这得益于长期以来数千年稳定的农耕文化的培育。然而，也正是由于这个原因，当我们沉浸在自给自足的小农经济时，曾经我们自以为豪的“四大发明”推动了西方社会的工业革命，促进了资本主义社会的快速发展。从此，一个曾经在文化的自豪感上君临天下的文明，一个自以为地大物博的泱泱大国被西方国家的坚船利炮敲开了国门，汉字和中华文明也开始面临数千年未遇的历史大变局。

① 孟青. 从汉字中看隐喻的认知特征[J]. 科技信息，2008（14）.

在鸦片战争、甲午战争等一连串失败和丧权辱国条约的签订后，不少志士仁人将矛头首先指向了中华民族的旧文化，认为是旧文化导致了中国的落后挨打，要想扫除旧的文化，要想使中国旧的、落后的文化有一个彻底的改变，让中国摆脱落后挨打的困境，应该首先从废掉汉字入手。

1917年2月，在美国哥伦比亚大学留学的胡适①在《新青年》杂志上发表了《文学改良刍议》，提倡废除文言文，使用白话文写作。一时间石破天惊，轰轰烈烈的新文化运动从此启动，一场汉字改革也随着新文化运动的爆发拉开了序幕。

胡适的主张得到了北京大学教授钱玄同②的赞赏。钱玄同在给胡适的一封信中写道，欲使中国不亡，欲使中国民族为20世纪文明之民族，必须废孔学，灭道教。而废记载孔门学说，及道教妖言之汉文，尤为根本解决之根本。

胡适、钱玄同的观点得到很多大学问家的赞同。陈独秀说，中国文字即难载新事新理，且为腐毒思想之巢窟，废之诚不足惜；蔡元培称，汉字既然不能不改革，尽可直接改用拉丁字母；而鲁迅则主张，汉字也是中国劳苦大众身上的一个结核，病菌都潜在里面，倘不首先除掉它，结果只能自己死。

另一方面，在技术上，西文打字机的普及大大提高了文献资料的录入速度，更加剧了汉字的危机。为了不让汉字变成被打字机抛弃的文明，一些有识之士不遗余力地研究汉字打字机。

1912年，留德归国、在商务印书馆工作的周厚坤研制出中国第一架铅版打字机，但是这台打字机使用很不方便，无法批量投产。周厚坤离开商务印书馆后，舒震东接手打字机的研制工作。1916年，舒震东毕业于同济医工学堂（同济大学前身）首批机电班，毕业后不久，进入商务印书馆任职。当时，上海市面上有一种日文打字机，由于日文中除了平假名、片假名外，还有一部分汉字，所以在这种日文打字机的铅字盘里就有汉字。舒震东在周厚坤研究的基础上，结合日文打字机的相关技术，进行大胆的创新改良，终于在1819年试制成

---

① 胡适（1891—1962），安徽绩溪人。现代著名学者、诗人、历史学家、文学家、哲学家。因提倡文学革命而成为新文化运动的领袖之一。原名嗣穈，学名洪骍，字希疆，后改名胡适，字适之，取自当时盛行的达尔文学说“物竞天择，适者生存”典故。

② 钱玄同（1887—1939），浙江吴兴（现浙江湖州市）人。语文改革活动家、文字音韵学家、中国五四新文化运动的倡导者之一、著名思想家。

功中国第一台中文打字机——“舒式打字机”。1922年，舒式中文打字机申请了专利，经农商部批准，特许专卖。此后，商务印书馆一直以商务品牌生产、制造、发售“舒式打字机”。可以说，这款中文打字机的技术，拥有完全独立的自主知识产权。

“舒式打字机”的基本原理是：首先在铅字盘中将汉字有规则地排列，并且将按此规则排列的汉字印制在浅绿色的铜版纸上，大小和排列位置与铅字盘中的铅字是一一对应；然后从按键处接出一根连杆，将铜版纸压在玻璃板下面，放在打字机一侧，按键连杆一直连到压着印好字的铜版纸的玻璃板上方，连杆下方有根针，可以用来对着玻璃板选字，每选准一个汉字，按下按键，通过连杆在铅字盘找到相对应的中文铅字，插孔套住该铅字，按键按到底，铅字正好打上。使用时，打字员左手握字锤杆，右手执字盘，在玻璃表上检字操作，卷纸部分则效仿外文打字机，并附有检字表，还能兼打直行、横行，相当便利，每小时可打千余字。

1920年，商务印书馆为了推销中文打字机，让美工人员万籁鸣兄弟为其制作能活动播放的广告片。于是，万氏兄弟反复摸索，制作出了电影广告《舒震东华文打字机》，供电影院于放映正片前播放，成了中国第一部广告动画片。随着批量生产运用，商务中文打字机成为中国20世纪30～40年代主要的打字设备，“官署、学校、公司、工厂不可不备”。直到20世纪60～70年代，还能在一些出版社找到它的身影。

发明中文打字机后，舒震东任商务印书馆的总工程师，不久到德国、法国、美国考察。回国之后，他又对中文打字机做了多次改进。当时的商务印书馆掌门人张元济很重视世博会，精心挑选展品、培养人才，希望在世博会中展示自己，改变西方人认为中国落后的印象。1926年，在美国费城世博会上，商务印书馆的出版物、中文打字机等都参加了展览，很受美国人欢迎。其中，商务印书馆中文打字机获得乙等荣誉奖章。

“舒式打字机”的发明和应用填补了汉字打印机的空白，但是，它要配备数千个铅字组成的大字盘，操作不容易，捡字也困难，同时昂贵的机器成本和复杂的使用技术令其难以普及，而且打字机比当时的活字印刷并没有明显的优势，因此当时一般人还是用手抄或铅印。这也让那些提倡汉字改革的人有了更多的理由。

1931年9月26日，第一次中国新文字代表大会在海参崴举行，以瞿秋白撰写的《中国化拉丁化字母》为基础进行讨论，提出汉字是古代与封建社会的产物，已变成了统治阶级压迫劳苦群众的工具之一。大会提出改革的方针是根本废除象形文字，以纯粹的拼音文字来代替它。此后民国政府也做出了种种简化汉字和拼音化的努力，但由于当时政局动荡，百姓处于水深火热之中，汉字改革的呼声逐渐减弱。

1949年，中华人民共和国成立，人们对一切都满怀憧憬。10月10日，中国文字改革协会成立。当时的主流观点是，把文字的发展分成三个阶段，是一个进化的三个阶段，最古老的、最落后的文字是所谓的形意文字，第二种叫意声文字，第三种才是拼音文字，又叫字母文字。而西方的文字就处于一个先进的状态，中国古文字被认为是落后状态。西方汉学界著名语言学理论家几乎都一致地认为汉字是落后的语言文字，是残余的象形文字。如果中国要迅速地赶上西方，变成一个现代化国家，就必须从文字处理入手。

当时的中国80%的人口是文盲，寻找一个快速的方法扫除文盲普及文化教育是当时的广泛共识。人们把希望寄托在汉字改革上，因此当时文字改革的任务是简化汉字，推广普通话，制订和推行汉语拼音化的方案。

值得欣慰的是，在当时的环境下，我国政府走了一条最理智，同时也是最切实可行的文字改革方案。正如著名作家茅盾所希望的，至少我们的孙儿、孙女这一代能够两条腿走路，既能用汉字写，也能用拼音字母写，听报告做笔记，用拼音字母写，会比汉字更快。如果可能，还能用上拼音字母的打字机，这样该是多么的幸福呢？

正在我国为汉字改革渐入佳境时，国外发生了翻天覆地的变化。1946年，世界第一台计算机诞生，人类开始进入计算机时代。

1946年世界第一台计算机诞生，尽管最初它只用来计算，但随着晶体管和集成电路的发展，商用计算机开始普及。之后，1960年美国信息交换标准码（ASCII）的出现，使计算机之间可以互相沟通。

但是，同西文打字机一样，ASCII并不能有效处理拼音文字以外的文字。当时，美国国会图书馆及多家大学都有不少来自东亚的藏书。为了有效管理这批藏书，必须要有一套有效处理东亚文字的系统。这套系统包括了两方面：其一是如何把东亚文字存储在计算机内；其二是如何在计算机上表示出东亚文字。

美国IBM公司动员上百位计算机工作者、汉语工作者耗资上千万美元开展“汉字进电脑”的工作。他们设计了卡德韦尔汉字打字机（Cald Well Sinotype），按每字笔画顺序打制孔码。笔画多的码数多，笔画少的码数少，一共能打2333个汉字。其后，有Photon公司的“辅键式汉字打字机”，能打5040个汉字。打字时每次必须在大键面上标出的5040个汉字中找到所需之字，右手按下该字所在大键，左手按下标有该字数字位码的一个辅键，电脑才能把该字反映出来。辅键共有30个。此种录入方式用起来非常麻烦，效果甚微。

于是，他们得出结论：“Or die out Chinese Words; Or die out computer”（“要么不用汉字，要么不用电脑”）。

一些外国科学家甚至断言，如果中国不放弃方块文字，将无法进入信息时代。1984年的《参考消息》有这样的记载：“法新社洛杉矶8月5日电　新华社派了22名记者，4名摄影记者和4名技术人员在奥运会采访和工作。在全世界报道奥运会的7000名记者中，只有中国人用手写他们的报道……”显然，汉字的计算机处理技术与西方的拼音文字的计算机处理技术相比，已经大大落后了。

3．汉字获新生

其实，早在1974年，我国就启动了汉字信息化研究的国家课题。

1974年8月9日，一机部（后来的机械工业部）、四机部（后来的电子工业部）、新华社、中国科学院和国家出版管理局向国家计委和国务院提出《研制汉字信息处理系统工程的请示报告》。9月24日，国家计委批准把汉字信息处理系统列入国家科技发展计划，通称为“748工程”。“748工程”把能够输出高质量汉字的汉字照相排版、印刷、检索、传输系统作为重点难题，寻找开启汉字进入信息时代大门的钥匙。

印刷技术是传播知识的最重要手段之一，也是拓展精神疆域的最强大杠杆之一。印刷术发明之前，文化的传播主要靠手抄的书籍。手抄费时、费力，容易抄错、抄漏，极易给知识传播带来不应有的损失。印章和石刻给印刷术提供了直接的经验启示，用纸在石碑上墨拓的方法，诞生了雕版印刷。

隋末唐初，人们发明了雕版印刷术，雕版印刷的大致过程是：将书稿的写样写好后，把有字的一面贴在板上刻字，刻工用不同形式的刻刀将木版上的反体字墨迹刻成凸起的阳文，同时将木版上其余空白部分剔除，使之凹陷。板面所刻出的字约凸出版面1~2毫米。用热水冲洗雕好的板，洗去木屑等，刻板过程就完成了。印刷时，用圆柱形平底刷蘸墨汁，均匀刷于板面上，再小心把纸覆盖在板面上，用刷子轻轻刷纸，纸上便印出文字或图画的正像。将纸从印板上揭起，阴干、印制过程就完成了。

但是雕版印刷刻板费时费工，大部头的书往往要花费几年的时间，存放版片又要占用很大的地方，而且常会因变形、虫蛀、腐蚀而损坏。印量少而不需要重印的书，版片就成了废物。此外雕版发现错别字，改起来很困难，常需整块版重新雕刻。

公元1041—1048年，毕昇[①]发明胶泥制字：一个字为一个印，用火烧硬，使之成为陶质。排版时，先预备一块铁板。铁板上放松香、蜡、纸灰等的混合物。铁板四周围一铁框。在铁框内摆满要印的字印，摆满就是一版。然后用火烘烤，将混合物熔化，与活字块结为一体，趁热用平板在活字上压一下，使字面平整，便可进行印刷。用这种方法，印两三本谈不上什么效率，如果印数多了，几十本以至上千本，效率就很高了。这就是沈括《梦溪笔谈》对活字印刷术的记载。毕昇活字印刷术的发明，是人类文明史、印刷史上的一次伟大革命，是我国古代四大发明之一。它为我国文化经济的发展开辟了广阔的道路，为推动世界文明的发展作出了重大贡献。

然而，毕昇的发明并未受到当时统治者和社会的重视，其创造的胶泥活字也没有保留下来。尽管后人在泥活字的基础上又研究成功了木字、铜字、铅字，但是受社会发展和冶金、机械等工业水平的制约，始终没能取代雕版印刷而占据主导地位。与之不同的是，在我国雕版印刷和活字印刷的影响下，公元1445年，德国人古登堡[②]制成了铅活字和木制印刷机械。古登堡使用铅、锡、锑制作活字，而且还制作了铸字的模具，因此得到的活字比较精细，使用的工具和操作方法也很先进。他还创造了压力印刷机和研制了专用于印刷的脂肪性油墨。由于古登堡的一系列创造发明，铅印技术大量推广并形成产业，引起了信息传播的飞跃。古

① 毕昇（约970—1051），发明活字版印刷术。北宋淮南路蕲州（今湖北省英山县）人，一说为浙江杭州人。初为印刷铺工人，专事手工印刷。后发明胶泥活字印刷术，被认为是世界上最早的活字印刷技术。

② 古登堡（Gutenberg，Johann，1397—1468），德国发明家，15世纪中期发明了用活字与机械来印制书籍的方法。大约于1454年，在美因兹用他发明的机器印刷了最有名的著作《古登堡圣经》。

登堡也成为举世公认的现代印刷术的奠基人。

19世纪中期，西方的铅活字印刷技术进入我国，逐步成为我国印刷业的主宰。到20世纪70年代，铅印工艺仍占据主导地位，而西方国家早在20世纪中期便进入了“电子照排”时代。

“748工程”立项的第二年，当时名不见经传的北京大学助教王选发明了“轮廓加参数描述汉字字形的信息压缩技术”，即将横、竖、折等规则笔画用一系列参数精确表示，曲线形式的不规则笔画用轮廓表示，使汉字信息压缩倍数达到500：1，并实现了失真程度最小的字形变倍和变形。这一技术解决了汉字信息处理最核心的问题——巨量汉字字形信息存贮和输出，并在世界上首次提出并实现用附加信息控制字形变大变小时敏感部分的质量。

10年后，西方才开始采用类似的轮廓加提示信息技术。

此外，王选还设计了适合硬件实现的、失真最小的高速还原汉字点阵算法，以及加速复原的超大规模专用芯片，使复原速度达到710字/秒。克服了汉字输入、存储与处理一系列技术难关后，王选等人制成了用于解释排版结果、形成版面点阵、控制输出设备的汉字激光照排控制器（现称栅格图像处理器，RIP）。

王选的发明宛如一把神奇的钥匙，轻轻一旋，计算机世界向汉字敞开了大门，信息化时代向中国敞开了大门。

忽如一夜春风来，千树万树梨花开。

1983年，王永民根据“轮廓加参数描述汉字字形的信息压缩技术”这一原理，研制成功了五笔字型输入法，根据横、竖、撇、捺、折五种笔画构建字根。这些字根与键盘上的25键位相对应，从而实现首破电脑汉字输入每分钟100字大关，汉字能够更加快速便捷地输入计算机。

计算机汉字快速输入输出问题的解决，使得汉字信息处理技术得到了多方面的发展，诸如汉字信息压缩、汉字信息通信、汉字输入与汉语语料库、语料库中汉语书面文本的自动切词、语料库中汉语书面文本的词性自动标注、语料库中汉语书面文本的自动短语定界与句法标注、机器词典的建造、术语数据库的建造、机器翻译、计算机辅助文本校对、情报自动检索、汉语语音自动识别、汉语语音自动合成、汉字自动识别等多项技术，均取得了显著成就。

个人计算机和互联网的普及，使计算机逐渐成为人们交流的主要工具。一些学者利用王选激光照排的原理，相继研制成功了中文电子邮件、中文短信和中文彩信。

王选的汉字激光照排技术清除了中华文明与世界文明的对接信息技术障碍，激光照排把汉字带进了信息时代，汉字将中华民族的传统文化带进了西方社会，从此，东方世界几千年特有的包容文化与西方的竞争性文化相互交融，“天人合一”和“个人主义”的相互融合，“人人平等”和“己所不欲，勿施于人”的不谋而合。古老的汉字以强大的生命力和丰富的文化底蕴，在西方文化的冲击下浴火重生，焕发新的活力，古老的中华文明开启了现代化发展的新篇章。

王选的激光照排技术，使延续了上百年的我国传统出版印刷行业得到改造，没有经历西方早期的电子照排系统，从铅排工业直接跳到当时世界最先进的第四代激光照排系统；没有经历输出毛条、人工贴版的过程，直接跳到屏幕整页组版、整页输出，实现了被公认为毕昇发明活字印刷术后我国印刷技术“告别铅与火，迎接光和电”的第二次革命。同时，让英国蒙纳公司、美国王安、HTS、IPX公司和日本写研、森泽、二毛公司等退出中国市场，保护并推动了民族工业的迅速发展。

1990年2月，《文汇报》刊登人物报道，称誉王选为“当代毕昇”。从那时起，人们觉得这个称誉最合适、最贴切地表现了王选汉字激光照排系统发明对于中华文明的意义。人们从心底里承认、赞誉王选是“当代毕昇”。

二、技术创新的楷模

1．自主创新的旗帜

创新，意味着在前人的基础上开创新路。这条路荆棘丛生、异常艰辛，不仅需要有进取和超越的信心、怀疑和批判的意识、敢为人先的勇气，同时又要有脚踏实地、求真务实、锲而不舍的实干精神，以及坚忍不拔、百折不回的毅力。而支撑勇气和毅力的是对科学的痴迷和热爱，是一种攀登顶峰后可以“一览众山小”的豪迈激情。

爱因斯坦说过，只有把科学作为自己的热爱，把科学的真、善、美作为自己的追求，把科学内化成我们精神一部分的时候，才有产生伟大的科学思想的热情和灵感。王选在《制定与实施国家中长期科技发展规划的一些思考》一文中指出，现在面临国际竞争，为实现成为科技强国的目标，最重要的是要造就一批有献身精神、目光远大、能执著甚至痴迷地追求科研目标的科学家。

王选，就是这样的科学家，就是标引我国自主创新进程、指引我们自主创新的一面旗帜。

作为一名知识分子，王选身上集中了诸多美德——勤奋，克己，宽容；作为一名科学家，王选对技术有狂热的追求和超人的研究能力，并且对其产业化前景有敏锐的判断力；作为一名教授，他发现、培养了难计其数的专业人才；作为一名企业的精神领袖，他的创造力成了北大方正的显著标志。二十多年过去，提到北大方正，人们最直接的反应还是激光照排……

创新，贵在原创。王选讲，他很欣赏索尼公司名誉董事长井深大的一句话：独创，绝不模仿他人。在几十年的创新实践中，王选特别注重独创精神。过去，在中国计算机技术落后的状况下，是什么使得王选的科研成果能够脱颖而出，名震世界？王选常用“一招鲜”来说明他对独创文化的理解。他说，戏曲界有一种说法，叫作“一招鲜，吃遍天”，每个名演员在保留剧目中常常有一些绝招以吸引观众，因而经久不衰。在科研中也应该发扬自身的长处，有自己的特色，也应该有“一招鲜”甚至“几招鲜”。王选的这一思想启迪我们：我国的科技创新要从国情出发，要避免贪大求全思想，也要从“一招鲜”、“几招鲜”入手，走出一条有中国特色的自主创新之路。

创新，贵在持续。为了持续创新，王选特别注意培养年轻人。他曾说，在计算机领域，人过中年就往往会跟不上计算机技术发展的形势。因此，王选特别强调培养年轻人。他晚年的一项主要工作，就是扶植新秀，甘做人梯。对于如何培养和吸引人才，王选提出了许多具体的想法和措施：一是使年轻人具有创造历史的主人翁责任感、成就感和荣誉感；二是创造平等和谐的环境；三是创造条件不断使年轻人得到成长提高；四是提供良好的工作和生活条件。正是王选的这些思想，使他身边的年轻人朝气蓬勃，勇于探索，锐意创新，完成一项项重大发明创造。

创新，贵在团结。团队精神是创新的基础。王选指出，与过去相比，现代科研尤其离不开合作，离不开团队，对工业界产生重大影响的项目大多是一个大集体中的很多小组协同攻关完成的。对于高新技术产业而言，团队精神和组织管理能力尤其显得重要。王选强调，一个人的成就只有20%来自智商，其余80%来自团队。认识自己的不足，善于看到别人尤其是同事的长处，是具有良好的团队精神的基础。与此同时，王选还形象地指出，在科学研究中要警惕“麻将文化”的负面影响。科学研究不能像打麻将那样，“看住上家，防住下家，自己和不了，别人也别和”。王选的创新精神告诉我们，在科学技术迅猛发展的今天，任何个人的智慧和创造都是有限的，一味孤军奋战，不可能取得重大创新成果。我们所从事的科学研究工作，同祖国的命运、社会的进步是紧密联系在一起的。科学研究只有胸怀祖国和天下，超越个人的名利，才能成就一番大事业。王选的成功，充分证明了这一点。

创新，贵在实效。王选认为，一项新技术如果市场不接受，再好也没有价值。面向应用的科研成果只有转化成商品、进入市场才有生命力，因此他从来不热衷于产品鉴定会，而是坚持不懈地走商品化、产业化的道路。他说，中国知识分子应该把远大的学术抱负和追求利润紧密结合起来，要做“顶天立地”的科研。“顶天”就是获得重大原始创新成果，“立地”就是大量占领市场，并从市场得到进一步的需求刺激，从而使技术向更深、更精方面发展。在照排系统淘汰了铅字排版后，有人对王选说，你们的市场会萎缩。但王选让方正“在技术上不断长出新东西”：大屏幕中文报纸排版系统、彩色中文激光照排系统、远程传版技术和新闻采编流程管理系统以及多媒体、动画制作等。方正利用已有的技术积累和市场优势，依靠自主创新技术不断拓展新领域，并且成功地进入了国际市场。王选发明的技术不仅成就了我国一个巨大的产业，成就了方正这样一个优秀的企业，为我国高新技术闯出了一条产学研一体化的成功道路，也为真正的自主创新作出了最好的诠释。他带领团队始终走在前面，当之无愧地成为中国高新技术产业自主创新的一面旗帜。

在知识经济的时代，知识以前所未有的速度转化成生产力。在经济全球化的背景下，谁首先掌握了科学技术，谁首先把知识转化成生产力，谁就会在自己的国家乃至全球赢得主动权。王选在《制定与实施国家中长期科技发展规划的一些思考》中建议，要强调科学技术与市场相结合，并把掌握核心技术作为高新技术发展的重中之重，大大加强对我国原创技术进行研究和开发的支持力度。但只是支持技术创新还是远远不够的，从技术创新到产业化需要整个产业链的配合。例如通信领域的重大创新就需要政府几个部门的协调，研发部门、制造商、运营商的紧密配合，才能真正成为大批量的产品。这些因素在制定高新技术的中长期规划时是需要认真考虑的。王选的这些真知灼见，充分体现了他矢志不渝自主创新的时代精神。

2．技术经营的先驱

在探索技术的商业价值实现方面，王选提示了方正集团的“顶天立地一条龙”创新模式，奠定了方正集团的企业文化基础，是“方正永远的精神领袖”。王选以方正为平台，一次又一次掀起报业、出版业和印刷业的革命，使汉字信息处理技术的商业价值得到充分开发。尽管王选不认为自己是个企业家，“成不了企业家”，不过，他确实是成功的技术经营家。

技术经营是以商业价值为目标、以市场机会为导向、以知识资源为基础、以研发力和营销力的结合为手段的在发达企业发达国家日见成效的一种新兴的创新模式。[①]融合技术与市场，是技术经营的本质。王选是个“有市场眼光的科学家”。他始终强调市场对创新的提升意义和技术对市场的引导意义，强调在技术和市场的相互作用中实现价值。

产学研合作是我国推动高校院所研发成果通过市场机制向现实经济活动转移、转化的主要渠道。对于高校院所而言，在产学研合作中还面临着经营企业还是经营技术的选择。在20世纪80年代初期，绝大多数大学院所选择了经营企业，方正的前身“北大新技术公司”、方正的“北大方正”阶段也都是北大经营的企业。不过这种情况到2002年随着教育部等8个部委制定的《关于北京大学、清华大学规范校办企业管理体制试点指导意见》的实施，高校直接经营企业的方式逐渐终止，灵活经营技术的方式日趋活跃。

1988年，王选正式介入、参与北大新技术公司后，以汉字激光照排系统技术为基础，把北大新技术公司的业务调整为“技工贸”模式，即技术的研发、推广、销售是北大新技术公司的核心业务，产品加工、制造、生产、贸易等都要围

① 刘海波. 技术经营的政策环境研究[J]. 中国软科学. 2006（11）.

绕技术的研发、推广、销售展开，要服务于技术的研发、推广和销售，而“技工贸”之间是互动、联通的。王选为此提出建立股份制的“联合经济实体”（后来以“方正技术研究院”的形式实现）、北大计算机科学研究所和方正集团的合作体制，形成“顶天立地一条龙”的方正创新模式，从而实现中远期研究、开发、生产、系统测试、销售、培训和售后服务的一体化，实现技术跨越，向用户提供最先进的产品。用户在使用这一产品的过程中，根据自身特点不断提出进一步需求，从而促使技术向更深更、精发展。

一项原创性核心技术可以开创一个市场，托起一个行业。从20世纪80年代后期开始，方正激光照排出口日本、新加坡等地，并在国外引起轰动。如今，第八代方正激光照排系统已经在国内市场处于垄断地位，市场占有率达到95%，并在全球中文市场占据90%的市场，中文照排市场份额全球第一。迄今为止，方正激光照排已经创造了十几亿元的利润，奠定了方正的软件产业。这一巨大利润为今后方正集团的业务扩张和拓展，提供了巨大的能量。

创新必须建立在对前沿技术全面追踪和准确把握之上，也只有在此基础之上，才能形成“敢为天下先”的自信。在王选的带领下，方正激光照排技术实践了这样一条“创新之路”。从技术上讲，方正激光照排自研发起就从第四代开始，由于起点高，使得在此后的多代产品一直处于领先地位。在使用习惯上，更加符合中文印刷的需要。尤其在出口时，更是对技术提出了更高要求，有100%的可靠性。

王选认为，中国高新技术企业应该学习微软，实行这样的模式：靠创新技术进入市场，赚取大量的钱；注重技术与市场的紧密结合，使科研开发进入良性循环；依靠销售收入和认股权，吸引和稳定一批优秀人才；企业实力壮大到一定程度后，更多地关注和投入5年以后的未来技术的研究。

坚持技术领先，通过对领先技术的产品化、市场化、产业化、国际化的经营，是王选技术经营思想的核心，也是我国高校院所技术经营理念的代表。随着我国研发投入的增加、高校院所技术转移体制机制的健全、社会对集成性技术需要的高涨，王选创新的技术经营意义会越来越得到体现。

三、优秀品德的代表

爱因斯坦说过，科学上的成就，在很大程度上决定于人格的伟大，第一流人物对于时代和历史过程的意义，在其道德品质方面，也许比单纯的才智成就方面还要大。其实，这个评价也适合于一切创造者，他们不仅在用自己的创造性“作品”服务社会，而且也在用他们闪光的精神品德鼓舞人、激励人。爱因斯坦的女婿凯泽尔曾经回忆爱因斯坦，征服和服务，发现和谦逊，决定着这个富有创造性的人的命运。这些力量在爱因斯坦身上从来没有发生过冲突，而是和谐地发挥着作用。这使他那统一的品格产生极大的魅力。王选身上也散发出这样的魅力。

1．好人之德

王选强调，一个好的科学家或企业家首先应该是一个好人。为什么说一个好的科学家或企业家首先应该是一个好人呢？在王选看来，好人是带领队伍的前提，也就是说，科学家或企业家只有做个好人，才能团结各类人才，构建一个强大的团队。

王选说，季羡林先生曾说过，考虑别人比考虑自己更多就是好人。这一标准他觉得可以再降低一点：考虑别人与考虑自己一样多就是好人。这种“好人观”实际上是对传统文化中强调的优秀品德的继承发展，折射出“己所不欲，勿施于人”、“克己复礼为仁”等儒家思想的影响。

王选的好人之德主要表现在三个方面：仁以服众、敬以招贤、严以律己。

仁以服众，仁者，二人也。指在与另一个人相处时，能做到融洽和谐，也就是说，凡事不能光想着自己，多设身处地为别人着想，为别人考虑，做事为人为己。简而言之，能爱人即是仁。王选心中时刻装着祖国、装着别人。从小学时期的“品德最好的学生”这一荣誉到后来国家最高科学技术奖，都是对王选“好人观”的肯定。

敬以招贤，敬出自于礼。礼，示人以曲也。己弯腰则人高，对他人即为有礼。因此敬人即为礼。王选将其概括成一句话：善见他人之长和敢于承认自己的不足。一旦发现谁有某一方面的特长，王选便牢记在心，想方设法创造条件，让他的才能充分发挥出来。而在回忆激光照排的研制过程时，王选坦承，在电路的功底和动手能力方面，他不如同学毛德行，更不用说同从无线电系毕业的王永达比了。

严于律己，王选从不为名利所诱惑。作为一名科技工作者必须心无旁骛，一心扑在科研上，不短视，不求虚名，把为国民经济和科学事业作出实际贡献当作奋斗目标，也就是坚持“利为民所谋”。不论是方正系统的命名，还是科技创新基金的创立，无不折射出王选淡泊明志，宁静致远的高贵品质。1988年的春天，北大新技术公司成立，开始了华光Ⅳ型照排系统的生产和销售。北大新技术公司对当时的华光Ⅳ型激光照排机的制板工艺进行了改进，并提高了集成度和图片传递速度，降低了原有的成本。为了区别潍坊生产的“华光”系统，1991年北大决定给自己的产品起一个响亮的新名字，有人提议改为“王选系统”，王选对此坚决否决，因为“激光照排是集体智慧的结晶，用我的名字不妥当。”2002年3月19日，北京大学科技奖励大会隆重召开，党委书记王德炳宣布，为了表彰刚刚荣获国家最高科技奖的王选教授的杰出贡献，北京大学决定，再次重奖王选人民币500万元。王选把自己获得的国家科学技术奖和北京大学奖励的科研资金共900万元，合二为一，设立了科技创新基金，全力支持北大方正的年轻一代不断创新，攀登新的科技高峰。

王选认为，领导者有责任营造团结奋斗的氛围，以身作则，自己干得比谁都多，要懂得团结人，懂得尊重人，要能够让有才华的人从自己手下冒出来，应该有这个风度，能够听取不同意见。而且，在中国的国情下，要带领好一个团队，就一定要适应中国的文化和环境。王选曾经引用奥本海默和邓稼先的例子来说明中美创新领导者风格的差别。美国第一颗原子弹理论设计总负责人奥本海默是美国杰出的物理学家，个性极强，他可以在老师讲课的时候，站起来说，你讲得不对！走到前面去，把黑板上的字全部擦掉，然后写出自己的见解来。像他这样的人到中国来是不容易取得成就的。只有像邓稼先那样，遇到他的人，马上就会感觉到他是忠诚可靠的，他真诚坦白、从不骄人。王选喜欢引用杨振宁的一段话：邓稼先“没有小心眼儿，一生喜欢‘纯’字所代表的品格。人们知道他没有私心，人们绝对相信他。”王选说过，他和邓稼先并不认识，但他很佩服他。他的伟大在于：他不仅自己才华横溢，而且能够让手下比他更出众的人充分施展才华。“其实王选就具有这种品质。正因为这样，他在北大方正才能成为精神领袖，他用自己的人格魅力取得了大家的信任，并团结起这样一个团队取得了重大成就。

2．为民之道

王选为民之道实践了“情为民所系，利为民所谋，权为民所用”的为人民服务的精神。

在王选看来，作为一位科学家，一名科技工作者，坚持“情为民所系”，就是要考虑国情，致力于祖国迫切需要解决的科技难题的研究。1972年，久卧病榻的王选身体逐渐康复，加之先前北大150机项目2位纠错方案设计的成功，其创造欲望再次被激发。通过英文文献的阅读了解国际动态，结合软硬件结合设计的经验，王选设计出了一种新型计算机体系，它具有结构紧凑、高效的优点，与当时先进的IBM360和IBM370相比，目标代码的长度只有其1/2，而且性能也有不少改善。然而，王选逐渐意识到，这种“孤芳自赏”的独创虽然振奋人心，但是方向错了。对科技工作者来说，创新固然重要，但不能不考虑具体国情。计算技术作为一门新兴学科，在20世纪70年代的中国尚处于起步阶段，无论是硬件还是软件都是从国外引进，王选设计的计算机体系的确实现了一些“创新”成果，但是不能运行国外流行的系统软件和很大一部分应用软件，这种不兼容性带来的严重后果远远超过那些“创新”创造出的性能提升，如果将这些创新付诸实践，结果必定是劳民伤财而毫无结果。因而王选也放弃这一“创新”体系的研究，决定从事社会亟待攻克的技术难题的研究。而当时人民大众日益增长的物质文化需要同落后的出版印刷技术之间的矛盾严重阻碍了我国的经济和科教文化事业的发展，国家计委更是专门立项研究汉字信息处理的技术难题，也就是“748工程”（汉字信息处理系统工程）。于是，王选便开始了汉字激光照排技术的探索之路，也就有了后来中国印刷业“告别铅与火”的技术变革。

坚持“利为民所谋”，就是要不短视，把为国民经济和科学事业作出实际贡献作为奋斗目标，同时它也是“情为民所系”和“权为民所用”的根本目的。很多科技人员总是习惯拿国家的科研经费从事攻关，从不考虑研究是否能够带来实际效益，最后顺利通过鉴定会便算完事，这就违背了“利为民所谋”的准则。对此，王选有一个非常形象生动的论断——“叫好”和“叫座”。文章或样机系统的发表被国内外大量引用并获得好评，是叫好；科研成果产业化后赚大钱，并进入国际市场，是叫座。那些“既不叫好，又不叫座”的项目只会浪费国家和人民的生命财产，影响科技进步和人民生活水平的提高，相反，坚持“利为民所谋”，追求实际效益，既包括科学发展的效果，又包含经济发展和人民生活质量提高的利益。因为很多高科技项目不可能马上就能产生经济收益，但其成果的独创性和新颖性可能会激发其他科技人员的思考，并在此基础上进一步做出有价值的工作。在解决了汉字信息处理的技术难题之后，王选获得了两项国内发明专利和一项欧洲发明专利，荣获了全国首届发明协会颁发的发明奖和第十四届日内瓦国际发明展览会金奖，但他并没有满足于论文和学术上的成功，更多的是致力于国家的繁荣发展和人民生活的进步，追求切切实实的经济效益。《经济日报》撤销铅印工艺换装汉字激光照排系统减少厂房面积68%，用人减少60%，耗电量减少68.7%，成本下降17%；方正日文出版系统的商业化，成功创造出了一个市值高达55亿日元的日本方正。这些都是真正的“利为民所谋”。

中国在传统上是一个“官本位”社会，“学而优则仕”的观念根深蒂固，坚持“权为民所用”，就意味着作出卓越贡献的科技工作者必须树立正确的权力观，用权为人民谋幸福。王选作为享誉海内外的科学家、中国计算机汉字激光照排技术的创始人，为国家创造了巨大的物质财富和精神财富。1992年，王选当选中国科学院院士和第八届全国政协委员；1995年获联合国教科文组织科学奖、何梁何利科学与技术进步奖、全国先进工作者称号，并当选九三学社中央副主席；2002年荣获国家最高科学技术奖；2003年在全国政协十届一次会议第四次全体会议上，当选为政协第十届全国委员会副主席。成为了国家领导人之一的王选，在京剧和昆曲艺术的抢救和保护方面作出了突出的贡献。2003年，王选所在的政协京昆室组织了一个专题考察团，赴长沙等八个地方对昆曲现状进行了实地考察，考察结束后，各地的委员们莫不忧心忡忡，在王选的领导下，委员们形成了一份《抢救昆曲迫在眉睫》的视察报告，王选亲自将其报送中共中央和国务院。在随后的全国政协十届二次会议上，王选又和全国政协常委叶朗联名写了一个大会书面发言，呼吁抢救和保护昆曲这一“人类口述和非物质遗产”，李长春同志对这一书面发言作了批示。随后胡锦涛、温家宝和陈至立都对昆曲考察团的建议作了批示，表示强有力的支持。2004年，为落实党中央、国务院对昆曲的各项保护措施，京昆室召开了新闻发布会，王选亲自出席了这次发布会并发表讲话，在全国范围内都起到了很大的宣传、推动作用。接着在他的主持下，编辑出版了全国第一部《中国昆曲精选剧目曲谱大成》。王选亲自撰写了这部曲谱的序言，在庆祝中华人民共和国成立55周年和全国政协成立55周年的时候，京昆室举行了《曲谱大成》的首发式，使600年的昆曲艺术通过文字和曲谱的形式得到了比较全面的保护。

在考察完昆曲后，王选意识到作为国粹的京剧艺术同样面临危机，有些名家的影像资料被作为无用库存而销毁，还有些珍贵资料因保管不妥面临损坏的威胁。因此，王选向全国政协提交了“收集、整理京剧珍贵影像资料供教学和出版的建议”，建议由专门单位负责无偿或有偿收集著名艺术家的珍贵影片和影像资料，同时收集“文化大革命”期间中、青年京剧演员的代表剧目影片。2004年，梅兰芳110周年诞辰时上海出版了《梅兰芳老唱片全集》；2005年，荀慧生105周年诞辰时中国唱片上海公司发行了《荀慧生老唱片全集》。这些珍贵资料的发掘和出版，不仅完整保留了各大名家鼎盛时期的精彩表演，而且为我们继承发扬优秀的文化传统、继承他们的艺术，以及在继承基础上进一步创新起到了很好的作用。

王选夫人陈堃銶这样总结王选一生：“半生苦累，一生心安。”是的，王选一生，苦民之所苦，累民之所累，没有享受过一天普通人的恬静生活，失掉了很多“常人能享受的乐趣”。但他不会因贪图虚名、碌碌无为而羞耻，也不会因鼠目寸光、劳民伤财而悔恨，因为他为人民、为科学事业、为祖国和中国民族贡献了自己的全部力量。

四、创造性人格的典范

一个人能否做出重大的发明创造，能否完成高创造力的工作并不完全取决于他的构想和认知能力。很多高创造力者很少或永远没有把他们的潜能展现出来，没有把他们的独创性的构想变成为有价值的社会成果，最根本的原因可能就在于他们缺乏必要的人格动力。一个立志于创造发明的人必须在培育和提高自己创造性思维能力的同时，注意对自身创造性人格的塑造。

王选非常谨慎，强调科学研究“一开始就不要把故障引入”；王选异常自信，富有创造激情，敢于挑战“权威”，坚信中国人是有可能比外国人更早提出某些创新性的设计；王选非常执著，选定目标后能锲而不舍地长期拼搏；王选十分开放，不但善于看到他人的长处，而且敢于承认自己的不足。这种谨慎、自信、执著、开放的性格特征让王选总能抓住灵感的闪光做出创新性的设计，及时抓住机遇，引领一个又一个时代潮流。

1．谨慎

被誉为计算机“结构程序设计之父”和“先知先觉”的荷兰计算机科学家戴克斯特拉[①]谈到程序可靠性时，主张“有效的程序员不应该浪费很多时间用于程序调试，他们应该一开始就不要把故障引入。”“程序测试是表明存在故障的非常有效的方法，但对于证明没有故障，测试是很无能为力。”王选认为这些观点至今仍有意义，并将“一开始就不要把故障引入”作为自己实践的一条准则[②]。

对于逻辑设计，王选一直保持“不画图，先写逻辑表达式，然后严格审查，最终再根据表达式画正式逻辑图”的习惯，这种习惯的养成受到了美国LGP30小型计算机的灵巧设计和整机逻辑严格而紧凑的表示的影响。LGP30的全部逻辑图均采用布尔表达式表示，只占A4幅面的一页纸。1960年在七三八厂协作时王选就开始这样做。有一次，当时已写完全部逻辑表达式，也即基本上完成了整机的逻辑设计，只是尚未画图。七三八厂的部门领导觉得没有任何图纸，似乎什么都没有做，判为没有完成任务，这将影响到七三八厂与我们合作的同志的荣誉、甚至奖金。于是王选等人连夜突击，按七三八厂采用的苏联M3（即七三八厂生产的103机）的标准，把表达式翻译成苏联模式的逻辑图，厂里立刻表扬在这么短的时间内完成一台计算机的逻辑设计。

如果一开始不保持谨慎的心态，产品后续故障的排除不但十分困难，而且代价也十分高昂。1979年王选开始设计Ⅱ型照排系统，用了两台双极型高速微处理器平行工作实现轮廓字形的复原和控制激光扫描，两台微处理器通过信号量彼此

① 戴克斯特拉（Edsger Wybe Dijkstra，1930—2002），荷兰计算机科学家，结构程序设计先驱，1972年获得过素有计算机科学界的诺贝尔奖之称的图灵奖。

② 王选.从Dijkstra谈帅才的洞察力[M]//王选文集（修订版）.北京：北京大学出版社，2006.

协调。设计和编程均无错误，但在把微程序翻译成二进制代码计错了一位，结果造成了无法再现的随机故障：激光打印机输出的汉字有时拖尾巴，这一故障持续了一年多，引起用户不满。后由潍坊计算机公司的一位协作人员费尽心思地发现了错误的原因，即二进制码错误，问题才得以解决。这个事件给王选留下了深刻的印象。

不仅在程序可靠性方面，王选还将“一开始就不要把故障引入”这个准则推广到项目选题和技术决策领域。这意味着科研选题首先要考虑项目的前景，即未来的价值。也就是说，项目选题必须有美好的前景，能够创造出一个新的广阔市场。照排系统是涉及印刷业的项目，当时有些计算机同行对王选选择此项目不以为然，认为计算机领域有很多时髦的研究课题，例如操作系统结构、系统程序设计语言、网络和数据库管理系统等，而与印刷业打交道是进入了一个并不高级的领域。很多人还认为，照排是一精密机械和自动控制的课题，不符合北大的长处。当时王选认准，照排是信息处理领域的课题，这一项目不仅是淘汰铅字的问题，而且将带来信息利用方面的革命。的确，精密照排项目的发展引领了报业的四次技术革命：第一步激光照排技术的采用淘汰了铅字；第二步实现了印刷厂照排的计算机局域网，完成了图文合一处理和版面远程传输；第三步过渡到彩色报纸编排系统，告别了传统电子分色机；第四步方正全报社综合业务网络系统的推出，实现了报社作业全过程的计算机化，告别了纸和笔。

“一开始就不要把故障引入”，意味着科学研究必须注意中国国情。国与国之间的文化和制度差异使得创新孕育的土壤和环境存在较大差异，从而使得一些国外先进项目在中国是很难取得成功的。系统软件和某些工具软件在我国很难成功，这绝不是因为中国的软件工作者能力比外国人差，而是因为这类软件的成功与否取决于能否吸引大批开发商在其基础上从事上层应用软件的开发。20世纪70年代末、80年代初微机上曾流行过PC／M操作系统，后来被Microsoft的MSDOS打败，其重要原因在于MSDOS上有几个应用面很广的上层软件，而PC／M则没有。当时Microsoft的MS Windows3.1吸引了美国16000家软件公司在其基础上开发应用软件，这就使MS Windows立于不败之地，短时间内售出4000万套；而IBM OS/2尽管在技术上有某些优势，但很难成大气候。因此系统软件和某些工具软件若不走向世界，吸引大批国外开发商，则很难赢得和保住国内市场。此外，这类软件发展中的创新构思来自大量实践和应用的激励，国内的软件工作者在这方面的机会比外国同行要少得多。

同时，国外的一些先进技术在我国有一定的时效性，也就是说，有些技术在中国只有一个时期的应用价值，不宜作过多的深入研究，否则只会是浪费精力和资源，而有些技术则需要等待时机和条件成熟，才能进入市场。王选说："50~70年代，微程序是设计功能强大的通用计算机和复杂的专用硬件的一个好方法。1975年我敢于承担激光照排系统研制的一个重要原因是因为了解和掌握微程序技术。当时还没有通用的运算器芯片和微程序控制器芯片，所以在设计华光Ⅰ型照排控制器时，连微指令的定义都是自己确定的；1979年在设计华光Ⅱ型照排控制器时，国外已开始出现Am2901、Am2910这类芯片，利用这些先进的芯片，使基于微程序的硬件设计比过去简单得多，从而使华光Ⅱ型系统投入使用；1984年我在设计华光Ⅲ型栅格图像处理器（即照排控制器）时，采用了微程序与ASIC相结合的技术。当时PC机还处在XT时代，CPU速度还远远满足不了高分辨率字形点阵高速生成的要求，当时我们在国外定做的ASIC也只能容纳几千门。所以微程序与ASIC相结合的方案在当时也许是最佳选择。在20世纪70年代和80年代，王选曾为华光系统的照排控制器编写了近1万行微程序，大多投入了应用和成为商品；但我满足于做一具体编程的程序员，而决不做任何微程序技术的研究工作，也对这类研究（例如微程序设计高级语言、各种优化方法等）不感兴趣。我始终认为，在CPU和ASIC技术尚未充分发展之时，微程序是解决速度瓶颈的一项廉价和有力的措施，但这种措施的寿命是不长的；一旦CPU速度足够高，ASIC能容纳几万门时，微程序在中国的应用机会就很少，微程序将主要成为CPU芯片的设计技术，不再成为应用系统和专用硬件的设计技术。①"

然而，王选是如何在一开始就看到技术的未来价值和时效性的呢？

一种方法是文献阅读，关注国际前沿动态。浏览最新的行业信息有助于确定自己的选题方向是否正确。在精密照排的存储技术和输出设备问题上，两篇最新的报道对王选产生了重大影响：1975年一份杂志报道了德国Digiset照排机采用数字化输出的黑白线条图，十分精细漂亮；1976年有文献记载，美国EOCOM公司研制成激光直接制版机，作为报纸传真方式远传接收点的输出设备，并且指

① 王选. 科研选题和制定目标时要注意的几个问题——从事计算机研究的体会之四[J]. 计算机世界，1994-01-26，02-02.

出，类似激光这类逐线扫描的设备若与计算机相连则有重大意义。浏览最新的情报有助于预见技术的时效性，“1975年，我找到了纽约时报信息库（Information Bank）的使用说明书，这是20世纪70年代初采用软件工程方法在很短时间内完成的一个著名项目。当时显示器刚问世，系统的人机对话方式给我很大的启发，同时也使我认识到数据库、检索和网络是将来中国报社信息系统的基础，从而使我作出了重要决策：1986年照排系统尚未成为成熟商品时就安排技术骨干主持这一方向，并在1986年入学的硕士生中抽调人力参与研制。这一决策后来导致了1990年《科技日报》的照排网络和光盘存档检索，以及1994年《深圳晚报》率先告别纸和笔”。“1993年年初我看到国外研制多RIP（栅格图像处理器）以提高速度的报道，立即决定开始多RIP的研制。多RIP和算法方面的改进使方正RIP在1993年秋香港《明报》的评测中从落后状态跃升为第一名，从而在1994—1996年期间占领了海外中文报业的一大片市场。20世纪90年代末以后PC速度已很快，多RIP不再有必要，但当时起了历史作用。[①]”反之，不仔细阅读最新的国外文献，容易走弯路，在正在迅速淘汰的技术途径上浪费精力，有时甚至可能面临惨败，以照排系统为例，先于北大的五家均选择了模拟方式存储汉字字形。其中一家用的是字模管，即把字模板插在阴极射线管的发射极和荧光屏之间。字模管20世纪60年代和70年代初曾在美国流行了一段时间，当时也非主流，70年代中期则被数字式存储和显示的阴极射线管照排机所取代。80年代末第三代阴极射线管照排机在美国停产，而1988年年底北京某大报头版却报道了我国研制成阴极射线管照排机，当然最后只能夭折了。

然而，有人会提出质疑，绝大部分的划时代的科学发现，或多或少都是意外作出的。如果一味地保持谨慎，很可能与重大发现失之交臂，那些确实开辟了新天地的发现，不但可能与当时流行的观念背道而驰，而且在旧的知识框架和科学范式中找不到相应的位置，因而人们很难预见，往往是一些意外的事件或现象让困惑中的人们豁然开朗，从中找出解决问题的线索。是的，这些意外的现象或事件，也就是机遇，对科学发现有着重大意义，科学发现本身就是一个目的性和意外性交融的过程。

二者看似矛盾，实则不然，因为基础研究和应用研究追求的目标不一样。基

① 王选. 阅读文献的习惯使我终生受益[J]. 北大方正报，2002（9-11）.

础研究的最高成就是科学上的重大发现并开辟有深远意义的新领域，重要成果的表现形式往往是在国际顶尖刊物上发表文章，并有大量正面的引用，或者有人沿此方向作出新的探索和突破。而应用研究的最高成就是深刻影响工业界和人们生活的重大发明创造，其评价成果的最重要标准在于一项创新技术对工业的影响以及是否推广应用和大量进入市场。市场是不断发展变化的，没有发展前途的技术必然被淘汰，“一开始就不要把故障引入”无疑具有现实意义。而且，应用研究的成功也离不开机遇，只是这种机遇，是基于对社会“需要”和已有技术“不足”的深刻把握。

2．自信

自信是成功的奠基石。极富自信心的人总是充满创造激情。王选在判断年轻人是否会有所建树时，除了考察其品德、能力、团队精神和是否认真负责、踏实肯干外，“很重要的一点就是看面临吸引人的挑战时是否充满激情，是否有力争第一的勇气和韧性。”曾经有记者采访几位诺贝尔奖得主，提问他们招研究生主要看重的是什么。几位诺贝尔奖得主不约而同地回答：“激情！”

极富自信心的人往往敢于挑战“权威”。大哲学家笛卡儿将“普遍怀疑”作为自己方法论的首要原则，“决不把任何我没有明确地认识其为真的东西当作真的加以接受。”不仅要怀疑那些被信以为真的东西，甚至要怀疑那些被承认为真理的东西。怀疑是认识事物的一种手段，同样，挑战“权威”是创新的一种手段。这里说的“权威”是指杰出的科学家和企业家，也指跨国企业的名牌产品。我们应尊重“权威”，并虚心向“权威”学习，但是决不能迷信“权威”，而要有挑战“权威”的决心和信心。

1999年，著名物理学家丁肇中在北京大学的一次演讲中说：“我所经历的20世纪的物理学可凝练成四个小故事，每个故事都有各自的结论：‘永远对自己充满信心’，‘不要盲从专家的结论’，‘对意外现象要作准备’，‘要有好奇心，对你所做的事情感兴趣，并为之努力奋斗。’”

数学大师陈省身曾说：“一般中国人觉得我们不如外国人，所以我要把这个心理给改过来。”诺贝尔奖获得者杨振宁更是直呼，他一生最大的贡献也许不是获得诺贝尔奖，而是帮助中国人改变一个看法，就是“中国人不如外国人”的看法。王选亦是如此。有记者曾问王选："你在从事激光照排研制过程中最大的苦恼是什么？"王选回答说，最大的苦恼是大多数人不相信中国的系统能超过外国产品，不相信淘汰铅字的历史变革能由中国人独立完成。

面对20世纪50～60年代国外先进的计算机体系，王选大胆质疑自己为何不能有所创新。通过对国外计算机发明的分析，王选意识到软硬件结合对创新的重要性，且坚定了自己也可能和国外同时甚至更早作出某些创新的信心。这种自信让王选能迎难而上，克服重重技术难关；更为重要的是，这种信心让王选敢于挑战权威。1980年前，国内大多数专家对跨越式发展的独特技术方案持"根本做不出来"的观点，王选还是果断走汉字精密照排系统的数字化道路；在国内大多数专家倾向引进国外产品，认定国外的产品总比国内的产品好，"即使做出来，也无法与外国产品竞争"，王选毅然决战市场，全力以赴激光照排技术的商业化，最终成功实现了告别铅与火的技术革命。若干年后，王选对此有了进一步的认识，"我在年轻的时候，由于文献看得多，在第一线上实践多，所以在某些领域内的研究工作已处在国内的前列；但当时我是无名小卒，常常会受到一些表面上比我更'权威'、但对实际技术细节了解甚少的人的干扰。幸运的是我常常能说服别人，有时也不得不采取阳奉阴违的办法来绕过这种干扰。"①

对于权威，毋庸置疑，我们应当尊重，虚心向权威学习，但是我们决不能迷信权威，应有挑战权威的决心和信心。一方面权威也会犯错误，另一方面挑战权威可能预示创新和突破。

古希腊最伟大的哲学家亚里士多德认为，"物体下落速度和重量成比例"；三极管发明者李·佛瑞斯特博士认为，"不管未来的科学如何进步，人类永远也上不了月球"；Digital电脑公司的创办人及前任总裁肯尼斯·奥尔森认为，"任何人都没有理由买台电脑摆在家里"。

如今，我们似乎觉得这些权威的论断很可笑，要知道，当时大多数人却将之奉为真理。我们必须要有质疑权威的智慧与勇气，在创新的殿堂里，因质疑权威而作出重大贡献的例子更是多如满天繁星。

1879年，爱迪生发明了电灯，但输电网的建设却因直流电的局限而进展缓

---

① 王选. 老骥伏枥与甘当人梯——从事计算机研究的体会之五. http://www.wangxuan.net/content/content_896.htm.

慢。与此同时，开发商乔治·威斯汀豪组织了一个科研组，潜心研究交流输电系统。

爱迪生认为应用交流电是极其危险的，因而激烈反对使用交流电。为了阻止威斯汀豪的创新，爱迪生花费数千美元利用媒体向外界宣传交流电是如何可怕，是如何危险。同时他还专门建立起一座巨大的实验室，雇用小学生们到街上去抓小猫小狗等做实验，并在实验室召见新闻记者，当众用1000伏的交流电残忍地将小猫小狗电死。他本人还为此发表了一篇题为《电击危险》的文章，阐述了自己反对研究和应用交流电的观点。

面对爱迪生这位大权威，处于被动地位的威斯汀豪不甘示弱，也竭尽全力为交流电的应用奔走努力，并且针锋相对地在同一杂志发表了《回驳爱迪生》的文章，对爱迪生的观点表示质疑。

可是，一件意想不到的事情给威斯汀豪的事业带来了沉重的打击，这就是纽约州法庭下了一道把死刑绞架改为交流电椅的规定。

对爱迪生来说，这真是天赐良机，他借着电椅大作文章，再次把恐慌气氛煽动起来。在这场“交直较量”的角逐中，虽然威斯汀豪在大名鼎鼎的爱迪生面前处于劣势，但他并不气馁，始终坚信交流电具有安全、可靠等优点，交流电的应用将给世界带来新的光明。

1893年，美国在芝加哥准备举办纪念哥伦布发现美洲大陆400周年的国际博览会。作为会上的精彩展品之一就是点燃25万只电灯泡。为此，很多企业竞相投标，以获取这名利双收的“光彩工程”。爱迪生的通用电气公司以每个灯泡出价13美元98美分投标，并满怀希望能拿下这笔生意。威斯汀豪闻讯赶来，出人意料地以每个灯泡5美元25美分的极低标价与通用电气公司竞争。这几乎让所有人为之一震，主办博览会的负责人吃惊地问他：“你投下如此低价，能获利吗？”“获利对我并不重要，重要的是让人们看到交流电的实力”。威斯汀豪坦然地回答。对威斯汀豪的抱负，爱迪生将信将疑。

1893年5月1日这天，国际博览会隆重开幕了，25万盏电灯在夜幕下光彩夺目，蔚为壮观。威斯汀豪用交流电照亮了世界，也为交流电的发展铺平了道路。望着无比灿烂的灯光，爱迪生这才低头沉思，并对自己的错误深感遗憾。在爱迪生临死前，他感叹道：“我最遗憾的是没有对交流电系统去作更多的研究。”

威斯汀豪在受到爱迪生的多次攻击时，并没有迷信权威，而是致力于交流电的应用推广，从而成就了美国威斯汀豪电气公司的辉煌。王选在国内专家对激光照排技术——“数字游戏”的排挤以及国外各式产品的围攻时，也没有放弃自己的原创，而是不断完善自己的技术方案和产品设计，从而成就了方正集团公司的叱咤风云。

科学无禁区，这是科学发现的规律。然而，由于历史的局限和人们思维的封闭性，在科学技术上却又形成了一些禁区。发明是什么？发明就是指完成迄今所不能完成的成果，或者制成迄今所没有的东西，也就是将科学技术禁区中的“不可能”变为“可能”。科学只遵从独创性，谁拥有独创性，谁就能够在“不可能”和“可能”之间搭起想象的桥梁，科学就将最高的荣誉授予谁。当然，这样的人必须是一位勇士，他必须拥有大胆的想象和创造的勇气。科学界如此，工商领域和其他领域也如此，一切敢于向“可能性”挑战的人最终将不断拓展他的事业，取得辉煌成就。如果一味迷信权威们划定的禁区而不敢越雷池半步，是很难开拓新的领域和作出突破性的贡献的。

当然有人会说，能够将权威预言的“不可能”变为“可能”的人大多能力强、机遇好，非一般人可比。其实这种想法是错误的。我国著名教育家陶行知曾强调说：“处处是创造之地，天天是创造之时，人人是创造之人！”在技术创新中，小人物也能做出大发明。钳工倪志福在20多岁时发明了“倪志福钻头”，制伏了外国名牌钻头都钻不动的特种钢，成就了金属切削行业中的一项重大革新；纺织女工郝建秀创造出科学的细纱工作法，掀起了纺织生产的革新浪潮；只上过高中的郭东发明了节能抽油机，节能和增产效果相当惊人，摘得联合国“发明之星”奖。这些人共同的特点是敢于挑战“权威”，敢于挑战“不可能”。德国哲学家尼采在《查拉图斯特拉如是说》中曾经这样痛心地说：“查拉图斯特拉决心独自远行。在分手的时刻，他对自己的弟子和崇拜者们说：你们忠心地追随我，数十年如一日。我的学说你们都已经烂熟于胸、出口成诵了。但是，你们为什么不扯碎我头上的花冠呢？为什么不以追随我为羞耻呢？为什么不骂我是骗子呢？只有当你们扯碎我的花冠、以我为羞耻并且骂我是骗子的时候，你们才真正掌握了我的学说！”尼采的寓意很明确，思想真正的发展只有建立在对权威和已有成果超越的基础之上。权威的思想不能锈化为我们头脑中的思维定势，否则，我们就很难做出真正有独创性的东西。

因此，在知识经济的今天，我们每一个人都可能做出创新。首先，我们生逢转型和变革的时代，机会和问题成堆，我们只要随手抓住其中的一个就可能使我们摇身一变而成为时代的佼佼者。只是在现实中，我们许多人习惯于等待、习惯于听天由命、习惯于模仿和服从，而很少用自己的头脑去多问一个“果真如此？”，去多想一个“如果这样，或许……”其次，网络的发达和教育手段的多样化使得我们容易掌握各种信息和知识，打造从事创造发明的专业能力。只是我们过于习惯并满足于这一切，过于麻木，或者过于盯着前人的背影而很少认真思考自己脚下的土地，思考自己身边的问题，要不然，我们也许会……美国华盛顿斯密森博物馆的第一任馆长约瑟夫·亨利曾说：“伟大发明的种子其实都一直漂浮在我们四周，但是它们只会在已经准备好接纳它的心灵中生根。”只要我们保持有理性的怀疑精神，敢于挑战“权威”，敢于对传统的东西多问几个为什么，敢于坚持自己的原创，敢对权威们断定的禁区重新探索，我们同样可以将种种“不可能性”转化为“可能性”，从而取得创新性的成就。

王选2002年2月在《光明日报》发表文章《不要迷信院士》，现身说法地指出“在电脑这个行业以及其他新兴技术领域，年轻人有很大的优势。我在年轻的时候有两次创造高峰，一次是26岁时，当我懂得了软件和硬件，展开在这两个领域的研究后，产生了一种创造的欲望；还有一次创造高峰是在我38岁从事激光照排这个项目的时候。当时我是一个无名小人物，所以就有人说我是玩弄骗人的数学游戏。年轻的时候我在第一线，看外国文献看得很多，干活干得很多。当时比我更‘权威’的一些人，有时就来指挥我，说你这该怎么做，那该怎么做，其实他确实不太懂，文献看得也不如我多，在第一线干活更不如我多。好在我往往能说服别人，按照正确的方向做。有时碰到对方对我不太了解，我不便去说服，我就采取‘阳奉阴违’的态度，一到具体的技术问题，他也不太懂，我还是按自己认为正确的想法做……所以我说，在高新技术领域千万不能迷信院士。一般来说，院士者，是他一生作了重要贡献，给他一种安慰、一种肯定而已。多数院士创造高峰已过。当然在医学、农业、考古、植物分类等知识更新不太快，又需要长期积累的领域里，年纪大的还是很有作用的。此外，少数年长院士还在创造高峰期，所以不能一概而论，但在计算机等新兴领域，很难有60岁的权威。”

3．执著

王选不但有远见，而且能千方百计把自己的远见变成计划，付诸实践。王选常说，当人们对一个新的构思说“Can’t do”（做不成）时，最好的回答是“Do it yourself”（自己动手做）。

科技成就是人们智慧和勤奋结晶，没有坚持不懈的执著是很难取得重大成就的。季羡林先生根据自己七十多年的学术生涯提出了一个著名的公式：“天资+勤奋+机遇=成功”，吴文俊的“数学定理的机器证明”和袁隆平的“杂交水稻”都是几十年在第一线艰苦奋斗的成果，同样，王选将“长期在第一线上拼命干活”视为自己能够取得成就的一个重要原因。一个新思想和新方案的提出者往往也是第一个实现者，这似乎是一规律。因为开头人们总会对新思想提出怀疑，而只有发明者本人才会不遗余力，承受一切艰难困苦、百折不回地予以实现；也只有发明者本人最清楚自己方案中的问题，能最有效地改进方案和克服实现过程中的各种困难以取得成功。

鼠标和图形用户界面的主要发明人Alan Kay有这样一句名言：“预测未来的最佳途径是发明未来。” 20世纪70年代末80年代初，国内很多专家和学者都在研制二代机和三代机，认为汉字激光照排不过是个“数学游戏”。20世纪80年代中期，激光照排开始进入市场，很多人又认为它是“先进的技术，落后的效益”，然而，王选不但有超常的洞察力，看到了激光照排技术未来巨大的价值，而且能千方百计把自己的远见变成计划，付诸实践，最终实现了中国报业“告别铅与火，迎接光和电”的技术革命。

要做出称得上“发明未来”的创新性成果，不仅要有远见卓识和创新思维，讲究一定的方法，还应具备较强的实践精神，能坚持不懈地为之奋斗。王选去世后，一位王选曾经的学生兼同事说：“从王选老师的身上，有三点让我感触颇深。一是对技术的洞察力和产业远见；二是在经过充分分析后，认为能做的就一定要做成、做好；三是很强的团队精神。这三点让我受益匪浅，甚至终身受益。”①

1976—1993年的17年中，王选几乎放弃了所有节假日，每天上午、下午和

① 王选老师身上的3个特性让我受益终生. http://it.sohu.com/20060213/n241803731.shtml.

晚上三段工作，身心极为紧张劳累，没有权利像普通人那样生活，失掉了常人所拥有的乐趣，但也得到了常人所享受不到的乐趣。但在王选看来，执著并不意味着僵化不变。执著是认准了目标之后，不懈地去努力，狂热地追求，而且不断地发展以适应新的变化。

一位作家兼评论家在谈到成为名作家的条件时说，有很多原先爱好写作的人，他们都尝试过一段时间，但在发现写作本身所涉及的东西又多又复杂以后，就退出了写作者的行列。我个人不太同情他们，因为他们都只是在寻找捷径而已，可是现实世界中哪有这样的事。我并不暗示单靠毅力就能成功，因为仅靠毅力显然是不够的。有许多满怀雄心壮志的人都很有毅力，但由于不会进行新的尝试因而无法成功。请你坚持你的目标吧！不要犹豫不前，但是也不要太生硬而不知变通。如果你确实感到行不通的话，就尝试另一种方式。

王选曾经也举过一个形象的实例，1974年国家计委支持的一个项目的一位技术负责人，决心很大，面对眼前的困难，他拿出了愚公移山的精神说："我做不完，我儿子做，我儿子做不完，我孙子做。"试想一下，等到这位技术负责人的儿子或孙子做出来，项目成功恐怕早就不符合世界科技发展的需求，早就过时了，项目的夭折当然也就是意料之中的事情了。

王选在总结自己取得成就和不足之处时这样写道，选定目标后能锲而不舍地长期拼搏，同时适应飞速发展的软硬件条件，不断求变，不断创新，不断更新换代，做到执著而不僵化。因此，一个立志于创造发明的青年人，不仅要敢于质疑"权威"，向别人公开自己的见解与设想，还要敢于实践自己的设想，要有接受别人奚落和嘲笑的勇气，不向困难和挫折屈服。

诺贝尔奖获得者居里夫人说："我的最高原则是：不论对任何困难，都决不屈服！"青年马克思曾经写下了这样的名言："在科学的入口处，正像在地狱的入口处一样，必须提出这样的要求：'这里必须根绝一切犹豫，这里任何怯懦都无济于事。'"科学如此，创造性活动更是如此。创新是充满风险的过程，没有"反其道而行之"、"标新立异"的勇气和坚强毅力的人是很难最终做出原创性的创造成果的。哲学家萧伯纳曾说："理性的人，使自己适应社会；非理性的人使社会适应自己。因此，人类社会的进步，都是由非理性的人推动的"。执著的毅力是人类天分中最重要的，取得重大创新成就的人总是在力所能及的范围将事情做得最好，即使失败，仍敢于继续尝试，坚定不移地为目标奋斗。

4．开放

最新的心理学研究表明，与封闭的个体相比，开放性的个体对内心体验和外部世界都很好奇，他们更容易接受新异的观念和前卫的价值观。也就是说，一个具有开放性性格的人，不只拘泥于一种思想，愿意经常性调整过去的思维模式和行为习惯；不但不会将和自己观念不吻合的东西拒之门外，而且能够认真地、饶有兴趣地分析和研究这些“异己”的观念，即使异己的观念有时只不过是一种谬误，他也会因此而从一个新角度去思考问题而获益匪浅。我国西周末年的史伯就说过：“和实生物，同则不继。”说的是，只有参差不齐，各不相同的东西，才能取长补短，产生新的事物，而完全相同的东西聚在一起，则只能永远停留于原有的状态，不可能继续发展。不拘一格、灵活变通的开放性性格是作出创新成就的一个重要基础，王选就是这样的人。

王选的开放性性格体现在，他既善于看到他人的长处，又敢于承认自己的不足。

善见他人之长是团队精神的基础。美国著名心理学家荣格有一个著名的公式：“I（我）+We（我们）=Fully（developed）I（完整的我）”。王选在看到这个公式后，极为赞同。他说，只有把个人融入集体，才能体现完整的自我价值，小学和中学的环境，使我在青少年时代就较好地融入了集体。这些是一个人能够作出成绩的不可缺少的素质，尤其是学术带头人必须具备的素质。王选为此提出，“善见他人之长是团队精神的基础。”曾有人问王选：“汉字激光照排系统是一个需要群体紧密合作的项目，怎样凝聚大家的创造力？”王选回答：真诚地尊重别人，不在于表面的客套和自谦，就能够最快地发现别人的优点，他总是告诫自己要这样。他欣赏这样的观念：一个人在他开创的事业中，只有当他显得越来越不重要的时候，这项事业就真正地发展起来了。让郑民研究第一个基于Windows的中文排版软件，让肖建国研究第一个大屏幕报纸组版系统和彩色系统，让阳振坤研究第一个PostScript中文解释器，让汤帜、李平立、王保华开发日文出版系统打入日本市场，1993年王选决定退出科研第一线……正是王选的这种真诚，培养出北大方正强大的科研队伍。

善于看到他人的长处就应该忽略人才的某些短处。华罗庚、贾兰坡都没有上过大学，因为有伯乐慧眼识英才，他们才取得卓越成就；爱因斯坦考大学时化学不及格；黄昆1944年留美考试语文只得了24分，留英考试时，作文只写了三行再也写不下去，只好就此交卷，但居然被录取；假如当年清华大学校领导没有破格录取数学只考了十几分，但英文、语文异常出色的钱钟书，可能中国就少了一位学贯中西的大师了。同样，王选也是不拘一格录人才。汤帜，报考王选的研究生，参加考试的政治成绩不及格。一次偶然的机会，他陪同学到王选家里询问考研的相关事宜，王选注意到他的数学和计算机考得非常理想，而且程序设计还得过奖，于是立即决定破格录取他。在随后的硕士生期间，王选发现汤帜非常着迷于技术，一个问题想不出来，会一想再想，直到自己想到答案为止，而且，他编的软件经过测试，错误很少。于是王选决定让他继续当自己的博士生。后来，汤帜成为日文出版系统和E-book方向的技术带头人。

松下幸之助说过，他小时候有三个弱点：贫穷，于是奋斗；没受过良好教育，于是努力自学；身体不好，于是懂得依靠别人。同样，王选也是一直以来都觉得自己在许多地方不如别人，所以，就想办法依靠大家。这也许是他成功的原因之一。”著名社会学家马林诺夫斯基（A.A.Malinovsky）将这种特性归纳为仁慈的个性特征。他认为，个体的仁慈特性与接受他人意见的能力紧密联系在一起。对于一个固守个人观点进而阻碍客观科学目标实现的一种极端自我评价来说，仁慈是一剂良药，它促使个体对自己的观点进行反思，并乐于接受他人的正确意见[①]。丹麦物理学家玻尔也曾说过，他之所以有七个学生获诺贝尔奖，最重要原因是不怕在年轻人面前承认自己的不足，不怕承认自己是傻瓜。要培养良好的团队精神，必须认识自己的不足，善于看到他人（尤其是同事）的长处。王选说，他一生从事过三个重大科研项目的研制：中型电子管计算机、高级语言编译系统和激光照排。每个项目的研制中都有同事在某些方面比他更强。王选不但公开赞扬这些同事的强项，还积极创造条件让这些同事的强项得以充分发挥，使三个项目都取得了很好的效果。

“认识自己的不足，善于看到他人的长处”的团队精神实际上是“情绪商”的一种。心理学家研究发现，美国著名的贝尔实验室之所以能够取得很多举世瞩

① 俞国量. 论个性与创造力[J]. 北京师范大学学报（社会科学版），1996（4）.

目的成就的根本原因，不在于该实验室科学家们的智商高，而是这些一流学者之间的友好、愉快和有效的合作，换句话说，是因为他们的“情绪商”超过常人。为此，王选还特意举了两个实例①。

“一个是我的一位学生。大家公认他能力出众，干活麻利而可靠，但‘情绪商’差，任性自傲，与合作者常搞不好关系。后来他到了一家公司主持开发软件，当他发现下级编的程序有错误并指出后，下级改正了他指出的错，却又故意制造了另一个错。为什么？因为他与同事关系不好的缘故。该软件后来很快就在市场上消失了。”

“另一个例子是，我的一位大学同班同学，成绩一般，智商并不突出，但‘情绪商’很好，他大度、坦诚、待人友爱。大一时，我睡在他上铺，半夜解手时我常常迷迷糊糊地踩在他的头上，他总是一笑了之。在核武器领域，他奋斗了40余年，年过花甲之时，当上了工程院院士。”

正是这种开放性的性格，使得王选在创新实践中自信而不自负，执著而不僵化。为此，王选提出，要想取得科研成功，不但要向胜利者学习，也要从别人的失败中吸取教训。向胜利者学习，学习他人的长处，利用国际上最先进的技术；从别人的失败中吸取教训，看到自己的不足，想办法依靠他人克服不足，时刻保持危机感，从而在新潮流或新观念显现苗头的时候，及时抓住时机，致力于关键技术的突破，跟上时代潮流。

团队精神的关键是技术带头人，善于团结人是高新技术企业的技术带头人需要具备的素质之一。计算机领域内出色的工作大多是集体的产物，不能团结合作，听不进不同意见的人不易做出大成绩；能接受别人正确意见的人，才是真正的强者。

---

① 高晓春，王选. 年轻人认准目标就要狂热追求[J]. 中国青年，2003（10）.

第二章

王选创新的发展历程

创新主体的成长，无论是个人还是组织，从时间角度看，都是一个发展的过程。这个过程可以分为学习——内化阶段、练习——确认阶段、挑战——自主阶段和扩散——结晶阶段四个阶段。在学习——内化阶段，创新主体通过学习，把已有的知识内化为自身的知识和能力。对个体而言，这一阶段一般要从出生持续到大学毕业。在练习——确认阶段，创新主体通过“解题”训练，掌握特定领域的创新范式和解题技巧，从而确认自身的解题能力和在本领域的创新位置，还要不断提高解题能力和创新位置。对个体而言，掌握创新范式和解题技巧、找到自身的基础位置大概需要大学毕业后10年的时间。经过这个阶段后，创新个体会对自己的创新能力有个比较清晰的认识。如果觉得自己还有很大潜力有待发掘，那他就会渴望更大的创新挑战。很多创新者都可以走到这一阶段，但很少有人走进下一个阶段。因为到此为止，都可以常规化地、按部就班地完成。而下一阶段，很多偶然的因素在发挥着作用。

挑战——自主阶段指的是大挑战，有的甚至是革命性的挑战。战胜了这个挑战，创新者就进入了创新自主状态或自主创新状态，就会成为某个特定领域的创新领导者或创新指导者。同一领域的创新者在遇到问题或选择的时候，就会首先查阅他的文献或咨询他的意见。这样的挑战不是经常出现的，出现了也不是普通创新者可能参与的。一旦参与并且发挥主导甚至某种程度或某种意义上的领袖作用，这个创新者就可以创新自主了。在这一阶段，挑战有多大，创新就有多大。

通常的创新发生在某一特定领域，战胜挑战的创新，其价值往往超越这一特定领域。伟大的创新者通常会在战胜挑战之后，主动、积极地扩散自己的创新成果，总结自己的创新经验。这就是扩散——结晶阶段。

研究王选的创新历程，他在上述四个阶段，都做到了最好。在学习——内化阶段，他形成了良好的品德、合作的精神、入世奋进的价值观，掌握了数学、计算机知识和分析问题、解决问题的思维模式。在练习——确认阶段，他走向软件、硬件相结合的研究道路，掌握了利用软件弥补硬件不足、利用硬件弥补软件不足、巧妙发挥软硬件互补的优势解决问题的技巧，形成了标准化、结构化的软件设计思想。通过成功开发AOGOL60编译程序，他确认了自己的能力和位置。在挑战——自主阶段，他不但选准切入点，挤进“748工程”，而且很快成为“748工程”的技术路线主导者。单靠技术是做不到这一点的，学习——内化阶段养成的品德和精神对技术起到了巨大的补充作用，而“748工程”行政负责人郭平欣等人的高度责任心也起到了决定性作用，这里面有着众多的偶然和非技术因素。在扩散——结晶阶段，王选一方面以汉字激光照排系统构筑的创新优势为平台，开发和推广新的编排、传输、印刷技术和系统，另一方面以自己的创新实践和影响为依托，发现和培养新人，总结和传播创新思想和方法。

一、创造性人格的养成

1．家风熏陶

王选1937年出生，1958年大学毕业，从1937年到1958年的21年，正是一个人的成长阶段，接受教育的阶段，是一个人的人格和价值观的形成阶段。处在这个阶段的人容易比较大地受到环境的影响。这个阶段的教育和影响主要来自家庭和学校。而且，随着年龄的增长，家庭教育、影响的作用逐渐减弱，学校教育、影响的作用逐渐增强。心理学认为，在成长阶段，家庭的教育和影响主要是价值观和人格方面的，学校的教育和影响主要是效率和知识方面的。

王选祖籍江苏无锡，父亲王守其从小喜爱读书，1923年考入南洋大学，读铁路管理专业。毕业后在上海新通工程贸易公司就职，从会计一直做到总会计师。他相信实业救国，对几个子女的数理化成绩特别重视。他常常督促子女们要学好数理化，报效祖国。

王选家的亲戚中，有四位有成就的学者，对王选影响甚大。舅舅周伯符，有语言文字天赋。做过中华民国驻墨西哥使馆的文化参赞，通晓英、法等语言。姨夫庄前鼎，清华大学毕业，美国麻省理工学院留学后回国，在清华大学任教，新中国成立后担任动力机械系系主任，专攻中国煤分类学，很有造诣。表姐夫辛一心，上海交通大学毕业，英国留学，新中国成立后在交通部一个造船研究院当院长，参与了新中国成立初期主要船舶的设计，是这一领域的权威。还有个姑夫是上海交通大学毕业，美国留学回国后在上海交通大学做系主任。因为学的是机械，希望实业救国，为了把研究成果变成产品，自己办工厂，经营很成功。在这样的家庭、亲戚氛围里，王选形成热爱祖国、热爱知识的价值观，是非常自然的事情。

在娱乐方面，王选从父亲母亲那里得到熏陶且受益终身。京剧是王选父母的一大爱好，听戏、看戏是一家人的主要娱乐。到目前为止还少有关于京剧与少儿智力开发、与成年人创造力发展的关系的研究，但京剧完整的程式、跌宕的腔调、唯美的装饰、善有善报恶有恶报的因果故事对于人的心理成长、稳定还是有一定帮助的。恐怕这也是王选一直保持爱好京剧习惯的原因，甚至在20世纪60年代王选回上海养病期间，也把听京剧当作了恢复健康的手段。

王选兄弟姐妹五人互相关心，“十分友爱。有一年，王选的二哥患了重病，长期低烧不退，全家人都焦虑不安，王选自告奋勇地给哥哥量体温，一天三次，每次量完之后都把体温记在小本子上，然后再根据记录画出哥哥的体温变化曲线。只要一发现哥哥的体温下降了，王选就会高高兴兴地把喜讯告诉全家每一个人。”[①]王选这么小就能将数学统计与医疗实践相结合，显示了王选将科学与实践相结合而将科学应用融会贯通的能力。

后来王选成名后，有人称王选是“选之王”，是因为王选在很多次重大选择中，都表现出了超人的远见和出色的说服力。这一点在他11岁小学升初中时就有所表现。王选从4岁上幼稚园起，一直到1954年高中毕业，他都是在上海南洋模范学校。这所学校设有幼稚园、小学部、初中部和高中部。王选“小升初”那一年，“南模”的初中部从本部徐家汇搬到了上海郊区的七宝镇。七宝镇的学生宿舍很简陋，几十个人住一间大屋子，夏天又闷又热。没有电灯，上晚自习时只能用噝噝作响、白光耀眼的汽油灯。一日三餐就更无法同城里相比了。父母出于

---

① 郭洪波. 中华之光——王选传[M]. 南宁：广西科学技术出版社，1990：9.

对小儿子的疼爱，担心王选过不惯乡镇艰苦的生活，不赞成王选上“南模”初中部。父亲母亲说，就在家附近的学校上吧，等高中再考回南模也一样。姐姐哥哥也都这么劝。

王选喜欢“南模”，坚持上“南模”读初中。他说服家人的理由是“我不愿换学校，是想当空前绝后的南模元老。”原来，南模幼儿园是王选进园那年才设立的，不久就取消了。哥哥姐姐从南模小学上到高中毕业，加起来总共12年。如果坚持在南模读完初中和高中，比他们多上两年幼稚园，王选自然是“空前绝后”，在家里独一无二。这个似有理似无理的理由，被开明的父母接受了。1948年，王选以班上第二名的成绩从小学毕业，被保送升入“南模”初中。

这是王选关于自己发展道路的第一次选择，其中体现了王选的自主意识、竞争意识和说服意识。如果说，作为家里最小的孩子，要自主、要名次，是自然的事情。但能想到独特说服理由，而不是蛮横要求，则难能可贵。

11岁时开始的一段独立，对王选的成长意义非凡。“从11岁起三年住宿生活对我的锻炼不小，初一时不论寒暑，每天清晨出操……在这种集体生活里，性格孤僻、自私和不合群的人是不容易受到欢迎的，也会感到压力的。而这些缺点恰恰是今天高科技时代取得成就的重要障碍，需要在青少年时代加以纠正。”①

2. 小学和中学

在价值观方面，家庭和学校的教育，有时并不一致。这种不一致给学生造成的困惑，甚至是终生的。所幸的是，王选在“学习—内化阶段”，没有遇到这样的困惑，因为家庭主张的价值观，在学校的教育中得到了确认和延伸。1947年，10岁的王选被评选为“品德好、学习好、大家最喜欢的同学”。数十年后的2002年3月19日，在北京大学科技奖励大会的获奖演讲中，王选郑重地回忆道：“今天的获奖，让我再一次想起小学五年级时获得的品德优秀生奖，那是我一生中第一次获奖，也是永生难忘的一个奖励，我由此懂得了团队精神和人

① 王选. 青少年时代所受的教育为我日后成才打下扎实基础[M]//王选文集（修订版）. 北京：北京大学出版社，2006：410.

品在人生中的重要性。要想做好学问，先要做个好人。什么叫好人？季羡林先生说，‘考虑别人比考虑自己更多就是好人’。我觉得可以再降低一点：‘考虑别人与考虑自己一样多就算好人’。认识自己的不足，懂得要依靠团队，千方百计地为优秀的年轻人创造条件，使他们脱颖而出，是我能够获得最高科技奖①的原因之一。”②

学校的荣誉是对家庭教育的肯定，王选对这个非正式荣誉的重视，体现了他的草根意识，体现了他对普通人的呼声和利益的敏感。这为他日后能够很好地处理各方面的关系，带领团队持续创新打下了良好的心理基础。1975年5月，王选提出用电脑取代铅字的激光照排机初步方案时，报告在北京大学印刷厂打印时，内容被一些印刷工人得知后使他们很兴奋。这件事当时给了王选很大鼓舞，“想不到一个微不足道的病号只是提出了一个初步方案，就受到了工人们如此强烈的反应，说明我们从事的研究工作是与他们休戚相关的，是有意义的。”③2003年，担任全国政协副主席的王选在一次会议前，特意和担任全国人大常委会副委员长的韩启德说：“有一件事情我要跟你沟通一下，现在我们都担任了国家领导人的职务，据我所知，我们出去的时候，都要布置警力，包括交通，以后我们要遵守时间，如果我们晚一点，就会给人家整个一个系统造成很多麻烦，所以我们说好的时间就一定不要轻易改变。”④

家庭和南洋模范学校共同为王选创新打下了坚实的品德基础，学校更为王选打下了行为基础和知识基础。初中寄宿，在校时间充裕，为王选提供了更多的游戏、学习和锻炼机会，也培养了王选的集体观念。

优秀的师资力量使南洋模范学校培养了一大批人才，校友中出了30多名院士，也有不少知名的海外学者。朱镕基同志任上海市市长时，有一次谈起上海的中学教育，专门提到了南洋模范学校，他说他1947年以长沙地区考分第一的成绩考取清华大学电机系，大学一年级时发现同班两位同学学习成绩比他还好，一问才知道毕业于上海南洋模范中学。

---

① 王选此处讲到的最高科技奖是指国家最高科学技术奖，王选2001年2月1日获得了这个奖项。

② 从中笑. 王选的世界[M]. 上海：上海科学技术出版社，2000：253.

③ 王选. 艰难的起步[M]//王选文集（修订版）. 北京：北京大学出版社，2006：27.

④ 韩启德. 像王选同志那样做人做事[M]//风范长存. 北京：北京大学出版社，2008：10.

3. 大学

1953年，报考大学时，王选在报名志愿表上填下了三个志愿：第一志愿：北京大学数学系；第二志愿：南京大学数学系；第三志愿：东北人民大学（现吉林大学）数学系。这是王选自己的决定。王选的决定中反映了两个意向：一是学数学，二是去外地。

1954年，王选顺利考取了北京大学数学力学系。数学在北京大学历来都极受重视，早在1913年秋，北京大学开设数学门，建立了我国现代第一个大学数学系。1917年蔡元培任北京大学校长，在各系的排名次序上把数学系排为第一，理由是“大学宗旨，凡治哲学文学应用科学者，都要从纯粹科学入手；治纯粹科学者，都要从数学入手。所以，各系秩序，列数学为第一。”1952年，全国高等学校院系调整，北京大学数学系与清华大学数学系、燕京大学数学系共同组建了新的北京大学数学力学系，力量得到进一步加强。

王选后来曾撰文深情回忆大学一年级的学习生活，“大学一年级的三门基础课解析几何、数学分析和高等代数，把我们从中学数学一下子带进了高等数学的殿堂。这是一个很高的台阶，没有老师们的精心教导，是不可能在短时间内完成这一跨越的。解析几何由江泽涵先生讲授，他当时已年过半百，是北大的一级教授，由此可见当时北大对基础课教学的重视。江先生的教材是自编的油印讲义，因为当时尚无成熟的教材（包括苏联的）。我至今还记得，课间休息时，江先生总要抽一种散发香味的烟斗。教授数学分析这门主课的程民德先生，当时是37岁的正教授，他讲课循序渐进，十分严密，培养了我们严格思维的习惯……教高等代数的先是聂灵沼先生，后是丁石孙先生。丁先生毕业于清华大学，北大数学系主任段学复表示不惜用6个人去换丁石孙一人来北大，可见他才华之出众……”①

大学二年级下学期，王选作出了他的第一个最重要选择。按照当时北京大学的教学计划，大学二年级下学期末开始分专业，当时数学系有数学、力学和计算数学三个专业，数学专业作为一门古老而又成熟的学科，散发着迷人的光彩，大多数成绩好的同学选择了它。相比之下，计算数学专业则是北京大学当年刚刚成

---

① 王选. 回忆北大数学力学系的大学生活[M]//王选文集（修订版）. 北京：北京大学出版社，2006：446.

立专业，没有一套像样的教材、没有一台计算机，应用性强，包含大量非创造性的工程工作，不见得有多高深的学问，所以许多人不愿问津。

王选却有不同想法。他认为，越是古老、成熟的学科，越是完整严密的理论体系，越难以取得新的突破；而新兴学科往往代表着未来，越不成熟，留给人们的创造空间就越广阔。恰好这时，王选看到了1956年1月制定的国家《十二年科学发展远景规划》，未来重点发展学科中就包括计算技术，这对王选真是一个很大的鼓舞。王选认为，一个人必须把自己的事业和前途同国家的前途与命运联系在一起，才有可能创造出更大的价值奉献于社会。就这样，王选下决心选择了计算数学专业。这是王选一生中第一次大的抉择。实践证明，这一选择是完全正确的，它为王选今后的科研工作奠定了第一块基石。

1956年，在作出人生第一个重要选择的时候，王选19岁，正是指点江山、挥斥方遒的年龄。1956年，也正是中国完成社会主义改造、基本建立社会主义制度的一年。1月14日至20日，中共中央召开关于知识分子问题的会议，周恩来作了《关于知识分子问题的报告》。报告指出，为了实现社会主义工业化，“必须依靠体力劳动和脑力劳动的密切合作，依靠工人、农民、知识分子的兄弟联盟”。报告首次提出，知识分子已经成为我们国家的各方面生活中的重要因素，他们中间的绝大部分已经是工人阶级的一部分。报告还指出，正确地解决知识分子问题，更充分地动员和发挥他们的力量，为伟大的社会主义建设服务，已成为我们努力完成过渡时期总任务的重要条件。毛泽东在会议最后一天讲了话，号召全党努力学习科学知识，同党外知识分子团结一致，为迅速赶上世界科学先进水平而奋斗。会后，全国开始出现“向科学进军”的新气象。

这样的大形势，对于王选的选择不可能不产生较大的影响。王选选择计算数学，判断的依据就是祖国发展的需要和计算数学在我国的刚起步。王选在选择计算数学专业后，直接在我国第一代计算机科学家的带领下，进入了我国的计算机前沿。王选回忆文章中写道：

> 计算数学专业那年刚成立，我因为看到了计算机的前景而选择了这一专业……专业课‘电子计算机原理’是张世龙先生讲授的。张先生是一位绝顶聪明和事业心很强的人。他于1956年开始独立设计一台电子数字计算机，所参考的资料只有十分简单的外文文献。他的这门课大部

分内容就是他主持设计的这台完整的串行计算机，从逻辑到电路都很具体。他大概是中国第一个独立设计一台完整的电子数字计算机的人，但由于磁鼓存储器不过关，机器未能运行。张先生“敢为人先”的勇气影响了我后来的科研生涯。①

张世龙是大学时代对王选影响最大的教师。他早年毕业于南开中学，1942年考入燕京大学，秘密加入中共地下党，是20世纪40年代末燕京大学学生运动的领导人之一。后来，张世龙留在燕京大学任教并担任系一级党组织的领导人。燕京大学与北京大学1952年合并后，他担任第一任教学行政科（相当于现在的教务部）科长、校党委委员、北京大学学报的创办执行者。他对马克思主义非常精通，能大段大段地背诵马克思和恩格斯的原著，还能引经据典地用马克思、恩格斯的思想解释世界及中国的各种现象。

北京大学教授董士海曾经这样回忆张世龙“……直接见面的一次是在1958年冬，他白天要去计算所设计119机，我和‘红旗’机人员在晚上到他中关园平房的家中讨论工艺等，印象是很健谈、爱抽烟、知识面广、和气、年轻，喜欢穿皮夹克（用现在的话来讲是帅）。当时并不知道张先生那时才30岁，就担当了整个‘红旗’机的总体设计和工艺设计等。他和我们在一起，没有架子，称呼教研室的同事经常用两个字‘大奇’、‘天锡’、‘王良’，很亲切！现在看，‘红旗’机的补码两位一乘、单地址指令系统、变址寄存器等在当时均是先进的。根据当时器材的实际情况，用锗二极管及电子管做数以千计的触发器和门电路等也是‘敢想敢干’的。在他的影响下，335教研室逐渐形成了一支既有创新思想，又能吃苦实干、看淡名利的教师队伍，这是值得称赞和肯定的！……（后来，学校决定成立计算机系）电子仪器厂和计算中心成为独立单位，与系脱钩。系集中培养学生，搞教学科研不搞生产，由张世龙任首任系主任。我们根据学校的决定在完成“748”主体工程的会战任务后，1979年冬告别了两年多奋战在一起的王选、陈堃銶等诸好友，开始在张先生领导下加入建设计算机科学系的行列。我分到了计算机应用教研室。他出国访问回来后，仍是计算机应用教研室的‘普通教员’。我是应用教研室主任，邵秉章是副主任。张先生找我表示：他愿意上课，

---

① 王选. 回忆北大数学力学系的大学生活[M]//王选文集（修订版）. 北京：北京大学出版社，2006：453.

只要需要，什么课均可，也可上‘管理信息系统’一课，因已写了点讲稿。我就请他上此课。已近60岁的张先生，患有心肌炎等多种疾病，自己上课，还带学生上机实习。像他那样的‘权威’、‘地下党员’，不争名利，不搞山头，能上能下，真的很‘豁达’！”①

当时，电子计算机技术属于尖端科技，美国和苏联视其为国防机密，我国的计算机研究，更是刚刚起步。张世龙在没有任何成品比照的情况下，完全根据图书馆可以找到的文献，设计出“北大1号”计算机。虽然零部件的工艺水平很差，主板没有用插件的形式，而是焊了一块大板，所以很难调试成功，也无法运行，只能算是一台计算机模型；但其逻辑设计和电路设计是严密准确的。张世龙还绘制了详尽的原理图，使得本来枯燥的计算机课变得直观、充实、生动，取得了相当出色的教学效果。

1958年，大学课程基本结束，开始毕业实习。张世龙决定把改进“北大1号”作为实习内容。他在确定了设计原理和思路后，把具体设计“改进1号”的任务交给了王选。1958年“大跃进”已开始，北京大学对于“改进1号”寄予很大期望，希望用半年多的时间研制成功，向国庆献礼。老师的信任，时间的紧迫，激发了王选的干劲。他成功地调试了“改进1号”的运算器和控制器，但由于存贮器用的国产磁鼓不过关，机器未能投入运行，向国庆献礼的美好设想最终没有实现。不过，这次实习让王选对计算机从逻辑设计到运行调试有了一个完整、切实的认识，动手能力也大大提高。在这项工作中，王选得到了董铁宝老师的大量帮助。王选在回忆文章中这样记述道：

董铁宝先生是从力学专业转入计算专业的，他称得上是“中国第一个程序员”。20世纪50年代的董先生在美国Illinois大学的IlliacI计算机上解了大量题目，而IlliacI是美国早期的计算机之一，后来的Illiac IV则十分有名，是平行计算巨型机的先驱。董先生带回了很多Illiac I上的基础服务性程序，还带回了1946年由Von Neumann执笔的关于存储程序概念的报告（Preliminary Report，后称为Von Neumann报告），1958年年初

① 董士海.从两张照片谈起——回忆无线电系和计算机系的成立.北大未名站：http：//www.bdwm.net/bbs/bbstcon.php?board=PKUdevelopment&threadid=2106845.

我看到的这一报告就是董先生带回来的。张世龙先生在设计计算机时很重视董先生的意见，认为他是真正大量使用过计算机的专家。董先生为人耿直，比我大20岁，我们后来成了忘年交。董先生离开美国时留下一笔钱给王浩教授（著名的数理逻辑专家、哲学家，英国皇家学会会员，定理机器证明的先驱），由他按时把Communications of ACM杂志寄给董先生。这一杂志我在20世纪60年代时每期必读，有些载有重要文章的杂志就是从董先生那里借来，并长期“霸占”的。其中最重要的一期是1961年第1期，上面刊载Rump Group Seminar（美国一个讨论班）发表的一系列关于ALGOL 60编译的文章。DJS 21机上ALGOL 60编译系统中关于换名参数的处理方法完全是从该期上学来的。我至今仍保留了董先生借给我的一部分《Communications of ACM》杂志。源语言一级上的有力调试措施是DJS21编译系统的重要特色。15年后我把这一方案向董先生详细介绍，并征求他意见时，他肯定地对我说：“不敢说百分之百，但绝大多数程序故障都能通过这一系统查出”，使我很受鼓舞，后来这些措施深受用户欢迎。①

在大学时代，王选遇到了他的第一个人生大挫折。北京大学和当时国内的任何一个地方一样，政治是必须面对的。和那时的绝大多数顺利升学的学生一样，王选也理所当然地认为，政治和学习齐头并进才是一个人理想的发展状态，这样的人才能对社会、对国家作出更多贡献。上大学不久，系党组织就发现了王选这棵好苗子，把他列为重点培养的入党对象。王选被选为团支部书记，后来又担任了分团委的副书记。1955年上半年，大学二年级的王选被评为年级三好学生积极分子，系党组织正式找他谈话，把一份入党申请表交给王选填写。初中就入了团的王选，当然希望早日加入中国共产党。但是，知识分子的独立思考的特性，使他更愿意在充分理解国内外形势、作出独立判断后，在思想上自然而然地跟党保持完全一致。

这时，喜欢并且能够独立搜集信息的王选读到了外文资料和报道，给王选思

① 王选．回忆北大数学力学系的大学生活[M]//王选文集（修订版）．北京：北京大学出版社2006：454．王选在文中引用的文字的下一段写道：“‘文化大革命’开始，已经有少量点董铁宝名的大字报，我见到他时劝他‘不要怕，事情总会过去’，他回答说‘有点怕’，当时已看出他比较紧张。清理阶级队伍时，他作为‘特嫌’被隔离，不堪受辱上吊自尽。后来王浩等回国闻知此事时深表惋惜。”

想带来了巨大冲击。越看得多，王选越发现，对于一些历史和现实问题，自己的想法跟报纸上宣传的某些内容、做法有很大出入，思想斗争非常激烈。1956年，系党支部委员再次找王选谈话时，王选说出了自己的真实思考。

原本希望党组织予以帮助解决的思想困惑，变成了党组织不再信任王选的理由。党支部委员对王选的所思所想非常吃惊，甚至认为王选对社会主义制度产生了动摇和怀疑，上纲上线，使王选感到了不测。果然，不久支部通知王选，经过研究，决定对他继续考察，王选的入党问题被无限期地搁置下来。

不过，王选的学习成绩和业务能力还是得到了组织的认可。1958年夏，在经过了四年系统的大学学习后，王选以优秀的成绩毕业了。由于在实习中表现出色，他被留在北京大学无线电系任教。大学毕业时的王选，已经掌握了他那个时代的中国大学生所能掌握的最好的电子计算机知识。

4．学生干部

1995—1999年王选担任北大方正研究院院长期间，在招聘员工时，很注意他们是否当过学生干部。因为王选认为当过学生干部的人，具备一定的组织管理能力。组织管理能力对于研究、开发和经营都至关重要。

从小学五年级那年被选为班长起，直到大学毕业，王选当了12年学生干部。学生干部基本上是“民选干部”，“以身作则”是学生干部的基本素质，能否做到“要求别人做到的，自己先做到；要求别人不做的，自己自觉不做”，是赢得同学信任的基础。而且，学生干部还要付出大量的时间、精力去从事组织、宣传、联络等工作。这些都是对学生干部品行、能力的考验和锻炼。从学生干部的经历中锻炼出来的品行、能力，对日后的创新，也是有用的基础。

王选说：“长期的学生干部经历使我懂得要以身作则，为别人着想，要诚恳待人，要虚心接受各方面的批评。我要求争取入团的同学做到的事，我自己必须首先做到；当我指出别人的缺点时，要先想想自己身上有没有类似的毛病。学生干部的经历也提高了我的组织能力和表达能力。前几年我看到一个美国著名心理学家的公式：I（我）+We（我们）=Fully Developed I（完整的我），只有把个人融入集体，才能体现完整的自我价值，小学和中学的环境，使我在青少年时代就较好地融入了集体。这些是一个人能够做出成绩的不可缺少的素质，尤其是学术带头人必须具备的素质。”①

从创新者成长的角度，回顾一下王选在学习——内化阶段为下一步创新所作的准备，也许可以说，除了政治上的挫折外，已经是很完整了。在研究取向上，王选一直把对社会的贡献放在第一位，这是他积极入世的价值观的体现，也决定了他要走向应用研究的道路。在应用领域的创新，与人交往的能力是必要条件。十二年的学生干部的经验，使他具备了这样的能力。在思维方式上，求新求异的特征已经显现。无论是“小升初”时说服家人的理由、“选择计算数学专业”时的考虑、还是对当时政治事件的困惑等，都反映了他独特的思维特征。在知识准备上，他不但接受了国内最好的数学教育和训练，而且直接在国内第一个计算机硬件设计者、第一个程序设计员的带领下进入了国内计算机科学技术的前沿。在工作风格上，严谨的家风在计算机逻辑设计和硬件调试的实习中进一步发展成严谨的作风。在起步平台上，王选留校任教的无线电系就是当时北大为发展电子计算机和微电子科学技术新成立的系，业务指向十分明确。不考虑政治上的因素的话，可以说，王选的知识经准备已经足够充分了。

二、选择和积累

一般而言，练习——确认阶段也是一个摸索阶段。王选在这个阶段的最大收获是找到“软（件）硬（件）结合”的创新之路，并且通过完成AOGOL60编译系统，确认了自己对计算机本质的掌握程度，彻底完成了伟大创新的工具准备。那之后只是等待或寻找一个伟大的挑战，来实现自己的伟大使命。

1．红旗机

王选毕业留校的1958年是“大跃进”开始年。当年的1月11日至22日，中共中央在南宁召开有部分中央领导人和部分省、市委书记参加的工作会议，讨论

① 王选. 青少年时代所受的教育为我日后成才打下扎实基础[M]//王选文集（修订版）. 北京：北京大学出版社，2006：408.

1958年的国民经济计划和预算。会议前后，毛泽东集中中央和地方许多领导人的意见，起草了《工作方法六十条（草案）》。这个文件着重强调了“不断革命”的思想，并提出要“把党的工作重点放到技术革命上去”。毛泽东在会上再次批评了1956年的反冒进，说反冒进使6亿人民泄了气，是方针性错误。这次南宁会议大批反冒进的结果，使党内急于求成的“左”倾思想迅速发展起来。有些地区和部门开始提出一些不切实际的“大跃进”计划。3月3日，中共中央发布《关于开展反浪费反保守运动的指示》，强调要采用大鸣、大放、大辩论，开现场会议和展览会等形式，“揭露和批判浪费、保守的现象和它们的危害性”。并说这是一个“生产大跃进和文化大跃进的运动”，抓紧这个运动，“就可以用同样的人数和同样的财力、物力，办出比原定计划多百分之几十以至数以倍计的事业”。

举国“大跃进”，计算机科技界当然也要“大跃进”。中国科学院计算技术研究所设计了一台每秒6万次的大型电子计算机，清华大学设计了一台每秒1万次的中型电子计算机，北京大学也决定研制一台每秒达1万次定点运算的中型计算机，如果成功，其运算速度可以列入当年世界前20名。北京大学把这台计算机命名为“红旗机”，并将具体研制任务下达给了给王选讲过“电子计算机原理”、主持过“北大1号”、“改进1号”计算机研制的张世龙。那一年9月，王选被张世龙点将参加“红旗机”的研制。

王选说他一生有三次狂热的工作经历。第一次是高中做社会工作，达到全身心投入、忘掉一切的地步。第三次是1976—1993年搞激光照排，狂热却不失冷静和理智。唯独第二次，1959—1961年研制“红旗机”，玩命到不顾身体，经常连续工作一天一夜，最紧张的时候40个小时不睡觉。

借用佛学的观点说，这是一种修炼上的“勇猛精进”状态。日本著名文化学者梅原猛[①]非常重视这种“精进”。梅原猛认为他一生中几次这样的精进，是他取得突出的学术成就的一个重要原因。[②]这样的“不眠不食”精进，佛学修炼自

① 梅原猛（1925—），日本仙台市人，京都大学哲学系毕业，历任立命馆大学教授、京都市立艺术大学教授、校长等职。1987年就任国际日本文化研究中心首任所长。1992年获“文化功劳奖”，1999年被授予“文化勋章”。梅原猛在日本精神史、古代史、文学、宗教等领域展开独创性思索。他以佛教为中心，对日本人精神性所进行的独特研究被称为“梅原日本学”。

② ［日］梅原猛. 佛教十二讲[M]. 成都：四川人民出版社，2008：53.

身，要定期举行，通过严格到逼近人体极限的仪式训练，使得修炼者取得阶段性的突破。王选一毕业就自觉投入到这样的“勇猛精进”的“修炼”中，并且很快取得了知识和能力上的突破。

美国著名心理学家马斯洛[①]在《自我实现的人》一书中写道，“在创造力的激发阶段，创造者忘记了自己的过去和未来，只生活在此时此刻，他完全沉浸、陶醉和专注于现在的时刻和眼前的情形，倾心于现在的问题。这种“专注于此刻”的能力是任何一种创造必不可少的前提。

2．一生中最重要的选择

在练习——确认阶段，创新冲动强烈的练习者会产生创新焦虑，反复自问，“我的创新在哪里？”“我怎样才能实现自己的创新”，这种情况通常会在“勇猛精进”的后期产生。能够把这种反复追问持续下去，练习者将从创新焦虑期进入创新反思期，如果能在反思期遇到“阿基米德点”[②]，就找到了自己的创新切入点。王选说：“我主持过电子管计算机逻辑设计和整机调试工作，也参与过部分电路设计工作，一直在硬件第一线上跌打滚爬，每天工作都在14小时以上。在紧张工作的同时，也阅读国外文献。20世纪50年代国外有名的计算机体系结构使我赞叹不已，同时不断问自己，为什么只能欣赏别人的成果，而不能有自己的创新思想呢？”[③]在这种创新焦虑的状态下，王选很快发现了一个规律，并且据此作出了他一生中最重要的选择。

---

① 马斯洛（Abraham H. Maslow，1908—1970），美国社会心理学家、人格理论家和比较心理学家。人本主义心理学的主要发起者和理论家，任美国人格与社会心理学会主席和美国心理学会主席。

② 两千多年前，古希腊的叙拉古国的国王希罗让工匠为他做了一顶纯金的皇冠。国王给了工匠一些黄灿灿的金子，工匠也很快为国王做好了。金灿灿的皇冠戴在国王头上很合适，并且非常漂亮。可是希罗国王总怀疑工匠少用了一些黄金，偷偷掺进了一些等重的白银。于是，他让人称了皇冠的重量，不多不少，与给工匠的黄金质量不差毫厘。这就难了，怎样能既不损坏皇冠，又能辨别皇冠是否是纯金做的呢？希罗国王把这道难题交给了聪明的阿基米德。阿基米德忧心地把王冠捧回了家，冥思苦想了几个月，也没有找到辨别皇冠真假的办法。有一天他到盛满水的浴缸中洗澡，当他跨入浴缸时，浴缸里的水就往外溢出来。这一现象吸引了阿基米德。看着看着，他突然一跃而起，跳出浴缸，竟赤裸着身体跑出屋外，嘴里大声地喊着：“我找到了！我找到了！”文中的阿基米德点指的是思维突破困境的临界点。

③ 王选．我一生中最重要的八个选择．九三学社中央委员会网站：http：//www.93.gov.cn/folklore/deed/646714072675737572.shtml.

这个规律就是后来王选多次引用控制论创始人维纳[①]的一句话所表达的："在已经建立起来的科学领域之间的空白区上，最容易取得丰硕成果。"维纳本人在其50年的科学生涯中，发表论文240多篇，著作14本，覆盖哲学、数学、物理学、工程学和生物学。王选首先在发明世界上第一台电子计算机 ENIAC 的美国科学家莫契利（J.W.Mauchly，1907—1980）和埃克特（J.P.Eckert ，1919—1995）身上发现了这个规律。莫契利是物理学博士，曾经致力于天气预报的研究，因为这一领域的题目计算量很大，他便想出许多方法提高计算速度，锻炼出了出色的数学和计算方法方面的能力。1941年夏天，34岁的莫契利来到宾夕法尼亚大学任教，在这里遇到了才华横溢的年轻研究生埃克特。埃克特在数学和电子工程两个领域都有深厚功底，两人兴趣相投，一拍即合。1942年莫契利提出了电子计算机的基本构思，埃克特负责具体实现，终于在1945年秋使ENIAC运行成功。

王选还注意到被誉为"电子计算机之父"美国科学家的冯·诺伊曼（Von Neumann，1903—1957），在介入计算机研究之前，是研究数学和数理逻辑学的。人们后来把"电子计算机之父"的桂冠戴在冯·诺伊曼头上，而不是第一台电脑的两位实际研制者，是有充分理由的。莫契利和埃克特研制的ENIAC计算机获得巨大的成功，但它最致命的缺点是程序与计算两相分离。指挥近2万电子管"开关"工作的程序指令，被存放在机器的外部电路里。需要计算某个题目前，埃克特必须派人把数百条线路用手接通，像电话接线员那样工作几小时甚至好几天，才能进行几分钟运算。

在ENIAC尚未投入运行前，冯·诺伊曼就已开始准备对这台电子计算机进行脱胎换骨的改造。在短短10个月里，冯·诺伊曼迅速把概念变成了方案。新机器方案命名为"离散变量自动电子计算机"，英文缩写EDVAC。1945年6月，冯·诺伊曼与戈德斯坦（H.Glodstine，1919—2004）等人，联名发表了一篇长达101页纸洋洋万言的报告，即计算机史上著名的"101页报告"。这份报告奠定了现代电脑体系结构坚实的根基，直到今天，仍然被认为是现代电脑科学发展里程碑式的文献。

---

① 维纳（Weiner Nobert，1894—1964），美国数学家，现代控制论奠基人。被誉为20世纪少数几个"探索型"科学家之一，具有敏锐的哲学头脑，总是不断把探索的目光投向新领域。

在EDVAC报告中，冯·诺伊曼明确规定出计算机的五大部件：运算器CA、逻辑控制器CC、存储器M、输入装置I和输出装置O，并描述了五大部件的功能和相互关系。与ENIAC相比，EDVAC的改进首先在于冯·诺伊曼巧妙地想出“存储程序”的办法，程序也被他当作数据存进了机器内部，以便电脑能自动一条接着一条地依次执行指令，再也不必去接通什么线路。其次，他明确提出这种机器必须采用二进制数制，以充分发挥电子器件的工作特点，使结构紧凑且更通用化。人们后来把按这一方案思想设计的机器统称为“诺依曼机”。

自冯·诺伊曼设计的EDVAC计算机始，直到今天我们用“奔腾”芯片制作的多媒体计算机为止，电脑一代又一代的“传人”，大大小小千千万万台计算机，都没能够跳出“诺依曼机”的掌心。

最使王选激动不已的是1961年年初看到的关于Atlas计算机的一篇不到一页的简短报道。Atlas是英国曼彻斯特大学20世纪50年代末研制的一台大型计算机，每秒运算高达几十万次，支持多道程序。主设计师叫汤姆·基尔本（Tom Kilburn，1921—2001），他精通程序，又有很出色的无线电才能。由于英国当时比较穷，用不起超大容量的磁心存储器，基尔本只用了16K×48位的磁心存储器，再加上第二级90多K字的磁鼓存储器，首创了虚拟存储器。同时，又以极大的魄力用晶体管分立元件来实现了这一创新的方案。这样的例子还有很多，王选从中总结出一点，20世纪50年代和60年代计算机硬件方面的很多高招都来自程序和应用（后来叫软件）的需要，硬件和软件的结合给计算机体系结构带来一系列的突破，可见，程序和应用对硬件设计是非常重要的，只掌握硬件设计，不懂得程序和应用，照样产生不出创新的想法。①

1961年1月14日至18日，中国共产党八届九中全会在北京举行。会议鉴于“大跃进”所造成的国民经济比例严重失调和带来的严重困难局面，会议强调贯彻执行国民经济以农业为基础的方针，全党全民大办农业、大办粮食，适当缩短基本建设战线和降低重工业发展速度。会议正式通过对整个国民经济实行“调整、巩固、充实、提高”的八字方针，并决定在农村深入贯彻《十二条》，进行整风整社。全会还批准1960年9月中央政治局关于成立六个中央局的决定。在会

① 王选.数学基础和跨领域研究是取得创新成果的重要因素.http：//www.wangxuan.net/.intro/content817.htm.

上，毛泽东号召全党大兴调查研究之风。这次会议，标志着党的指导思想的重要转变，表明“大跃进”的方针实际上已经停止，国民经济转入调整的轨道。

1961年，王选也找到了自己的事业方向：从硬件转向软件，从事软、硬件相结合的研究，以探讨软件对未来计算机体系结构的影响。20世纪50年代和60年代初，软件尚未充分发展，硬件是分立元件时代，设计和实现一台计算机的硬件还是一件复杂的工程，因此，即使在计算机技术相对发达的西方，同时通晓软、硬件，并具有两方面实践经验的人也是不多的。从这一意义上讲，王选可以称得上是我国从事软、硬件相结合研究和实践的先驱。

这是王选又一个闪烁着前瞻意识的远见。从硬件转向软件，走软硬件结合的科研创新之路，是王选的“阿基米德点”。王选的创新焦虑开始得到缓解，从此之后的努力是通过软硬件结合不断向创新高端攀登。

作出这个选择，需要巨大的勇气。因为当时的软件实际上就是程序，软件技术人员几乎等同于程序员。（Intellectual Ventures）共同出资人兼CEO纳森·梅尔沃德（Nathan Myhrvold）的文章《向发明投资》（Funding Eureka！）一文中写道：“当时（指20世纪70年代），计算机业界内人士都认为软件价值仅在于它有助于销售大型机或微型机，软件不能单独出售。因此，软件工程师为计算机制造商或使用电脑的企业工作。几乎没有独立的软件供应商，即便有，也几乎不能盈利。软件成为一个行业，前途渺茫。每个人都如是说。”①

在北京大学，那个以独立学术成就为最高荣誉的地方，去做一个服务于硬件的程序员，确实需要巨大的勇气。好在，王选是一个有勇气的人。

3．Gap Years

从20世纪60年代开始，欧美国家试着在大学高年级引进一种鼓励学生休学一年，去外国或者其他地方旅行、学习、实习等的制度。后来很多机构和个人发现这个制度的试行效果不错，因为很多学生在休学的一年中有机会重新看自己走过的路、思考下一步怎么走，减少了沿着走过来的路盲目走下去从而出现失误的可能性，这就是“Gap Year”。现在“Gap Year”制度在研发界也被大量采用，比

① Nathan Mghrold. Funding Eureka. http：//hbr. org/product/funding-eureka.

如很多大学、科研机构通常让教学科研人员间隔6~7年休一次学术年假，其目的就是让这些人员反思、调整和充电。一些大企业也对贡献突出的研发人员实行类似的制度。“Gap Years”制度对创新的合理性正在受到重视。

1962年，王选进入“Gap Years”。不过，这不是王选的主动选择，而是病魔的强迫。“Gap”的也不是一年，直接的是三年，间接的是13年（从1962年请长假到1975年，王选一直是北京大学无线电系领劳保费的病号）。“Gap”三年的创新成果是提出了ALGOL 60编译系统的开发架构，“Gap”13年的创新成果是提出了“汉字激光照排系统”方案。这是王选最重要的两个创新，ALGOL 60编译系统对王选创新有着标示性的意义，因为通过ALGOL 60编译系统的开发，王选确认了自己的创新能力和创新位置，进入迎接大挑战的前沿阵地。汉字激光照排系统，则是王选创新的巅峰。王选甚至认为，这两个创新都是自由选题的结果，之所以能够自由选题，是因为他在“休病假”。真可谓“善受益者，无往不受益”。

1961年夏天，王选患上一场莫明其妙的大病。低烧不退，胸闷憋气，呼吸困难。在校治疗一年毫无效果。迫不得已王选1962年夏请长假回上海老家修养，直到1965年夏回校参加ALGOL 60编译系统项目。

回到上海，在母亲的精心照料下，身体好转。王选又想起了他的目标——软件、硬件结合研究，他认识到写一个高级语言编译系统能较好地实现这个目标。

计算机科学的发展依赖于计算机硬件和软件技术的发展，硬件是计算机的躯体，软件是计算机的灵魂。没有软件，计算机只是一台“裸机”，什么也不能干；有了软件，计算机才有“思想”，才能做相应的事。软件是用计算机语言编写的，计算机语言的发展经历了从机器语言、汇编语言到高级语言的历程。计算机使用的是由“0”和“1”组成的二进制数，二进制编码方式是计算机语言的基础。计算机发明之初，科学家只能用二进制数编制的指令控制计算机运行。每一条计算机指令均由一组“0”、“1”数字，按一定的规则排列组成，若要计算机执行一项简单的任务，需要编写大量的这种指令。这种有规则的二进制数组成的指令集，就是机器语言（也称为指令系统）。不同系列的CPU，具有不同的机器语言，如目前个人计算机中常用AMD公司的系列CPU和Intel公司的系列CPU，就有不同的机器语言。

机器语言是计算机唯一能识别并执行的语言，与汇编语言或高级语言相比，其执行效率高。但其可读性差，不易记忆；编写程序既难又繁，容易出错；程序调试和修改难度巨大，不容易掌握和使用。此外，因为机器语言直接依赖于中央处理器，所以用某种机器语言编写的程序只能在相应的计算机上执行，无法在其他型号的计算机上执行，也就是说，可移植性差。尽管汇编语言比机器语言方便，但汇编语言仍然具有许多不便之处，程序编写的效率远远不能满足需要。1954年，第一个高级语言FORTRAN问世，高级语言是一种用能表达各种意义的“词”和“数学公式”按一定的语法规则编写程序的语言，也称为高级程序设计语言或算法语言。高级语言与自然语言和数学表达式相当接近，不依赖于计算机型号，通用性较好。高级语言的使用，大大提高了程序编写的效率和程序的可读性。

但是，计算机无法直接识别和执行高级语言，必须翻译成等价的机器语言程序（称为目标程序）才能执行。高级语言源程序翻译成机器语言程序的方法有解释和编译两种。解释方法采用边解释边执行的方法，如早期的BASIC 语言即采用解释方法，在执行BASIC 源程序时，解释一条BASIC语句，执行一条语句。编译方法采用相应语言的编译程序，先把源程序编译成指定机型的机器语言目标程序，然后再把目标程序和各种标准库函数连接装配成完整的目标程序，在相应的机型上执行。编译方法比解释方法更具有效率。

20世纪60年代初，计算机高级语言编译系统是新兴领域。王选选择计算机高级语言编译系统作为从硬件向软件的转移突破口，有其深刻的道理。现在意义上的计算机软件是20世纪60年代才逐渐被计算机行业使用和接受的术语，在王选决定从硬件转向软件的时候，所谓的软件指的是计算机程序和高级编程语言。当时高级编程语言出现的时间不长、种类不多，对于数学基础扎实的王选来说，掌握任何一种高级编程语言都应该不是困难的事情。另一方面，通过参与改进“北大1号”的逻辑设计和主持“红旗机”的逻辑设计，王选已经将计算机指令系统烂熟于心。剩下的就是高级编程语言和计算机指令系统之间的连接部，这就是高级语言编译系统。掌握了高级语言编译系统，王选就掌握了硬件设计、指令系统、高级编程语言和高级语言编译系统，这是当时计算机科学技术的全部内容。王选要做一个计算机通家。做本领域的通家，是任何一个三十岁左右、有志于学术研究的青年学者都容易产生、也容易被理解的梦想。因为当时计算机还在起步期，做到这一点并不困难。做到了这一点，王选就完成了在计算机领域对自己知识和能力的确认。

4．ALOGOL60编译系统

在把软件、硬件结合的具体目标凝练出来后，王选请北京大学数学系青年教师陈堃銶帮忙，搜集、邮寄高级语言编译系统方面的资料，一方面是因为当时的上海找不到这方面的资料，另一方面是王选可以更自然地和陈堃銶联系了。实际上，王选和陈堃銶的恋爱关系就是在这个阶段确定的。

后来成为王选妻子的陈堃銶当时是北京大学数学系教师。王选在2000年10月6日被确诊为癌症的第三天写下的遗嘱中写道："我常说我一生有十个重大选择，其实我最幸运的是与陈堃銶的结合。没有她就没有激光照排。"[①]

激光照排系统是这样，ALOGL60编译系统也是这样。在激光照排系统中，陈堃銶是优秀的程序员和得力助手，帮助王选写了几百万条程序，卓越地实现了王选的设计思想。在ALGOL 60编译系统中，陈堃銶是优秀的信使和忠实的执行者，她按照王选的要求，及时搜集信息传递给王选。王选在世时，她站在王选身后，坚定地、默默地支撑着王选的身体、精神和事业。王选离世后，她不遗余力地传播王选的精神。她是王选团队中最无谓的勇士、最资深的战士。

中国科学院计算技术研究所在我国最早开展了计算机高级语言编译系统研究，也经常举办研讨班，有时还请苏联专家来授课。陈堃銶去参加研讨班时，得知中国科学院计算机所有油印的英文资料——《ALGOL 60修改报告》，设法要了一本，托人带给王选。

ALGOL是计算机发展史上产生的首批高级语言之一，是第一个清晰定义的语言，其语法是用严格公式化的方法说明的。ALGOL语言并没有被广泛使用，但是许多现代程序语言的思想基础。ALGOL语言最早出现在1958年。ALGOL60是在ALGOL58基础上引进了许多新的概念，如动态、递归等，进而成为程序设计语言发展史上的一个里程碑。它标志着程序设计语言成为一门独立的科学学科，并为后来软件自动化及软件可靠性的发展奠定了基础。有趣的是，ALGOL60的设计者、丹麦人皮特（Peter Naur，1928—）也是一个跨领域取得大成就的学者。他原本是天文学家，1949年从哥本哈根大学获得天文学硕士学位，1957年获得天文学博士学位。1950—1951年，皮特在英国剑桥大学研读天文学

① 王选. 王选遗嘱[M]//风范长存. 北京：北京大学出版社，2008：8.

期间，用到了世界上第一台使用存储装置的电子计算机EDSAC。1959年，皮特加盟丹麦第一个计算机公司Regnecentralen，并领导了ALGOL 60语言设计工作。皮特也是著名的编程语言归约BNF范式中的N，因为他的姓是Naur。B则代表美国计算机科学家贝克斯（John W. Backus，1924—2007），贝克斯是第一个高级编程语言FORTRAN的发明者。

要设计ALGOL 60高级语言编译系统，就必须先弄懂这一语言系统。这就像翻译一篇文章，要先弄懂文章本身的含义一样。ALGOL60报告的原文不长，只有17页，但使用BNF范式[①]来定义语法，用精心选择的说明文字定义语义，简洁、有力、清晰。ALGOL60精心地做到不依赖于任何特定的计算机的属性，对编译程序作者是一个很大的挑战。

王选中学时英语成绩很好，大学外语学的是俄文，但他一直坚持自学英语。后来接触到计算机后，王选看到欧美其他国家比苏联的技术要先进得多，更加强了英语学习。王选刚参加工作就下了一个决心：不看翻译过来的中文书，只看原版英文书。这样既锻炼了英文阅读能力，又避免译文错误带来的误解。虽然阅读一般科技文献并不费力，但当接触全新的ALGOL60，还是有些吃力。

外语学习，听说读写分不开。王选觉得自己的阅读能力要再提高一步，需要从改善听力水平做起。这也是一个很独特的想法。当时接触外国人的机会很少，出国直接交流的机会更少，除非有特殊需要，谁都不会花大力气练习英语听力。王选回到学习外语的原点，把听说读写看作一个整体，认识到在阅读达到一定程度后，解决进一步提高阅读能力的关键，不单纯在于继续加强阅读，而在于训练听力。这是一种系统科学的思维方式，这种思维方式在王选的其他工作中也有大量体现。

外语学习的很多实践和研究也已证明，练习听力不但能锻炼口语，还可以提高反应能力，从而加快阅读速度。1963年年初，王选决定锻炼听力，先收听短波中的北京电台的对外英语广播，后来改为收听英国广播公司（BBC）对远东的英语广播。连续两年多，每天半小时，天天如此，果然大见成效。王选的英语阅读速度明显加快，能够像看中文书一样一目十行地看英文了，而且口语也得到了锻炼。不过，几年之后“文化大革命”开始，“偷听敌台”成了他的一条“罪状”。

---

① BNF范式中的BNF是Backus——Naur Form的缩写，是一种用于表示上下文无关文法描述计算机语言的一种方式。

经过近一年的努力，王选终于读懂了ALGOL60报告。王选回忆道："当时真有一种茅塞顿开的感觉，原来我以为自己是懂得计算机的，干了几年硬件，搞过逻辑设计、电路设计，甚至做过大量调试，谁能说我不懂计算机？可是现在，我发现只有了解软件，才算真正懂得计算机。高级语言、汇编语言（和机器语言）以及微程序语言是三个不同级别的语言，只要贯通这三者，肯定会在体系结构上有创新的构思。我更加相信选择软、硬件结合的研究方法是正确的。"①

王选深知计算机是以追求运行结果为检验标准的领域，没有运行结果，任何想法、知识都是空话。而且，王选给自己定的目标不是读懂ALGOL60、用ALGOL60写程序，而是设计ALGOL60的编译系统。为了弥补自己缺乏实际编程经验的不足，王选还设法找到复旦大学两位教师许自省和施伯乐学习调试手编程序的相关知识。与此同时，王选把设计ALGOL 60编译系统的进展情况写信告诉了陈堃铼。陈堃铼回信告诉王选，北京的738厂正在研制一台DJS 21计算机，王选的 ALGOL 60 编译系统正好可以配合着同时进行。这对王选是巨大的鼓舞，他随即列了一个计划，每天工作6～8小时，用90%的时间研制ALGOL 60编译系统，另外10%的时间探讨适合高级语言的计算机的体系结构。设计好一部分方案，就把它寄到北京大学，由许卓群、陈堃铼、朱万森几个教师去具体实现。

1965年夏，ALGOL 60编译系统被正式列入北京大学科研计划，王选的身体也基本恢复。他告别父母，回到阔别三年的校园，参加ALGOL 60编译系统的研制。在小组成员的大力协作下，王选的设计思路得以顺利实现。王选说："在设计过程中，我不赞成硬件直接执行高级语言的方案，而是主张寻找编译和目的程序运行中的瓶颈问题，比如下标变量的处理、子程序调用（尤其是递归调用），这些在当时的常规计算机（例如IBM 360）上都是很费时间的。这些瓶颈，对于一个只懂软件不懂硬件的人，可能会束手无策，而我有硬件实践经验，就试着从硬件上想办法，果然很容易就想出了克服这些瓶颈的方法。当时我感到真的找到了创造的源泉。"①

当时，王选就非常注意采用国际标准，编译系统采用标准的ALGOL 60语

① 王选. 数学基础和跨领域研究是取得创新成果的重要因素[M]//王选文集（修订版）. 北京：北京大学出版社，2006：137.

言，连纸带码都与欧洲标准相同。在当时批判“洋奴哲学”的极“左”路线下，这样做有极大的风险。但当时国外杂志上登载的用于交流的算法均写成 ALGOL 60形式，20世纪70年代才逐步改用 FORTRAN语言。所以王选始终认为应遵循国际标准，不该创新的地方不创新，否则容易由于不具备通用性而被淘汰。

由于受到“文化大革命”的冲击，DJS 21机的 ALGOL 60高级语言编译系统直到1967年才完成，它的方便和实用很受欢迎，后来又经中国科学院数学所陆汝钤等专家的精心修改，在几十个用户中得到了推广，成为国内最早的得到真正推广的高级语言编译系统之一，被列入中国计算机工业发展史大事记中。

ALGOL 60高级语言编译系统的研制成功，使王选在软、硬件两方面的学术水平和实践能力有了一个质的飞跃，他再翻看外国文献时，常常能发现对方设计的不足，进而想出更好的解决方法。这种自信和能力，成为他日后勇于承担激光照排系统研制并取得成功的决定性因素。

三、自主创新的实现

创新者在完成大量练习、解决若干典型难题之后，要想再前进一步，就要看他能不能抓住一个大的挑战，并战胜这个挑战。要是能做到这一点，他就能进入自主创新状态。王选抓住的挑战是汉字激光照排系统。这个挑战的核心是汉字的信息化处理，是决定中华民族能否迈进信息化门槛的第一级阶梯。这个挑战的意义重大、深远，王选战胜了这个挑战，在引领中华民族进入信息化时代的道路上铺下了一块坚硬的基石。同时，他也走在了世界该领域的前沿，体会到了指点江山的豪情。

1．自我测试

1969年2月，北京大学、北京748厂接受石油勘探部门的委托，研制百万次集成电路数字电子计算机。这个项目在四机部的备案号是150，这个计算机就被称为150机。虽然“文化大革命”期间各部门、各单位几近瘫痪，但作为基础能源的石油部门还维持一定程度的运转，以保障这么大国家每天需要的最低限度的能源。研制150机的目的就是处理石油勘探数据，提高石油勘探水平。

经过ALGOL60编译系统的锻炼，王选确认了自己的创新能力。但是因为荒谬的出身论、因为莫名其妙的“偷听敌台”罪名，王选只能眼睁睁地看着身边的大好创新机会而不能参与其中，王选苦闷至极。这种不能参与对于久病不愈的王选还有另一层打击，就是担心病弱的身体影响了智力和思维。

天才不只是人类的精华，也是宇宙的精华。天才在使命没有完成之前，上苍不会让他彻底绝望。150机项目组成员马秉锟的一次闲谈，给王选带来了一个重要的自我测试机会。

在这次闲谈中，马秉锟说，由于国产磁带和磁带机的质量不过关，遇到了2位纠错的难题，怎么也解决不了。言者无意，听着有心，王选努力半个月，终于设计出一个理想的2位纠错码方案。马秉锟把这个方案悄悄拿到150机的磁带上一试，一举成功。王选这样做，就是想证明一点，自己虽然久卧病榻，但“脑子没有坏”，还可以搞科研。

测试成功，让王选信心大增，创造欲望再次被激发。这一时期，大的形势也有改变。1971年9月13日林彪事件爆发，国内的政治高压有所缓解，从入党被耽搁那时生起的一直困扰王选多年的政治疑惑完全释然。1971年10月25日我国恢复在联合国的一切合法权利，1972年美国总统尼克松、日本首相田中角荣来访，我国的国际环境也有所改善。大多数知识分子从这些变化中预感到了变革即将到来，抓紧时间和机会开展工作。王选让陈堃銶从图书馆借来一些英文的计算机杂志，像前几年那样了解国际动态。这些杂志当时没有什么人看，所以很容易借到。由于有了软、硬件两方面的经验，他发现再看别人的成果，经常能找出不足的地方。后来，王选自己动手，设计了一种新型计算机的体系，它有结构紧凑、高效的优点，与当时先进的IBM360、IBM370相比，目标代码的长度只有其1/2，性能有不少改善。

1972—1974年，王选边养病边工作，写了大量学习国外先进技术的心得文章，在一些同事之间传看，后来汇集成《适合软件的新型计算机》一文，刊登在当时我国唯一的计算机杂志《计算机动态》上。1972年，王选还和陈堃銶一起，用几个月时间研究出一套“小键盘输入汉字的方法”，这是王选第一次动手解决汉字输入计算机的问题。1975年王选上报的精密照排总体方案就把“小键盘输人”写了进去。

2．“748工程”

对于北京大学的计算机学科来说，1972年发生了一件重要的事情，就是学校抓住刚刚出现的一丝缓机，决定研制为本校教学、科研服务的计算机，定名为6912机。1969年启动的150机已经有了相当的进展，参加150机研制取得了经验可以为6912机的研制服务。6912机是一台集成电路中型计算机（当时四机部命名为DJS18），运算速度为每秒钟15万次，内存容量为65K字（字长48位），1974年5月交付使用，9月面向全校和社会开放使用。

为了充分发挥6912机的作用，1975年年初，学校从各系抽调力量组成一个调查组，对校内的行政管理、后勤、物资、财务和印刷厂等部门分头了解情况，调查这些部门采用计算机、实现自动化的可能性。陈堃銶当时正患梅尼埃综合征，经常头晕，病休在家，是个“闲人”，于是被系里派去参加调研。在印刷厂，她听说了“748工程”。

1974年8月9日，四机部、一机部、中国科学院、新华通讯社、国家出版事业管理局五部门联合向国家计划委员会和国务院提出报告，请求把汉字信息处理工程列入国家重点科研项目计划。这个报告得到国务院和国家计委的高度重视，周恩来总理和国家计委领导听取了立项汇报。当时国家计委正在筹建国家经济信息中心，若不能使用计算机等信息化技术处理汉字的录入、存储、编辑等工作，经济信息中心无疑是形同虚设，各方面都感觉到了这个报告提出的课题的紧迫性和重要性。

这个报告的主要策划人是郭平欣。郭平欣中学时代入党，毕业于“国立中央大学”化学系，主修电化学专业，与周培源有师生之谊。抗战时，郭平欣随“国立中央大学”迁往陪都重庆。毕业后按照周恩来的指示留在八路军重庆办事处工作，国共谈判破裂后在延安从事军工与通信方面的技术工作。1949—1951年任驻苏军事代表团负责人。回国后作为科学规划小组成员参与了我国计算机事业的领导工作，是我国最早进入计算机领域的知识分子和领导干部。郭平欣20世纪60年代起任四机部科学技术局副局长；1976年四机部组建计算机管理总局时，改任该局副局长，长期主管全国的计算机工作。郭平欣语言天分极高，他在大学时代掌握了英文和德文，驻苏期间学会了俄文，后来在“文化大革命”的“牛棚”里攻下了日文。

1971年“林彪事件”以后，党中央、国务院也采取措施对国民经济进行整顿。1973年，四机部从“文化大革命”的混乱中开始正常工作。

为了制定我国计算机事业的发展战略，郭平欣组织、领导了对国内外的情况调研。随着调研的深入，不容乐观的严峻态势展现在郭平欣面前。1965年美国DEC公司推出PDP8型计算机，1970年又推出了著名的16位小型机PDP11。数据库与字处理软件也在20世纪70年代初成熟。小型化和相关技术的发展，使计算机走出了科学计算领域，进入管理、事务处理以及信息处理等商业应用领域。从20世纪60年代末到70年代中期，半导体技术突飞猛进，微机也开始起步。20世纪70年代初，业界的有识之士已认识到计算机系统必定越来越便宜，其应用将普及到社会各个领域，计算机将以文化载体的形式对人类社会产生深远影响。

从1958年开始，我国研制过不少计算机，到20世纪70年代初已经形成了DJS100和DJS200两个系列。当时我国的计算机主要用于科学计算，其界面信息或者是英文或者是汉语拼音，使用非常不方便。郭平欣很早就意识到了计算机的文化载体功能，计算机如果不和本民族的文化基础——文字相结合，就不可能推广应用。[①]

自五四运动以来，不少知识分子认为汉语要走拉丁化的道路，新中国成立后文字改革委员会制订了汉语拼音文案。可是，尽管学者们付出了巨大的努力，但终因人民大众不接受，拉丁化的努力并没有达到预想的效果。日本也曾在拼音文字上下了很大的工夫，但假名也没有完全取代汉字。在调研中郭平欣了解到日本已经在研究汉字计算机处理并取得了一些成果。这样，郭平欣认定我国应该立即开展计算机汉字信息处理的研究。

到1973年，文字改革委员会已经颁布了三期简化字。郭平欣在听取了文字改革委员会专家的意见之后，决定以一二期简化字为汉字信息处理的字符集。对于汉字信息处理这样的大项目，郭平欣认为研制时间可能超过10年，所需经费可能超过 1 亿元，不是电子部一家所能完成的，应该走科研、用户相结合的道路。于

① “748工程”是成功的，总结经验是重要的——访“748工程”总指挥郭平欣. 计算机世界网. http://www2.ccw.com.cn/1994/32/130094.shtml.

是，郭平欣向部领导汇报取得同意，联系一机部、中国科学院、新华社和国家出版事业管理局等五个单位联合向国家计委和国务院写了报告。

1974年9月24日，国家计委批复，同意将汉字信息处理工程列入国家科学技术发展规划，责成四机部组织实施，四机部设立专项办公室进行落实和推进，郭平欣担任办公室主任。他“是第二次印刷技术革命的开拓者，为以王选院士为代表的我国印刷科技专家打开了前进的道路。”①

“748工程”有三个子项目：汉字通信系统、汉字情报检索和汉字精密照排系统。王选分析后认定，在这三个子项目中，汉字精密照排的价值最大。通信系统，无论什么文字，都要转换成差不多相同的信号才能被发送、传输和接受，汉字不会有太大的特色。情报检索系统的长远价值大，但如果不能把中文文献、信息表达为计算机能够接受和处理的形式，就无法建立大容量的中文信息库，就无法进行大量、深度检索。所以，汉字情报检索的基础是汉字信息化，汉字精密照排要解决的就是汉字信息化。汉字精密照排是指运用计算机和相关的光学、机械技术，对中文信息进行输入、编辑、排版、输出及印刷，也就是用现代科技对我国传统的报业、印刷行业进行彻底改造。汉字精密照排的难度大，价值和前景却不可估量。因为如果真的实现了汉字精密照排，就将革命性地改造一个行业。

19世纪中期，西方的铅活字印刷技术进入中国，逐步成为中国印刷业的主宰。进入20世纪，随着电子计算机和光学技术的迅速发展，西方率先采用了“电子照排技术”。而20世纪70年代的中国仍是“以火熔铅，以铅铸字，以铅字排版，以版印刷”，不但严重污染环境，而且出版印刷能力极低，一般图书从发稿到出书要在出版社压上一年左右，有的要拖两至三年，许多新书发行时已经成了旧书。报纸杂志的数量品种也十分缺乏。如果汉字精密照排项目研制成功，无疑将引起中国报业、出版业、印刷业甚至媒体传播领域一场革命，这怎么能不让王选激动？

值得注意的是，王选在选择这一科研项目时是完全自发的，因而也是自主的，是一个每月只领40多元劳保工资、长期在家养病的老病号不愿放任自己，找些事做而已。可贵的是，王选从一开始选择汉字精密照排项目，就看到了它的巨

① 沈忠康.创新历程[M].北京：经济日报出版社，2004：34.

大实用价值，并且抱定了实现这一价值的目的和信心，因此，他的创造激情被激发了。

这是一个可遇而不可求的挑战，也是个遇到了就不能放弃的挑战。几乎所有受过高等教育后从事科学研究的人都能走完学习——内化和练习——确认阶段，但是很少有人走进挑战——自主阶段，或者是因为没有遇到巨大挑战，或者是遇到挑战却没能抓住机会参与其中，或者是虽然参与，但没能主导，或者是虽然主导却没能成功。这就是绝大多数创新者都没有进入自主创新状态的主要原因。

王选知道自己遇到了机会。因为“文化大革命”，因为出身问题和“偷听敌台”，也因为身体，从ALGOL60编译系统后，将近十年的时间，他没有正式参加大的项目。此时的王选太渴望一个大项目来证明和实现自己的价值了。他已经准备了那么久、准备得那么好。

照排机和汉字存储是汉字精密照排系统的技术基础，在王选决定挑战汉字精密照排系统、挤进“748工程”的时候，国内已经有五家单位在攻关汉字照排系统，而且各有千秋。在照排机方面，这五家单位中有两家选择了光学机械式的二代机，另外三家采用了阴极射线管输出的三代机。在存贮汉字方面，这五家单位都使用模拟存储技术。当时，欧美流行的是三代机，因为汉字自身特点的限制，在汉字照排系统研制方面领先的日本虽然开发出了三代机，但并没有从根本上解决汉字信息的存贮问题，只提供宋体和黑体两种字体，仅能勉强应付日文中的少量汉字，质量也达不到印刷要求，无法投入实际应用。所以日本的主流是二代机，四代机的研制则刚刚开始。

照排机是一种照相排版技术，分代的主要依据是看其使用的技术。第一代照排机的代表是美国Intertype公司1946年研制的手动照排机Fotosetter。它实际上是一种西文的照相排字机，工作原理是先把字模制作在一块透明的模板上，通过键盘的控制，把选中的字符对准一个窗口，用很强的灯光照射，使这个字符在底片上感光，然后底片移动一下，再照下一个字符。

第二代照排机的代表是1951年美国研制的光学机械式照排机Photon200，工作原理是把西文字模制作在有机玻璃圆盘或圆筒上。在照排过程中圆盘作高速的匀速转动，当选到需要照相的字符时，自动启动闪光灯，使字符在底片上成像。20世纪50年代末，在第二代照排机上开始使用计算机技术，出现了计算机排字系统，从而使排版技术进入了一个新阶段。

第三代照排机的代表是1965年德国Rudolf Hell公司研制的阴极射线管照排机Digiset，工作原理是把所有的字模以数字化形式存贮在计算机内，输出装置是一个超高分辨率的阴极射线管，依靠它发光在底片上成像。1968年投放市场后，受到广泛欢迎。

第四代是激光照排机，当时刚刚开始研制。其设计原理是把字模以点阵形式存贮在计算机中，输出时用激光束在底片上直接扫描打点成字。英国蒙纳（Monotype）公司1976年研制成功世界上第一台四代机。不过，从原理上看，与阴极射线管照排机相比，激光照排分辨率高、精度高、幅面可以很大、速度潜力也很大，还可以过渡到激光直接制版，前景十分诱人。

王选要进入“748工程”，必须明确提出自己的技术路线，这个技术路线必须优于已经开始汉字照排研制的五家单位的实施路线。具体而言，就是选择第几代照排机、选择什么样的存储方式。经过仔细的分析和比较，王选给出的选择组合是：数字式存储+第四代照排机。

在某种意义上说，这样的技术路线是一种理想方案，就是采用当时世界上最先进的存储技术和最先进的照排技术来解决汉字精密照排课题。其实，1975年关于四代机的资料很少，王选读到了两个关于四代机的报道，而且都是负面的。一个报道提到美国一家公司研制出了样机，但很快就放弃了推出商品的计划；另一个报道说，激光逐行扫描使控制器的设计难度大大增加，研制出的系统很难达到廉价推广。但王选坚信四代机在中国的前途，因为二代机用机械方式选字，对机械精密程度要求极高，需要非常精细的机械制造工艺，依照我国当时的机械工业水平，很难达到要求，研制和生产都很困难。另一方面，二代机不能适应复杂版面的要求，尤其不可能实现文图合一的输出，因此，二代机只是个过渡。三代机用的阴极射线管比黑白电视机分辨率高20倍，生产难度极大，对底片灵敏度要求也很高，国产底片很难过关，三代机的推广也有很大障碍。王选在回忆文章中写道：“国外系统给我印象最深的是德国Hell的Digiset。Hell公司于1965年发明的阴极射线管式（CRT）三代机，使三代机于70年代在欧美大为流行。有一份杂志登载了Digiset输出的线条图，质量很好。Digiset首创的数字式存储和数字式输出，被称为‘真正的突破’，使高速输出和文图合一的处理成为可能。对国外状况的调查，使我于1975年得出下述结论：数字式存储将占统治地位；光机式二代机，尤其是汉字二代机难度很大，但没有前途；字模管式三代机和飞点扫描式三代机正在走下坡路，很快将被数字存储的CRT三代机所淘汰。”[①]

王选不是光学专家，不能给出四代机的详细方案。但他是个战略家，他看到了二代机、三代机在中国没能开花结果的根本原因之所在。他是个数学家和软件、硬件全通的计算机科学家，他相信自己能给出实用的技术方案，解决汉字的数字式存储难题。如果做不到这一点，他的技术路线就是一张画在纸上的饼了。

西文中最主要的文字是英文，有26个字母，西方的其他文字也都是拼音文字，字母不多。Digiset采用的是黑白段的描述方案，虽然压缩率不高，但足够处理西文存储。而汉字字数繁多，《康熙字典》收入的汉字多达47000多个，常用字就有五六千个，印刷用的汉字更存在多种字体，有宋体、黑体、仿宋、楷体等十余种，而且还有十多种大小不同的字号。数字式存储实际上是把字形变成由许多小点组成的点阵，为了达到印刷质量，五号字大小的正文小字需要100×100以上的点组成，排标题的大号字需1000×1000以上点。这么多字都用点阵表示，信息量达上千亿字节。模拟存储的方法不可能解决存贮和输出等技术难题。

采用数字式存储是发展方向，这一点即便在当时也没有太多的怀疑。但当时的硬件条件，却是一座难以逾越的高山。20世纪70年代，王选能够使用的国产DJS130计算机的磁心存储器，最大容量只有64kB。没有磁盘，只有一个512kB的磁鼓和一条磁带，相当于美国20世纪50年代末的水平。这样简陋的条件，迫使王选必须另辟蹊径。他很自然地想到设法压缩汉字信息。王选的数学功底显示出强大功效，他很快想到用轮廓加参数的数学方法描述汉字字形，可以大大压缩汉字信息。

王选在研究中很快发现，汉字虽然繁多，但是有规律可循，每个汉字都可以细分成横、竖、折等规则笔画，和撇、捺、点等不规则笔画。对于规则笔画，可以用一系列参数精确表示；对于不规则笔画，可以用轮廓表示。汉字中规则笔画的比例占了近一半，所以压缩的空间很大。数学和汉字，这两种代表不同意义的学科和符号，被王选和谐、紧密地结合起来，一系列世界首创的神奇发明诞生了：用轮廓加参数的描述方法，使汉字字形信息以1∶500的比率高倍压缩；设计出一套递推算法，使被压缩的汉字信息高速复原成字形，而且适合通过硬件实

① 王选. 艰难的起步——激光照排系统研制的回忆之一[M]//王选文集（修订版）. 北京：北京大学出版社，2006：26.

现，为日后设计关键的激光照排控制器铺平了道路。更独特的是，王选想出用参数信息控制字形变大或者变小时敏感部分的质量的高招，从而实现了字形变倍和变形时的高度保真。仅此一项发明，就比西方早了10年。1975年9月，王选的高倍率字形信息压缩技术、字形的高速还原技术进一步成熟，并通过软件在计算机中模拟出“人”字的第一撇。这是汉字信息处理技术的重大突破，汉字进入信息时代的计算机由此打开。

1975年5月，王选关于汉字激光照排系统的研究方案“全电子照排系统”的初步设计方案完成。向系里汇报后引起很大反响，学校也高度重视。很快开会作出两项重要决定：一是把汉字精密照排系统列为北京大学自选项目，确定了“数字存储、信息压缩和小键盘输入”的总体方案，争取进入国家“748工程”。二是从各单位抽调人员成立会战组，协作攻关。

1975年，“748工程”的精密照排系统子项目及部分经费由四机部下达给北京市出版办公室，并指定北京新华印刷厂为第一用户。为了进一步论证技术方案，北京市出版办公室于1975年10月31至11月3日在北纬旅馆召开了方案介绍和论证会。新华社的钱乔其在会上介绍了云南大学的字模管三代机和小键盘编码输入方案，中国科学院自动化所的毛绪瑾介绍了他们正在研制的飞点扫描西文三代机方案，新华印刷厂的贝贵琴介绍了与清华大学合作研制的字模平板移动、静止曝光的二代机，樊景泉则介绍了上海有关单位的研制情况。王选被邀请参会，并在会上介绍了自己的方案，并展示了用软件还原、宽行打印机输出的一个“义”字。

这是王选方案第一次和社会各利益关联方接触，没有得到多数人的认可。论证会的结论是选择了二代机作为“748工程”的正式方案上报。

汉字精密照排是一个应用型项目，各利益关联方都会从实际效果出发来评价技术方案。和当时已经看得见、摸得着的二代机相比，王选的技术方案更像一篇数学论文，离取得实际效果还有很长很长的距离。虽然有一个“义”字作方案可行的佐证，但是太单薄了，无法让大家相信它能撑起整个方案。更重要的是，对于应用型项目，最有说服力的是用户的声音。当时王选的方案没有得到印刷厂的支持，但是他在论证会上遇到了来自新闻界的知音。

新华社是国家通讯社，快速加工处理信息一直是新华社技术改造所追求的目标。新华社是“748工程”的发起单位，也是承担中间试验任务的第一用户。新华社技术局负责新华社的业务技术保障，参加论证会的新华社技术局的孙宝传高度评价了王选的方案，表示了支持北京大学继续研究的态度。

新华社是“748工程”的发起单位，孙宝传1974年被派到新华印刷厂参加“748工程”的筹备工作。“1973年，新华社派了个技术代表团去日本考察，当时还是‘文化大革命’期间，国人对外部世界还非常陌生。代表团的同志惊奇地发现，日本的一些报社已经采用计算机控制的照排机来编排、制作报纸，这与我国的报纸印刷仍在沿用铅字印刷，工人们在严重污染的车间里，手托着沉甸甸的捡字盘，一个一个地从铅字架上捡铅字，每天来回走几十里路的情况，形成了鲜明的对照。考察组回国向社领导汇报后，新华社的领导和同志们坐不住了，决心奋起直追，改变我国新闻传输和报纸印刷的落后面貌。”①用先进技术改变落后面貌的共同理想让孙宝传和王选产生了强烈共鸣，会后，孙宝传把自己的想法和王选进行了交流，鼓励王选一定要继续搞下去。北纬宾馆的论证会让王选和“748工程”最重要的用户新华社接上了头。

3．又一个“748”

北纬宾馆论证会带给王选的既有打击也有激励，打击来自会议的正式结论，激励来自有远见的同行和有迫切需求的用户。巧合的是，在北纬会议上，有远见的同行是有迫切需求的用户的技术主管，这就为后来的戏剧性展开留下了伏笔。所谓的戏剧性展开是指，从1975—1982年，北京地区实际上存在着两个“748”：一个是北京大学的“748”，另一个是北京市的“748”。从时间顺序上说，北京市的“748”在先，北京大学的“748”在后。从推进的组织架构上说，北京市的“748”上级授权单位是四机部（“748工程”办公室），主抓部门是北京市出版办公室，配合部门是北京市科技局，技术研发单位是清华大学，配合研发和第一试验用户是北京新华印刷厂。北京大学的“748”上级授权单位是四机部“748工程”办公室，研发单位是北京大学（王选课题组），配合研发和第一试验用户是新华社。

在计划经济时期，科研项目实行行业部委归口管理，虽然有严重的弊端，比如难以跨行业协调等，但因为行业主管部门对本行业的技术改造负责，所以在上

① 孙宝传. 王选院士与新华社[M]//风范长存. 北京：北京大学出版社，2008：256.

大的研发项目时，十分重视听取行业用户的意见和建议。这也是为什么在北纬宾馆论证会上新华社的钱乔其和新华印刷厂的贝贵琴介绍汉字精密照排技术方案的原因。不过，就业务属性而言，新华社和新华印刷厂还有很大的区别。

北京新华印刷厂1949年成立，在20世纪50～60年代拥有当时世界最先进的制版、印刷和装订设备，无论在规模、技术、人员上，还是在工艺、品种、效益上，都堪称亚洲第一大综合印刷厂。20世纪70年代初，还引进了我国第一台电子分色机和海德堡四色印刷机。[①]新华印刷厂的主要任务是印书，书的印刷周期比较长，不像新闻那样有严格的时间要求。新华社是新闻单位，新闻的价值在于时效性，新华社需要的是尽快缩短信息处理时间。计算机处理信息的速度比手工和机械设备快得多得多，王选的方案对新华社的吸引力自然要比对新华印刷厂的吸引力大得多。这也是后来的华光系统在新闻出版行业推广的速度比在单纯的印刷行业快得多的原因所在。而北纬论证会是北京市出版办公室主持召开的，新华印刷厂是北京市出版办公室选定的试验用户，新华印刷厂的意见自然会对论证结论产生决定性影响。

新华社的专家知道新华社的技术需求是什么，也明白新华社在中国的地位和分量可以直接提出满足自己技术需求的要求。所以，他们不顾北纬论证会的结论直接和王选联系了。北纬旅馆会议结束后不久，新华社技术局王豹臣率人于11月26日、12月19日两次来北京大学了解情况，观看软件还原字形演示，详细了解北京大学方案。

四机部“748工程”办公室的干部张淞芝也觉得王选的方案值得进一步关注。张淞芝原来是成都电信工程学院的教师，对计算机信息处理技术很有研究，1974年调入四机部“748工程”办公室，在郭平欣领导下工作。他很注重调查研究和新技术动态，在北纬宾馆论证会前就来北京大学调研过王选的方案。北纬宾馆会议后，就在王豹臣来了解王选技术的第二天，11月27日，张淞芝又一次来北京大学，经过一番更为详细的调研，他开始倾向于北京大学方案。

很快张淞芝就和新华社的王豹臣商定，组织对北京大学方案进行一次全面评价。1976年2月11日，春节刚过，新华社、四机部在北京大学召开会议，正式听取了方案介绍。与会专家问得非常仔细，对王选方案大多持赞许态度。事实上这

① 深化改革，再创辉煌——记北京新华印刷厂建厂60周年恳谈会. 科印网：http：//www.keyin.cn/plus/view.php?aid=127419.

次会议的确对日后项目的下达起了很好的作用。

会后，张淞芝和王豹臣立即向主管“748工程”的工程办公室主任、四机部计算机工业管理局局长郭平欣作了汇报。郭平欣是支持北京大学方案的关键人物，1973年，在对国外汉字信息处理技术情况的调研过程中，他也了解到日本正在采用信息压缩技术解决汉字存储问题，认识到数字存储才符合技术发展潮流。现在，王选用一个数学设计突破了汉字存储的难点，让他看到了我国汉字信息处理的希望。他决定亲自检验一下王选的技术。王选在回忆文章中写道：

“1976年5月4日，我们接到张淞芝的信，说郭局长指定了11个字，要北大做从信息压缩还原成点阵的模拟实验，一个半月后来看演示。这11个字是‘山、五、瓜、冰、边、效、凌、纵、缩、露、湘’，我们大家一看，都觉得题目出得有水平，因为这些字从简到繁，包括了汉字的主要笔画和结构，知道郭局长想实际检测一下不同风格和框架的汉字的压缩率以及复原后的文字质量。当天晚上，会战组组长张龙翔召集全组开动员会，决定突击一个半月完成模拟实验。因为以前的软件模拟都是陈堃銶负责，所以这次仍由她主持。我们先请北京大学印刷厂的刁一斌在96厘米×96厘米的坐标纸上用宋体写出这11个字，然后我和中文系的人员作出压缩信息，再由陈堃銶他们编制模拟程序。当时使用的是北京大学计算中心的6912中型机，白天有教学任务，只能利用深夜和清晨四五点钟上机调程序，纸带、宽行打印机和内存又经常出错，所以非常紧张和辛苦，陈堃銶的血压也一度降到70/55。但大家为即将下达国家任务的消息所振奋，不懈努力，提前一周完成了任务。”①

6月11日，郭平欣、张淞芝、新华社王豹臣、国家出版局副局长沈良等人来到北京大学计算中心参观表演，演示异常顺利，宽行打印机打出的11个字规范漂亮，笔锋光滑，几乎看不出有失真的地方。这次演示让郭平欣下了最后的决心，把精密照排项目的主持和总体设计任务交给北京大学。

这是一个颠覆以前决定的决定，自然遇到了重重阻力。郭平欣他们观看北京大学的实验后不久，一个盖着三个北京市有关政府部门大红印的红头文件正式下达给北京大学，上面写着“748工程”采用二代机方案，要求北京大学承担二代机的排版软件研制任务。按照当时的行政惯例和政治气候，四机部不能给北京大

① 王选. 艰难的起步[M]//王选文集（修订版）. 北京大学出版社，2006：29.

学直接下达任务，必须通过北京市。这份红头文件等于封住了四机部的口。郭平欣不得不等待时机。

9月8日北京市科技局领导来北京大学听取方案介绍、观看演示后，表示回去后向北京市领导汇报，争取说服新华印刷厂，尽可能统一到北京大学方案上。可惜的是，由于种种原因，二代机方案未能放弃。

就在北京市科技局领导参观北京大学的当天，郭平欣征得四机部副部长刘寅的同意，让张淞芝在普通信纸上手写了一封信，亲自签发，给北京大学正式下达了研制任务。王选正式进入“748工程”。

4．四代机

王选凭着解决汉字的数字式存储技术方案，挤进了“748工程”，但是王选给出的“汉字精密照排”项目的技术路线是“数字式存储+四代机”。王选用数学方法实现了数字式存储路线，四代机的路线该怎么实现呢？四代机的核心是用激光技术解决被压缩存储了的汉字的还原和输出问题。

1976年4月的一天，王选在北京的一个展览会上看到了邮电部杭州通信设备厂成功研制的一种报纸传真机，这种高精度的传真机每天把《人民日报》清样传真到外省市，再制版印刷，幅面宽、分辨率高、对齐精度好，印刷质量符合报纸的要求。更重要的是，它是成熟的、已经每天在使用的设备。王选从这个设备想到了国外正在研制的激光照排，一个念头冒了出来：如果把报纸传真机的录影灯光源改成激光光源，不就是激光照排机了吗？但王选不是光学专家，可行与否，必须咨询光学专家的意见。回到学校，王选立即找到物理系的光学专家张合义，问他有没有能力把杭州报纸传真机的录影灯光源改成激光光源，并且把分辨率从原来的24线/毫米提高到29线/毫米。因为当初王选给系统定的输出分辨率是742线/英寸，也就相当于29线/毫米，这样能进一步提高输出质量，不仅满足出报要求，也能满足出书的更高要求。张合义回答说可以，但必须解决激光输出控制器的技术困难。这个困难的焦点是存储器容量小。

根据大量统计，王选发现一个特点：汉字字模个数虽然多达6万以上，但一天四版《光明日报》所用的字模通常只有2000多个，因此可以先把全部汉字字模的压缩信息存到外设的磁带机里，每次照排时，不用反复访问磁带机，那样速度会很慢，而是做挑选式读带写鼓，大约花1分钟时间把排版文稿中要用到的全部字模从磁带机中挑出来送到磁鼓上存储，以后照排过程中不再访问磁带，只要反复访问磁鼓就可以了。为了加快汉字复原速度，王选又设计了取一行字模压缩信息送磁心存储器，分段生成字形点阵并缓冲的方案，用一个专门的硬件来完成高速复原，达到每秒复原大约150字的速度，从而赶上了传真机滚筒扫描的输出速度。

找到了解决激光扫描控制器技术难关的办法后，接下来的几个月，怎样才能提高输出速度成为王选做梦也在思索的问题，国产计算机条件如此简陋，激光输出的要求又是如此苛刻。11月的一天，一个念头在王选脑中一闪，如果把现在的一路光改成四路光在滚筒上平行扫描，速度不就可以提高4倍吗？

经过仔细研究，王选断定控制器同时提供四位信息是可行的，这要求字形轮廓信息填充时就按四路平行扫描的要求进行处理和缓冲，输出和移位均按四路平行扫描的要求设计。这种方法虽然设计改动较大，但的确可行。不过，王选知道四路平行扫描主要困难不在控制器，而在于光学系统。王选再次找到张合义。张合义这年秋天已经参加到“748”会战组，负责激光输出设备，尤其是光学系统的研制工作。张合义肯定地回答，可以用四路光纤耦合的方法实现。王选根据上述构思设计的激光照排控制器后来称为栅格图像处理器，英文叫Raster Image Processor，简称RIP，成为汉字激光照排系统的核心。

1976年12月，王选完成了《“748工程”汉字精密照排系统方案说明》。

方案的第十五章《系统设计的指导思想》写道：“在任何以计算机为主体的系统中，都必须十分注意软件和硬件的结合，让软件和硬件互相配合提高整个系统的性能价格比，从本系统的全局到每个局部都贯穿了这一思想。”这是王选强调软、硬件相结合的最突出的实践。高倍率汉字信息压缩技术、高速高保真还原和输出技术等一系列关键技术无不体现了这一指导思想。这些技术成为日后王选获得一项欧洲专利和八项中国专利的主要内容。

西方从1946年发明第一代手动式照排机，花了40年时间，经过二代机和三代机的兴衰，到1986年才开始推广激光照排机。王选1976年提出直接研制第四代激光照排系统，一步跨越了40年。今天看来，是难能可贵的。

5. 政用研

1976年的中国，从1月到10月，政治大事件接连不断，绝大多数人都像大河中的水草一样飘摇不定，无所适从。1973年，“林彪事件”之后，王选的思想彻底放开了，不再有任何政治上的包袱；长时间的病休，让组织对王选的管理也放开了，王选得以在没有太多约束和管制的情况下完成了“748工程”汉字精密照排系统的技术路线和技术方案。但是大多数人并不是这样。即便在北京大学，大家对项目的认识不统一，有的单位积极性不高，迟迟派不出参加人员，当初决定的会战班子并没有真正组建起来。而作为第一用户的新华社，由于受“四人帮”的严重干扰，完全停止了与北京大学的配合。

10月，粉碎“四人帮”，情况有了彻底转变。1976年年底，会战组组长张龙翔给北京大学党委递交报告，请学校对“748”目前的状况进行重议。1977年1月27日，党委负责人黄辛白批复：“不必重议，抓紧进行”。就在同一天，北京大学接到新华社王豹臣的电话，说新华社领导已经通过“748工程”项目重新上马的报告，准备上报中央。5月，新华社、电子工业部和北京大学召开三方会议，这次会议成为“748工程”的一个转折点。

会议是在新华社召开的，原定参会的黄辛白临时有事，北京大学改由周培源校长参加。由于周老的到会，新华社社长曾涛也亲自到会，电子部参加的领导是郭平欣。周老德高望重，在法国留学时和曾涛有过交往，当时又是“深揭狠批四人帮”的政治氛围，在会上声讨了“四人帮”对我国教育和科技事业的破坏，还特别提到，新中国成立后培养的知识分子是有水平、有能力的，“748工程”方案的提出就是一个有力的证明。曾涛社长在会上也作了热情洋溢的发言，敲打着桌子说，一定要干，要争口气。会议决定成立由郭平欣、杨家祥（新华社副社长）、张龙翔组成的三人领导小组，以便统一协调和领导，从而使“748”项目在组织上得到了有力的保证。其实，这是周老第一次了解“748工程”的内容和意义，从此之后，他就满腔热情、不遗余力地推动这一项目。

王选后来在回忆周老的文章中写道：“多年来，我经常思索这一问题：周老为何如此热心地支持激光照排系统的研制工作？从周老历年来在各次会议上的发言，我体会有下述原因。

“一是作为老一代科学家，周老亲身体验过帝国主义的侵略，有强烈的爱国心和自主发展我国科学技术的热切愿望，而汉字照排系统的研制涉及我国甚至于中华民族的声誉。从1977年5月周老了解这一项目开始，就很希望北京大学能为国争光，不愿意看到外国商品大举进入发明活字印刷术的神州大地，因此特别关心我们在这方面的任何进展，并尽一切可能予以支持。

“二是周老多次提到，激光照排系统是社会主义大协作的产物，周老特别赞赏团结合作、协同攻关和锲而不舍的精神，认为只有这样才能取得真正有价值、有影响的重大成果。他对于某些单位内一些业务骨干各自为政、互不合作，因而成不了大气候的情况是很痛心和深为不满的。周老宣传“748工程”的成就，实际上就是宣传团结协作和锲而不舍的精神。

“三是周老多次提到，从激光照排系统的成功中，可总结出经验，其中之一就是要大胆提拔年轻人，让年轻人脱颖而出。‘748工程’一直是一支比较年轻的队伍，开始时由一批四十岁上下的不知名的助教和讲师开创了局面，后来一大批二十多岁的年轻人投入了这一项目，其中一部分成了骨干和项目负责人。”①

这次会议以后，北京大学相关各系和单位对“748工程”的重视程度大大增加，不但纷纷派骨干参加，科研设备和空间也得到很大改善。9月，以原“748工程”会战组为基本成员成立了北京大学“汉字信息处理技术研究室”。

郭平欣、杨家祥、张龙翔三人领导小组的成立，是王选“748工程”的转折点，彻底理顺了推进项目的“政用研”机制，为项目的顺利铺平了道路。事实上，这个领导小组为北京大学选择合适的外部合作伙伴，做了很多协调工作。比如，1997年夏天，北京大学为寻找汉字终端协作厂和无锡电表厂（无锡计算机厂的前身）有了接触。无锡电表厂来北京大学了解情况后表现出浓厚的兴趣，而且他们还有相关的研制经验。但是，无锡电表厂是从事情报检索子项目研究的南方“748”项目成员，要为北方“748”项目服务，把新华社作为汉字终端的第一用户，并非易事。郭平欣、张淞芝等出面与江苏省电子局和有关单位多方协调，终于在10月底将无锡电表厂确定为汉字终端的生产厂家。又如，在选择生产照排控制机的总承厂时，出现了不同意见。王选力主选择当时名不见经传的潍坊电讯仪表厂，其他人则表示疑虑。在王选的坚持下，会议决定对潍坊电讯仪表厂进行一次实地考察。1977年10月13日，由郭平欣带队，电子

① 王选. 周老和汉字激光照排系统[M]//王选文集（修订版）. 北京：北京大学出版社，2006：118-119.

部、新华社和北京大学大批人马赶赴潍坊。考察结果十分满意，10月18日潍坊电讯仪表厂被宣布为总承单位。1978年年初，潍坊派出一批30岁上下的技术人员来北京大学，经过培训，和新华社派来的技术人员一起，正式投入了研制工作。王选他们也推荐了一批技术人员调入潍坊，使潍坊的技术力量大大加强。潍坊电讯仪表厂后来发展为潍坊计算机公司，成为在1991年前生产和销售“华光”汉字激光照排系统的主要厂家。

在激光照排机方面，由于王选的设计灵感来自杭州通信设备厂的报纸传真机，于是很自然地在1977年年底与该厂达成合作协议，由北京大学的光学专家张合义、李新章负责，同杭州方面合作研制四路激光平行扫描的声光调制器光学系统，再利用报纸传真机的电子和机械部分，研制生产滚筒式照排机。同时，与吉林省的长春光机所和四平电子所合作研制转镜式激光照排机一事也已确定下来。

在“政用研”机制的协调下，北京大学“748工程”的主要协作生产厂家全部确定，为日后进行系列化商品生产打下了良好基础。这年年底，为了检验照排机输出的文字质量和测试计算机与照排机之间的接口，研究室做了一个比较试验，先用一个“羊”字的汉字点阵存储器，与杭州通信设备厂的传真机相连，输出了一整版印满“羊”字的底片。接着，把光源改成激光，并采用新的同步方法，又输出了一版“羊”字。两版一比较，激光输出的质量明显更高，大家高兴极了，因为实验证明激光照排机的输出质量完全能满足印刷出版要求。

1977年12月6日上午，在周培源校长主持下，一场别开生面的演示会在北京大学举行，电子部、新华社、潍坊和各大报社40多人被邀请到了现场。郭平欣在看了激光输出的一整版“羊”字后，大声地宣布：“研制激光照排系统的技术条件已经成熟。”这意味着，下一步要进入原理性样机的研制阶段，那将是系统化的创新，也是挑战中的攻坚战。

6．最紧张的一年

王选曾经在回忆文章《原理性样机的研制》中写道：“从1976年年初到1993年年初这17年中，我几乎放弃了所有节假日（包括星期日和春节、元旦），每天上、下午和晚上三段工作，但身心最紧张和最劳累的是1979年。当时我们在总体设计上的某些优势离产品在市场上的竞争优势还差得很远，只有不断创新和坚持不懈的奋斗，取得技术上的全面优势，才有可能最终在市场上取胜，而这个过程是九死一生的，松一口气就会彻底完蛋。”①

1978年12月，中共十一届三中全会召开，作出了把党和国家工作重点转移到以经济建设为中心的历史性决策，改革开放正式启动。

世界上最早研制成功西文激光照排系统的英国蒙纳公司1979年夏秋之际要来中国举办展览，这家大名鼎鼎的外国公司看中了中国巨大的印刷出版市场，决定把它的照排系统加上汉字字模和中文排版软件后，打入中国。对于刚刚进入样机研制的王选，无疑是个巨大的威胁。

蒙纳公司1976发明了第四代激光照排机，采用的是平面转镜方式，硬件先进可靠，而软件经改进后是可以实用的。相比之下，王选他们的主要问题是硬件设备落后，系统的可靠性比采用大规模集成电路的蒙纳系统差得多。原理性样机即使完成，勉强使用，离成为商品的要求也还相差甚远。

不过，蒙纳系统有一个致命的弱点，它的控制器总体设计是很差的，采用黑白段描述字形，压缩率很低，而当时磁盘容量较小，放不下很多种字体；即使用4个80MB硬盘放入多种汉字字体，由于硬盘速度太慢，也大大影响了输出速度。此外，其终端的功能也很差，一屏只能显示很少几个汉字。离真正实用的要求还有很大距离。

王选方案的优势在于，设计思想先进，“轮廓加参数”的字形描述方法、高倍率信息压缩和高速复原等技术。在分析了双方的优劣形势后，王选决定加紧原理性样机的研制，一定要在展览会举办以前，输出一张报版样张。这是王选的又一个重要抉择：从实验室走出来，站在市场的前沿，与国际产品争高低。这时还是20世纪70年代末，作出这样的决定，除了高度自信，还有中国的印刷革命应由中国人来实现的一腔爱国豪情。

1979年7月，原理性样机的硬件部分终于调通，王选他们决定模拟报社出报过程，输出一张八开大小的报纸样张。7月27日，经过几十次试验，我国第一张用激光照排系统输出的报纸样张在未名湖畔诞生。

消息很快传到国务院，第二天，方毅副总理在周培源等校领导的陪同下，来到北京大学，一边参观输出样张的现场演示，倾听王选介绍工作流程。但演示十

① 王选. 原理性样机的研制[M]//王选文集（修订版）. 北京：北京大学出版社，2006：44.

分成功，输出的汉字笔画匀称，笔锋清晰，字形美观大方。方毅副总理高兴地与大家一一握手，并指示新闻媒体要进行宣传。

不过，当时原理性样机还很不成熟，硬件刚刚调出，并不稳定，不是磁鼓出问题，就是磁心内存或其他部件出故障。此外，汉字终端机还没有研制出来，排版软件和操作系统也才开始调试。因此，有的新闻媒体认为，为慎重起见，此时不宜报道。

《光明日报》力排众议，1979年8月11日头版头条刊登了报道，称这项成果“对于我国新闻出版印刷领域的现代化具有重大意义”，对王选和同事们来说的确如雪中送炭，起了极大的鼓舞作用，也在中外印刷界引起了不小的轰动。这年秋天，北京大学和无锡电表厂合作研制的汉字终端终于抢在展览会前完成了。与蒙纳系统的终端一屏只能显示几个汉字相比，北京大学的汉字终端一屏显示汉字352个，增删改的反应速度也比蒙纳系统快几十倍。

然而，王选深知，原理性样机即使研制成功，要投入实际应用，必须设计更为先进实用的Ⅱ型机系统，体积应该更小，功能应该更灵活方便，输出速度也要进一步加快，更重要的是保证整个系统的稳定可靠性。要做到这一点，必须引进一些国外设备和元器件。

王选和张合义找到国务院进出口管理委员会，在进口国外元器件方面寻求支持。当时担任管委会正、副主任的分别是汪道涵和江泽民。汪道涵热情地接待了王选，认真仔细地听取意见。王选急迫地表示，中国人用落后的国产元器件，做出了功能不逊于外国产品的样机系统，如采用国外先进的元器件和设备，则一定能研制出更先进、更可靠的系统。当时作为进出口管委会副主任的江泽民，在充分了解了国产激光照排系统项目的情况后，于1980年2月22日，代表进出口管委会给国务院几位副总理写了一封亲笔信，对这一拥有自主知识产权创新技术的项目，表示了深刻理解和支持。

7．扎根

王选的研发成果很快引起了国际上的关注。1979年10月，麻省理工学院（MIT）的美籍华人李凡教授拜访了王选。李凡此行来中国，目的是帮助清华大学建立硬件实验室，当时他也正指导麻省理工学院的研究生研究高分辨率汉字字形的信息压缩问题，来京后听说了王选的研究成果，专程来北京大学拜访。

当场向王选发出了请他去MIT工作的邀请。李凡觉得在美国的硬件条件和创新环境中，王选可以做得更快更好。

李凡来访时还给王选带来一个意义深远的礼物，就是送给王选一本正在开发的Am 2900位片微机手册。这个礼物为王选确定采用微处理器作为Ⅱ型机的照排控制器主体这一方案，起了决策性帮助作用。

在王选的成果出来前，日本的汉字照排系统处于世界领先地位，但也一直不能解决汉字信息的存储问题，王选先进的设计让日本人叹为观止。1979年11月，研究室与日本日立公司举行会谈，日立公司神奈川工厂厂长、当时世界上最快的通用计算机M200H的主要设计人中泽喜三郎对王选说，“最感兴趣的是你们的汉字字形信息压缩技术，你们在这方面领先了，过去日本人觉得这一问题很难，你们圆满地解决了这一困难，对日本是一很大鼓舞”。“精密照排系统不能在日本推广的主要原因是硬件系统太贵，你们采用这种做法若能显著降低造价将有很大意义。”日立公司在书面建议中表达了愿意购买这一技术的意向，被王选婉言谢绝。1980年1月，北大又与日本松下电气公司洽谈合作研制汉字终端一事，该公司最高顾问松下幸之助率领一个高级代表团来到北大，他参观照排系统后，给周培源校长写了一封信：“在汉字信息处理系统方面，贵大学已经有了相当高的水平，我感到非常高兴。”①

8.《伍豪之剑》

1979年输出报版样张，标志着硬件系统调试成功，接下来要调试的是软件系统。为了调试软件系统，软件组决定试排一本样书，他们选定了《伍豪之剑》。

1980年1月，为纪念周恩来总理逝世4周年，《人民日报》发表了一篇关于周恩来革命生涯的连载故事——《伍豪之剑》，一共刊登了十五期（从1月1日到21日），描写1929年时任中央军委书记的周恩来同志，化名“伍豪”，斩除党内叛徒的传奇故事，大约15000字。之所以选择这本小书，首先是出于对周总理的崇敬，另外，文字简短，容易编排。

① 王选.内外交困中启动的Ⅱ型机.http://wangxuan.net/intro/content_796.htm.

后来的情况表明，选择这本书，对于宣传激光照排系统起到了很好的作用，因为它歌颂周总理的内容，可以很容易地把它送到任何一个级别的领导手中，争取更多的理解和支持。事实也正是这样，周培源校长拿到激光照排系统印刷的书后，马上送给方毅副总理，并请方毅副总理转送当时政治局委员人手一册。方毅副总理看到书后，在北京大学的报告上写下这样一段热情洋溢的话："这是可喜的成就，印刷术从火与铅的时代过渡到计算机与激光的时代，建议予以支持，请邓副主席批示。"1980年10月25日邓小平同志批示："应加支持。"①这个批示，对"748工程"进入"六五"规划（后三年），发挥了决定性作用。进入"五年规划"，意味着至少在规划期内可以得到连续、稳定的财政支持，也可以为推广、普及上争取更好的条件。而"748工程"不但进入了"六五"规划（后三年），还进入了"七五"规划。

原理性样机1981年7月顺利通过部级鉴定，鉴定结论是："本项科研成果解决了汉字编辑排版系统主要技术难关，与国外照排机相比，在汉字信息压缩技术方面领先，激光输出精度和软件的某些功能达到国际先进水平。目前的系统是原理性样机，元器件落后，有些设备不过关，尚不能满足生产性使用要求。在这一成果基础上，应加快研制采用先进元器件的改进型系统，使之早日投产，在国民经济中发挥实际作用。"②

鉴定结论写得非常实事求是，既充分肯定了科研成绩，也准确指出了存在的问题，更明确提出了改进的方向。鉴定会由国家计算机工业总局和教育部联合主持，电子工业部副部长、国家电子计算机工业总局局长李瑞、教育部副部长黄辛白出席了鉴定会，鉴定结论也表达了政府主管部门的态度，那就是如何让科研成果"在国民经济中发挥实际作用"。

原理性样机，后来被称为华光I型机。

9．转型

鉴定后报奖，是我国科研工作的惯例。原理性样机鉴定会后，北京大学准备

---

① 沈忠康．创新历程[M]．北京：经济日报出版社，2004：46.

② 该鉴定结论的原件存于王选纪念陈列室（中关村方正大厦406室），可供阅览。

把原理性样机报奖，当时对口的是电子工业部的科技成果奖。电子部负责评奖的同志了解这个成果的价值，也清楚电子部所设奖项的取向，就好心地劝说：“这一项目应该报特等奖，不过现在没有投入使用，恐怕批不下来；报一等奖肯定能批准，但太可惜，你们不如等下个型号投入使用后，合起来报个特等奖。”①

不管是鉴定会的结论，还是电子部负责评奖同志的劝说，都一再提示王选原理性样机中蕴含着巨大的开发价值，应该继续开发，也值得继续开发。这和王选当初对汉字精密照排项目的价值判断是一致的，王选选择这个项目，就是因为它的难度和价值。外界一而再再而三地提示，进一步印证了王选当初的判断。课题组很快就终结了以原理证明和原理实现为目标的Ⅰ型机的收尾工作，转向以现场可用为目标的Ⅱ型机的研制。

转向Ⅱ型机，不只是工作内容的转变，也是王选身份的转型。他要从实验室走向市场，要从科学家变成工程师，要从一个实验型创新者向一个实用型创新者。转向Ⅱ型机，也是祖国发展的强烈要求。孙中山先生说：“据近世文明言，生活之物资原件，共有五种，即食、衣、住、行及印刷是也。”②而当时我国的印刷出版速度远远落后，以代表性的大出版社为例，人民出版社平均每本书出书时间：1980年305天，1981年352天，1982年366天；人民文学出版社平均每本书出书时间：1981年355天，1982年400天；中华书局平均每本书出书时间：1981年393天，1982年408天；科学出版社因为专业性强，每本书出数时间竟长达500天左右。1977年8月，邓小平同志在一次讲话中一针见血地指出：“有价值的学术论文、刊物一定要保证印刷出版。现在有的著作按目前的出版情况，要许多年才能印出来，这样就把自己捆死了。”③

1982年9月，国家经委成立由文化、机械、电子、轻工、化工等部门负责人组成的“印刷技术装备协调小组”，展开具体调查，讨论制订印刷技术改造规划。参加规划工作的电子部张淞芝拿出样书《伍豪之剑》，向大家详细介绍了北京大学“748工程”的成果，推荐将其纳入全国印刷规划。协调小组组长范慕韩，1938年北京大学地质系肄业，1941年在延安加入中国共产党，曾担任过国

① 王选. 原理性样机的研制[M]//王选文集（修订版）. 北京：北京大学出版社，2006：49.

② 沈忠康. 创新历程[M]. 北京：经济日报出版社，2004：3.

③ 张劲夫. 我国印刷技术的第二次革命[N]. 人民日报，2002-06-28.

家计委副主任、一机部副部长、六机部副部长、国家机械委副主任等重要领导职务。1982年接受组织安排、负责经委印刷技术装备协调工作后，范慕韩领导协调小组，经过调查研究，在当年年底全国出版工作会议上提出发展我国印刷技术装备规划的设想：瞄准国际上20世纪70年代末期先进印刷工艺技术水平，以发展自动照相排字、电子分色、高速多色胶印和装订联动为重点，按系统工程的原则统筹解决印刷工艺（排字、印刷、装订等）和所需的设备及相互配套的各种器材（纸张、油墨、感光材料、版材等），统筹安排科研、开发、技术引进和企业技术改造，从整体上提高我国印刷工业水平，基本解决出书慢、买书难的问题。

发展自动照排是其中的关键，因为，当时排字技术落后是最突出的矛盾。如果排字没有技术创新，只在铅排、铅印上低水平重复，我国印刷技术的落后面貌是难以改变的。中央财经领导小组迅速批准了协调小组提出的规划方案，从1983年起作为专项补充列入国家“六五”计划，从1986年起正式列入国家“七五”、“八五”、“九五”计划。前后将近20年，国家投资数十亿元，支持新闻出版、电子、机械、轻工、化工等部门200多个骨干企事业单位进行技术改造，特别重点支持了汉字激光照排这一印刷术的核心技术突破，一下子带动了印刷水平的全面提高，使我国印刷工业综合能力上了一个新台阶。范慕韩在晚年的工作中，总结并提出大印刷观和系统工程方法，创办中国印刷及设备器材工业协会，提倡发展印刷高等教育，建立印刷博物馆，发展国际合作等。尤其是用大印刷观和系统工程方法，协调全国有关部门加以实施，取得了事半功倍的效果，受到了国内外同行的普遍赞誉。张劲夫在文章《我国印刷技术的第二次革命》中，有一节是“锲而不舍两代人携手推进科研成果实用化”，写的就是范慕韩和王选两代人为我国第二次印刷技术革命作出的突出贡献。

印刷技术装备协调小组成员沈忠康在回忆文章中写道：“在讨论文稿时，劲夫同志特别强调写中国印刷是怎样实现现代化技术革命的，重点是两位代表人物，一位是王选院士，一位是范慕韩同志。王选是千里马，范慕韩是伯乐（代表我们党的各级领导）。写王选说明中国人有聪明才智，特别是汉字信息处理的软件技术是我们的优势，在优势领域我们集中力量，发挥中国人的智慧，就能超越别人，这是我们发展的重要战略思想。”①

① 沈忠康. 王选老师永生[M]//风范长存. 北京：北京大学出版社，2008：237.

实际上，在是否将北大“748工程”纳入全国印刷规划的问题上，有些部门很有疑虑，认为当时原理性样机离产品还有很大距离，能否继续改进、投入实用值得怀疑。另外，许多科研成果特别是高校的科研成果都是为了“献礼”、“评奖”、“评职称”，而经委抓这个规划是要把科研成果实用化、商品化，改造传统印刷产业，这是个艰苦的过程。范慕韩到北大考察时问王选有没有准备。王选表示，我们一开始定的目标就是要使中国甩掉铅字，实现激光照排。如果仅仅为了报专利，评职称，目的早就达到了，不用再费这么大力气搞第二代。范慕韩同志听后非常高兴，肯定了王选的战略眼光，决定支持王选搞Ⅱ型机。

进入国家经委的规划，意味着“748工程”正式成为国家计划的一部分，因为国家经委主抓行业技术改造，负责行业技术规划的制定。汉字激光照排系统正式列入国家印刷技术装备“六五”、“七五”专项计划，后确定为12项国家重大技术装备项目之一，集中全力加以突破。这就是“印刷专项”，有了这笔可观的研制费、中间试验费和技术改造费，大大提高了协作单位和第一用户的积极性，而经委印刷技术装备协调小组的成立，又保证了比过去更加有力的组织协调。

1984年年初，国家经委安排在新华社设立Ⅱ型机系统中间试验工程，试排新华社出版的一报一刊。一报是《前进报》，这是新华社内部的机关报，10天一期，一刊是《新华社新闻稿》，每日一刊64页。主抓这项工作的是印刷技术装备协调小组的沈忠康。

中国印刷协会秘书长武文祥在文章中写道：“忠康同志从1982—1988年，在国家经委机电局工作期间，在范慕韩、鲁兵同志直接领导下，负责组建国家经委印刷技术装备协调小组和日常组织协调工作，1985年起担任协调小组副组长和办公室主任。这是我国印刷技术第二次革命的重要历史时期。他参与了我国印刷装备‘六五’、‘七五’发展规划的制定和组织实施，参加了中央和国务院领导讨论决策过程，参与了对国际印刷技术发展趋势的几次重要的调研和考察，参与组织汉字计算机激光照排中间试验、使用试点和推广应用，参与筹建中国印刷及设备器材工业协会和从1984年起每四年办一届的北京国际印刷展览会，参加了筹建中国印刷博物馆的许多活动，前后历时六年。正如王选院士所说，‘倾注了大量心血，在组织协调方面起了重要作用’”。[①]

① 武文祥. 编后感言[M]//创新历程. 北京：经济日报出版社，2004：398.

新华社的测试开始后，发现Ⅱ型机各部分都存在不少毛病，特别是照排机的可靠性问题，更加突出。

为了使系统正常运行，北京大学、潍坊、杭州等各研制单位都派出人员集中到新华社现场保驾，一些同志春节也顾不上回家。在这艰难的日子里，大家给Ⅱ型机起了一个寓意深刻的名字——“华光”。他们相信，依靠中国人的力量，一定会点亮印刷技术革命的中华之光。在王选和科研人员夜以继日地不懈努力下，华光Ⅱ型系统终于得以正常运转。经过3个月连续运行，共排印《新华社新闻稿》88期，《前进报》12期，共1000多万字。至此，电子部认为系统的研制成功达到了设计要求，新华社认为系统使用方面虽然还有些问题但基本达到满意程度。于是，电子部和新华社分别上报国家经委提请对计算机——激光汉字编辑排版系统进行鉴定和新华社中式系统进行国家验收。

根据电子部和新华社的报告，国家经委经过严格审核，决定对这项重大科技成果和中试工程组织国家鉴定和验收。1985年5月6日至8日，华光Ⅱ型系统通过了国家级鉴定，鉴定结论给予了高度评价：“系统的主要技术指标达到国际先进水平”，“系统设备可以投产，并尽快推广应用”。同时，新华社激光照排中间试验工程通过了国家验收。

在肯定成绩的同时，大家也提出了殷切期望。新华社副社长杨家祥在大会上说：“排版新闻报刊的要求是比较高的，每天刊登在报刊上的几万字稿件要在有限的时间里准确无误地排印出来。我们相信，已经付出了心血和创造性劳动的北京大学和生产厂家一定能够再接再厉，进一步完善系统的功能，增加处理图片的能力，提高系统的可靠性，软件的实用性和进一步降低成本，提高经济效益，为我国印刷技术早日实现现代化作出贡献。”①

Ⅱ型机是我国第一个实用照排系统，它采用大规模集成电路和微处理器作照排控制器，体积缩小，输出速度加快；批处理排版软件跳过了当时国外流行的贴毛条排版，具有自动成页、整页组版功能。它还配备了世界上第一台在普通纸上快速输出完全逼真大样的激光打印机，代替了昂贵的相纸输出大样，这是用户梦寐以求又不敢提出的要求，因为当时国外系统没有一家有这一功能。

---

① 沈忠康. 创新历程[M]. 北京：经济日报出版社，2004：182.

10. 开花，更要结果

1986年年初，我国新闻界首次评选上一年度十大科技成就，计算机汉字激光照排系统当选。这是大荣誉，但王选知道，华光Ⅱ型有“致命伤”——在字形压缩信息复原方面，仍旧采用逐段生成和逐段缓冲，而无法采用整版点阵缓冲，从而带来了无法补救的缺憾：碰到一些复杂表格的版面，当小字很多时会出现点阵迟到；无法做到文字与图片、照片的合一输出，也无法输出带有底纹的版面，而英国蒙纳系统是可以做到这点的。严谨务实的沈忠康在一次小会上说：“‘748工程’开了花，但只结了一个小果”。王选在回忆文章中写道：“这句话我一直牢记在心。在我们应该挨批的时候，杨家祥、沈忠康却大大地鼓励一番；而当我们开始赢得赞扬和荣誉时，沈忠康又提醒我们‘只结了一个小果’。这一小果显然与国家多年来的投资是不相称的。后来，我们于1986年获得了日内瓦国际发明展览金牌奖，1987年获国家科技进步一等奖，我也获得了1987年首届毕昇奖，但我一直有一种‘负债心理’，觉得还未形成产业，国家投资尚未收回，这种‘负债心理’促使我们不断进取。”①

在通过国家鉴定和验收后，王选立即着手对Ⅱ型机进行改进，在改进中尽可能多地采用当时世界最先进的计算机软硬件成果。原来使用的美国DG公司的NOVA主机编程十分麻烦。在一个偶然场合，王选看到了DG公司的新产品Desktop机。它的体积与PC机差不多大，而指令又与NOVA机兼容，就买来作为Ⅲ型系统主机，从而加快了研发工作进度。1985年11月，距离Ⅱ型机通过鉴定仅半年时间，华光Ⅲ型系统正式面世。

为了使系统达到实用要求，国家经委印刷技术装备协调小组开始研究对华光III型机的实用化试点，试点对象分为两类：一类是图书版，一类是报纸版。

图书版的要选择科技类的出版社，因为科技图书排版格式复杂，不少数学公式和化学符号对排版软件的要求高，必须开发科技图书排版软件。经协商，铁道出版社印刷厂承担了华光III型科技图书版应用试点任务，取得了很好的效果，解决了积压已久的书籍出版问题。1986年12月，华光Ⅲ型系统与科技版软件通过了部级鉴定。这是我国第一个实用科技排版系统，能够方便而规范地排印各种复

---

① 王选.第二次引进高潮与II型机的国家鉴定[M]//王选文集（修订版）.北京：北京大学出版社，2006：84.

杂的公式、符号和表格，一面世就好评如潮，连获大奖：全国首届发明协会发明奖、北京地区电子和信息应用系统一等奖、全国计算机应用展览会一等奖、第14届日内瓦国际发明展览会金奖……汉字激光照排系统一下子蜚声中外。

对于报纸版的应用试点，要使系统达到最高水平，必须能顺利排印大报、日报。因为这类报纸时效性强，字体要求多，版面变化多，是对照排系统最严格的考验。如果这一关过去，大规模推广普及便指日可待。经委印刷技术装备协调小组建议在新华社出版的《参考消息》进行试点。新华社反复研究后，担心《参考消息》每天发行几百万份，一旦出了问题，影响太大，因此没有再继续进行试点。这时，《经济日报》站出来主动请缨，要求第一个使用激光照排机。

《经济日报》当时厂房面积有6000平方米，全都是铅排铅印老工艺。在改革开放形势下，《经济日报》承担的任务日益繁重，现有印刷能力已不适应形势发展的需要。如果继续沿用老工艺，低水平扩大规模不仅成本太高，而且每天熔铅铸版，烟熏火燎，污染环境给周围居民的健康带来很大影响。在权衡各种方案之后，《经济日报》决心采用华光激光照排系统进行试点。

为了支持《经济日报》的试点，国家经委把《经济日报》技术改造项目补充列入国家"七五"计划，在资金上重点给予保证。范慕韩、王选组织北京大学、山东潍坊计算机公司、邮电部杭州通讯设备厂等主要技术人员到《经济日报》跟班作业，现场解决问题。1986年9月30日，第一套华光Ⅲ型系统运进经济日报社印刷厂。报社方面十分慎重，决定先用每周三出版的《中国机械报》做试验，而且是采取铅排和照排同时进行的方式，一版一版地上照排。10月28日出了第一版报纸，到12月才把该报的四块版全部改为照排，所以可以说，《中国机械报》是第一个正式用上激光照排的报纸。

《经济日报》上照排的过程也循序渐进、小心谨慎。1987年4月中旬先开始编排三四版，一个月后增加了第二版，因为这些版面时效性要求不高，可以提前两三天预排。直到1987年5月22日，《经济日报》的四个版面全部用上了激光照排——世界上第一张用计算机屏幕组版、用激光照排系统整版输出的中文报纸诞生了。

1987年下半年，华光Ⅲ型系统的运行越来越顺利。这年10月，党的十三次代表大会召开，大会工作报告全文34000多字，《经济日报》在收到新华社电讯稿之后，立即上华光系统进行计算机排版，整个过程仅用20分钟。而其他大报则召集一批最熟练的铅字排版工人，苦战三四个小时才完成了排版任务。激光照排的威力充分显示出来。

1987年12月，国家经委主持对《经济日报》计算机—汉字激光照排系统进行国家级验收，验收报告说："《经济日报》是世界上第一家采用计算机—激光屏幕组版、整版输出的中文日报。"《经济日报》采用激光照排之后不仅大大改进了生产环境，消除了铅污染，而且大大提高了生产效率。1988年《经济日报》年排字量比过去铅排提高了2倍，排报种数增加了4倍，产值和利润翻了一番。曾经有人顾虑先进技术虽好，但价格昂贵，一般企业买不起，有可能是"先进技术，落后效益"。但《经济日报》试点证明采用先进技术虽然投入较高，但是产出更高，效益更好。

《经济日报》试点成功，在我国印刷界很快掀起了应用激光照排技术的热潮，尤其是报业走在推广应用激光照排技术的前列。1988年年初，《经济日报》刚刚通过国家验收，就有20多家报社订货，到1990年我国中央和省市级报纸除《西藏日报》外，全部采用了国产激光照排系统，1992年《西藏日报》用藏、汉两种文字编排的激光照排机也投入使用，1995年全国1500多家报社全部采用了激光照排系统。

11. 清场

1987年，华光Ⅲ型机荣获国家科技进步一等奖，报界称这一系统"填补了国内空白，促进了科技进步，将推动我国印刷业发生一次新的革命"。这一年，我国设立毕昇奖，王选作为第一人选获得这一荣誉。然而，他总忘不了沈忠康的那句"只结了一个小果"，"负债心理"始终萦绕心头，众多的大奖就好像盛开的繁花，而国家的投资是要你结出累累硕果的。国内几家实力雄厚的大报社和几十家出版社用的仍是美、英、日的系统，"国家前后给我们1000万元拨款，研究出的产品最后却在市场上被别人打倒，我们到底有功还是有过？"王选对同事们说，一定要把科研成果变成商品，变成生产力，为国家创造财富，这比十个权威赞扬一百次都要实际得多。[①]王选为自己设立的新目标是清场：把外国同类产品

① 陈芳. 一个人、一项技术与一个行业[J]. 中国记者，2006（3）.

清除出中国市场。

世界银行招标项目为王选团队提供了这样的机会。

我国许多高等院校都设有印刷厂，这些印刷厂同样存在出版周期长、铅排工艺落后的问题。1987年，世界银行决定向我国20多所高校发放数百万美元贷款，协助这些高校的印刷厂购置激光照排系统，以彻底改善生产面貌，同时决定以国际招标的方式选购照排系统。

世界银行的国际招标项目是个公平的竞技场，王选有信心在这场竞技中胜出，但又不能掉以轻心。和国际大牌公司如英国的蒙纳系统、日本的写研、森泽公司在世界银行设定的规则中同台竞技，必须要改造华光Ⅲ型，进一步提高其可靠性和成熟度。王选要开发IV型机，充分利用最新的设备和元器件，让汉字激光照排系统产生脱胎换骨的飞跃。

王选在回忆文章中写道："Ⅳ型机最显著的特点，是采取双极型微机与门阵列相结合的方式，使得激光照排控制器成为真正意义的光栅图像处理器（RIP）。1984年16位的双极型微机Am29116已经宣布，尽管当时还没出产品，但性能和集成度明显提高。与此同时，5000门以下的门阵列芯片开始推广，价格下降，开发工具也逐步成熟。这种情况下，我利用上述先进技术设计了WA、WI两块门阵列芯片，和一片Am29116、一片Am2910相结合，组成了Ⅳ型机的激光照排控制器，由于预计1986年完成，所以称为TC86。WA、WI两块芯片是TC86的关键，当时门阵列的设计和验证工具远不如今天，设计错误引起的投片返工代价也不低，所以，我在设计一开始就努力做到一次成功。1985年4月我完成了芯片设计，在硬件组的另一位主力吕之敏的协助下进一步完善，1985年5月提供给Ferranti公司制作，1986年5月拿到样片，调试证明芯片研制一次成功。这要感谢我刚刚参加工作时练就的扎实的基本功。"①

TC86的创新设计使系统产生了两个飞跃：一是大大加速了字形复原速度，每秒可复原710个字，是当时世界第一，从而使系统输出底片和大样的速度遥遥领先，而且达到了高度稳定；二是实现了使人眼花缭乱的功能，提供了倾斜字、立体字、空心字、翻白字、网纹字、加粗字、半阴半阳字、勾边字和任意角度的旋转字等多种艺术字体，上百种花边和上千种网纹，更重要的是实现了文字和图

① 王选. 寄予厚望的Ⅳ型机. http：//www.wangxuan.net/intro/comtent_781.htm.

形、黑白照片的合一处理，甚至整个版面作90°、180°、270°的旋转时速度也基本不受影响。这些功能当时即使在国外的中文、日文照排系统中也闻所未闻，属于世界首创。以上述技术构成的“高分辨率字形发生器”于1985年获首批中国发明专利，1989年11月1日获中国首届发明专利创造金奖，由世界知识产权组织和中国专利局联合授奖。这是10个获金奖的项目中唯一一个信息产业类专利。国家科委主任宋健在参观北大华光系统后，对中国专利局高卢麟局长说：“这一系统在信息产业中是Number One。”

由于TC86 支持图形、图像，所以已经属于真正意义的光栅图像处理器（RIP）了。光栅图像处理器是出版系统的关键设备，它的主要任务是对用页面描述语言（PDL）表示的一页版面中的信息，逐个进行解释，并形成一页版面的点阵缓冲，再把该页点阵提供给激光打印机或照排机输出。接着再解释下一页的版面描述并形成下一页的点阵……1976年原理性样机研制成功时，RIP这一术语还没有产生。后来由于激光输出大大流行，人们才把解释版面描述信息并产生字形点阵和图形、图像点阵的设备称为光栅图像处理器，即Raster Image Processor，简称RIP。

考虑到我国很多中小印刷厂可能一下子买不起激光照排系统，王选在研制TC86 时，还进一步发展了TC83 中照排机和大样印字机共享字形发生器和控制器的功能，并把相关逻辑设计放在专用芯片WA和 WI中，从而大大降低成本，组成廉价的轻印刷系统。由于中国印刷工业和印刷机械落后，这种轻印刷系统用400DPI的激光打印机输出配上胶印，质量有时不亚于铅印，而效率比铅印高得多，还可以现场升级成激光照排系统。上述设计——“照排机和印字机共享的字形发生器和控制器”于1985年4月申请了首批中国专利。

1985—1988年，Ⅳ型机成了王选的精神支柱。1988年年初，Ⅳ型机投放市场，王选对此寄予厚望，他相信Ⅳ型机的出世将会在中国印刷出版领域掀起一场风暴。

带有汉字字形快速复原专用芯片的RIP、批处理书刊排版软件和交互式报纸组版软件NPM这三大“撒手锏”组成的Ⅳ型机系统，在世界银行的国际招标中大显身手，以绝对优势连连中标，总价值130万美元：1988年年初第一标揭晓，Ⅳ型系统中标1套；1989年年初第二标揭晓，Ⅳ型系统中标6套；1989年8月第三标揭晓，Ⅳ型系统中标17套……1988年，华光Ⅳ型系统投入批量生产，正式投放市场，与III型系统相比，它字体字号变化丰富，文图合一，能处理复杂版面，能在屏幕上直接任意修改版样和文章，加上高度稳定可靠，而价格只是国外系统的一半甚至1/3，因此深受用户青睐。在一次订货会上，仅三天就成交2000多万元，一年签订了200多套的合同，成交额超过7000万元。1989年12月26日，华光Ⅳ型系统通过了部级鉴定。方毅副总理亲自出席了鉴定会。

《经济日报》1988年下半年换装了Ⅳ型系统，质量和效益大幅提高。1986年使用铅排铅印时，有职工258人，排印10种报纸，5种期刊，年排字8500万字，利润60万元，人均利润2326元。1988年采用激光照排后，职工减为234人，却承担了33种报纸、11种期刊的编排任务，年排字1.4亿字，年利润达200万元，人均利润上升为8547元。1989年的产值更高达700万元，年利润250万元，人均利润突破了万元大关。与同等任务的铅作业相比，减少厂房面积68%，用人减少60%，耗电量减少68.7%，成本下降17%。

1988年12月6日，《经济日报》头版刊登了长篇通讯《告别铅与火的时代》，记者詹国枢详细描述了该报使用汉字激光照排的情景，喜悦和自豪之情溢于言表。

“在电脑激光照排车间，十几台电脑前坐着十几位身穿白大褂的姑娘，姑娘们纤细的手指在键盘上灵活起落，仿佛正弹奏着美妙的乐曲。再看看组版你更会称绝。屏幕上出现的图像和编辑的版样完全一样，按一个键黑体字马上会变成宋体，再按一个键小号字立即又变成大号字。更妙的是错几个字删去后，下面的字立即会挨个儿补上，要添几句话，后面的也会很听话地空出应有的位置。你正看得入神，一个漂亮清晰的版样已经出现在屏幕上，待会儿输入激光照排主机，很快就可以出一张和报纸一模一样的大样。旁边一位姑娘说，过去的铅排车间可比这大多了。车间里到处立着一排排黑乎乎的铅字架，一个个铅字要从架子上拣出来，码成一篇篇‘文章’，再放到铁案上拼成大样。那一块版拼好后死沉死沉足有好几十斤呢，挪一挪也得请别人，每天累得腰酸腿也疼。车间里既黑又脏，又有铅污染，最可气的是油墨直钻进了指甲缝里，下了班用硬刷子加去污粉使劲刷也刷不干净……

看着这明亮整洁的车间里在电脑前轻快操作的姑娘们，再想想那一排排黑糊糊的铅字架，你会打心底里赞叹一句，中国印刷业正迅速跨越两个时代。”

1988年7月，《经济日报》印刷厂在全国第一个废除了铅排作业，卖掉了沉甸甸的铅字，开启了我国报业和出版印刷业“告别铅与火，迎来光与电”的印刷技术革命。到1993年，国内99%的报社和90%以上的黑白书刊出版社和印刷厂采用了以王选技术为核心的国产激光照排系统，延续了上百年的中国传统出版印刷行业得到彻底改造，没有经历第二代、第三代照排机，从铅排直接跳到最先进的第四代激光照排；没有经历输出毛条、人工贴版的过程，直接跳到屏幕整页组版、整页输出，实现了被公认为毕昇发明活字印刷术后中国印刷技术的第二次革命。

12. 从华光到方正

随着系统的成熟和市场局面的打开，如何用商业化、产业化的方式方法推进和展开成为一个不容回避的问题。而且，1990年“七五”计划结束，国家对汉字激光照排系统研制的经费投入也将告一段落。实际上，对这样一个已经称雄世界的技术，国家也没有继续使用公共资金予以支持的必要和理由了。相反，是到了国家从广义上接受回报的时候了。

从1982年接手“748工程”起，国家经委印刷技术装备协调小组就一直和电子工业部探讨解决方案。一个看似合理可行的设想是成立一个全国性的企业集团，北京大学作为研发基地，杭州和长春分别作为滚筒式照排机和转镜式照排机的配套生产基地，潍坊作为系统总承基地，分工协作、综合集成。为了加强技术培训和售后服务，电子工业部1985年在长城计算机集团内成立了昆仑电子印刷公司，作为服务基地。这个方案比较多地考虑了“748工程”的合作史，方案提及的各方都是自1976年以来风雨同舟、进退与共的战友，也体现了计划经济思维框架下的“全国一盘棋”思想。协调小组和电子部为把这个方案付诸实践进行了不懈的努力，甚至在安排“七五”计划时专门把昆仑电子印刷公司补充进了“印刷专项”，还设计了成立集团的具体安排。

但是20世纪80年代中期以后，市场经济的大潮已经冲刷到每一块领地，国产激光照排系统的推广如火如荼，原有独家生产和销售方式所带来的隐患和矛盾就日益暴露出来。在1987年的一次各方协调会议上，围绕集团公司组建方案发生了严重分歧。分歧的焦点当然是利益，表现形式是科研开发和系统总承能不能分开。搞系统总承而不搞科研开发就会失去主动权，企业发展的命运就要听命于他人；搞科研开发而不搞系统总承，开发的成果不能为自己创造利益，靠集团的利益提成获取继续开发的资金也难免被动。与会各方无法达成共识，每一个利益主体都努力让自己的利益最大化。尤其，是为汉字激光照排系统奋斗了十几年，大家都希望自己的付出，带来的不仅是成果，更重要的是利益。后来，协调小组放弃了协调，合作体分裂，进而成员互相竞争的格局隐然出现。

早在1984年6月，王选就在北京大学校务委员会讨论校办产业的扩大会议上，作过一个比较长的发言，建议北京大学在发展基础研究的同时，也要发展计算机等新技术；重视应用，支持搞应用的项目，建议成立科技开发公司。1985年春，北京大学正式成立北京大学科技开发公司，当年夏天，王选就和科技开发公司合作，从科研经费里拿出10万元，请科技开发公司开发繁体字字模。1987年经委协调小组主张的全国激光照排集团公司的计划搁浅，无法平衡研发单位和总承单位之间的利益分配关系是主要矛盾，北京大学考虑自行生产势在必行，王选自然想到了北大科技开发公司。但是，如何推进，必须征求经委协调小组的意见。

沈忠康在回忆文章中写道："《经济日报》试点成功，使我国印刷界看到了希望、看到了光明，1988年的订单超过200套，1989年的订货超过1.2亿元，系统的产业化已时不我待。对于产业化问题，当时经委协调小组曾规划将参加系统开发的各单位组成产业集团，并为此组织过多次协调，但是意见很难统一，甚至激烈争吵、不欢而散。这个时候，1988年1月11日，廖幼鸣同志（时任电子部计算机总局局长，行业的主管）带我去参观中国科学院一个研究所用开发的核心技术办起来的高科技公司。廖幼鸣同志认为这条道路值得借鉴，并认为激光照排系统集团搞不起来，不妨来点竞争，我深受启发。参观之后，我立即去北大与王选老师交换意见，实际上我听到王选老师他们已经为系统总承做了充分准备，觉得在这种情况下，我没有理由不同意北大搞系统集成。"①

北京大学对王选的项目抱有极大的兴趣，得知经委同意北京大学生产的消息后，马上着手部署准备。1988年春，以北京大学科技开发公司为基础组建了北京大学新技术公司，唐晓阳等一批骨干被抽调进来，开始了华光Ⅳ型照排系统的生产和销售。唐晓阳精通制作工艺，加入新技术公司后立即对激光照排机工艺进

① 沈忠康.王选老师永生[M]//风范长存.北京：北京大学出版社，2008：239.

行了改进，把双层板改为四层板，体积缩小，外观也变得更加精良和美观。王选设计的北京大学新一代芯片对华光Ⅳ型进行了局部改进：把两块芯片合成一块芯片，集成度提高；主机和控制器由原来的并行接口改为DMA接口，传送速度特别是图片传送速度进一步提高；把轻印刷系统由一个机箱变成了一块插件板，成本降低，有利于产品销售。1988年10月，北京大学推出了北大华光Ⅳ型激光照排系统，质量明显改善，可靠性大大提高。可以说，汉字激光照排系统经过13年的研制，这时才真正达到了一个完善成熟的商品的阶段。

为了区别潍坊生产的“华光”系统，北京大学决定给自己的产品起一个响亮的新名字。有同事建议：干脆以王老师的名字命名，叫“王选激光照排系统”。王选立刻坚决否定，“激光照排是集体智慧的结晶，用我的名字不妥当”。北京大学新技术公司的楼滨龙和周喻采做了具体的征名工作，他们从上百个应征方案中，看中了北京大学党委宣传部赵为民老师取的“方正”这个名字，并征求吴树青校长的意见，吴校长说这个问题最好由王选来定。王选后来选中了“方正”这个名字。

1991年3月，北京大学计算机科学技术研究所和北京大学新技术公司联合推出新一代电子出版系统——北大方正电子出版系统（即方正91型系统），3月15日，北大方正的第一个广告见报。3月21日，李铁映同志访问北京大学，参观了激光照排系统，中央电视台播放新闻时第一次提到了北大方正。

北京大学新技术公司从起步那天起，就和北京大学计算机所开始了紧密合作。计算机所开发出一系列新成果，新技术公司开辟市场，将成果变成商品销售出去。1988年，王选对Ⅵ型机的销售前景作了一个保守的估计：“1989年销售额可以达到2000万元，1990年提高到5000万，1991年可能突破一个亿”，事实上三年下来公司的销售收入大大超额，取得了十分可观的利润。

问题随之而来。计算机所和新技术公司是两种不同价值取向的组织，在当时的情况下，双方对产学合作可能遇到的各种问题也没有足够的经验和准备，在转让费、科研管理和人才使用等方面产生了不少分歧。王选既是两个组织的领军人物，也是两个组织连通的重要管道，承受着来自各方面的直接和间接的巨大压力。他当时遇到的，实际上是我国特殊的经济体制下，科研院所与企业之间在进行技术合作时必然会遇到的问题。这年年底，王选访问美国，参观施乐公司Palo Alto研究中心（简称PARC），从中得到很大启示。

PARC成立于20世纪70年代初，施乐希望把PARC建设成一个充满想象力和创造活力，在研究内容上不受限制的研究机构。这种开放态度吸引了许多有才华的年轻人，作出了一系列计算机发展史上的开创性成果，比如鼠标的发明、图形用户界面、页面描述语言、以太网等。可惜的是，当时施乐并不努力促使这些创新成果转化成商品大量推广，致使人才纷纷流失，出现了“墙内开花墙外香”的结果。苹果公司利用其发明的鼠标和图形用户界面，开发了风靡一时、赚取了高额利润的Macintosh；页面描述语言的发明人从PARC出来创建了Adobe，使PostScript成为国际标准；以太网的发明人离开PARC，创建了3 COM公司，使以太网成为大量推广的商品。2003年，美国加州大学伯克利分校的亨利·切撒布鲁斯（Henry Chesbrough）教授在《开放式创新》（Open Innovation: The New Imperative for Creating and Profiting from Technology）一书中，把施乐和PARC作为封闭创新的典型作了剖析。①

王选1991年年底访问PARC时，切撒布鲁斯教授的著作还没有出版，但王选已经认识到开放式创新、协同式发展的优势。他知道如果计算机所另起炉灶，需要重新开辟大规模的销售渠道，需要大量投入而增加成本，新技术公司方面失去了来自计算机所方面的核心技术支持，也将遭受重创。所以，两者绝不能分道扬镳，而应该结合得更加紧密。从美国回来后，王选提出了建立股份制的“联合经济实体”的设想。

王选的设想得到了学校的支持和认可。1993年2月18日，北大方正集团公司正式成立，从此，“方正”不但是一个著名的商标品牌，而且成为一家著名的高新技术企业的名字，和联想、四通一起被称为中关村有名的“四方联”。两个月后，王选著文，提出了“顶天立地一条龙”的北大方正模式。他写道：

“我们应该建立起从中远期研究、开发、生产、系统测试、销售、培训和售后服务的一条龙体制。这一体制的上游是文字信息处理技术国家重点实验室，中游是电子出版技术国家工程研究中心，下游是方正集团公司。这是一条盘旋的龙，龙头应从龙尾即市场获取灵感，以推动创新的研究。上游的研究应以施乐PARC为榜样，创造一个学术气氛浓厚的环境，使创造性的人才有施展才能的机会；同时又希望研制人员有强烈的市场意识，以满足市场当前和未来的需要作为

---

① ［美］亨利·切萨布鲁斯. 开放式创新[M]. 北京：清华大学出版社，2005：15-32.

自己的奋斗目标。也就是建立‘顶天立地’的模式，‘顶天’就是不断追求技术上的新突破，不是指应用基础研究，更不是做基础研究，因为目前方正还没有足够的经济实力，而是指对未来技术或下一代技术做技术储备，进行预研和探索。‘立地’就是商品化和大量推广、服务。顶天和立地应紧密结合，相辅相成，以此实现‘技术与市场的正反馈’，即首先实现技术跨越，向用户提供最先进的技术；用户在使用这一技术的过程中，根据自身特点不断提出进一步需求，从而促使技术向更深更精发展。”“一个科学家既要顶天又要立地往往是不大可能的。假如一个科技工作者长时间花主要精力去搞经营，就不大会有精力去钻研技术上的新途径。因此，在北大方正的一条龙体制中研究开发、商品化和中试、推广和技术服务是由三部分人完成的。这三部分人可以有交叉，同时又紧密结合。”①

1995年7月1日，北京大学计算机所与方正集团的紧密结合发生了质的飞跃——双方联合成立方正技术研究院，实现了组织和管理体制的一体化，彻底从“两家人”变成了“一家人”。王选被任命为方正技术研究院院长。王选提到的文字信息处理技术国家重点实验室和电子出版技术国家工程研究中心都是这几年以北京大学计算机研究所为依托建立的，身为计算机研究所所长的王选同时兼任重点实验室和工程研究中心主任。

13. 从心所欲不逾矩

战胜巨大挑战后，王选创新进入自主阶段。1990—1994年，王选在新产品开发上几乎进入了“从心所欲”的状态，先后推出了报纸远程传版、彩色桌面出版系统、新闻采编系统以及符合国际开放潮流的新一代软、硬件系统，推动中国的报业和出版印刷业在刚刚告别“铅与火”不久，又经历了三次重大的技术革新。

报纸远程传版

报纸的价值在新闻，新闻的价值在时效，时效的价值在同步，不能实现异地同步出版，报纸的价值大打折扣。1989年全国只有三四家中央级大报在外地设有代印点印刷，传版手段主要有两种：一靠航空，二靠传真。用飞机送版在时

① 王选. 保证产品生命力的“顶天立地”模式[M]//王选文集（修订版）. 北京：北京大学出版社，2006：213-214.

间上要慢半天甚至一天，外地的读者看到的《人民日报》总是前一天的；传真版则因为经过几次翻版，已出现失真，又因为传送的是点阵信息，当接收方与发送方的分辨率不一致时，失真就更为严重，而且速度也很慢，传到外地印刷出来的报纸，质量明显下降。怎样使外地读者看上当天的、印刷质量高的报纸呢？王选设想，如果能开发一种新的页面描述语言，把版面上的文字、图形、图片、照片等各种元素通过数学方法转换成数据，其信息量就只有用传真机传送图像信息量的几十分之一，远传速度会大大加快。传送到代印点后，那里的报社大多采用的也是方正系统，使系统统一在一个模式下，所以很容易地解释页面信息，恢复成的版面和原版一模一样，毫无失真地输出制版，远传的代价也很低。

很快，课题组就成功开发出页面描述语言BDPDL，实现了王选的设想。1991年8月29日，北京大学与人民日报社合作，在北京和湖北日报社之间首次成功地进行了报纸卫星实地远传试验，到1992年年底，人民日报社已通过卫星向全国22个城市传送版面，传输速度缩短到平均两分钟传完一版。从此，全国大多数地区都在同一天看上了《人民日报》。

王选直接推出以页面描述语言为基础的远程传版新技术，使我国跳过高速传真机方式的报纸传版作业，并且用新技术创造出了一个新市场。

彩色桌面出版系统

1982年年底我国制定的印刷技术装备改造的原则是“自动照排、电子分色、多色胶印、装订联动”的十六字方针，其中的“电子分色”指的就是使用电子分色机制作彩色出版物。从20世纪70年代以来，我国的彩色制版领域就采用进口的电子分色机制作彩色出版物，价格昂贵，因为没有排字功能，效率也低，质量也没有保证。比如报纸出一页彩版，要先用分色机把彩色图片制成黄、蓝、红、黑4张色片，再通过人工剪贴把图片与文字合在一起，制一个版面需2～3小时。人工定位受到工人技术水平和精神状态的影响，精确度较低。我国从1973年就着手仿制国外的电子分色机，但一直停留在出样机、开鉴定会的层面，仿制成一代，马上被国外新的一代所淘汰，始终不能进入市场。

1987年，王选看到激光输出设备和彩色扫描输入设备精度、电荷耦合器件CCD的集成度不断提高，而且已出现了把多个CCD拼接在一起的技术，照排机的分辨率和重复定位精度也随之越来越高，绝不会亚于电子分色机输出部分的质量，这意味着未来的彩色分色扫描仪将提高精度和大幅度降价，这些新技术使得研制彩色出版系统成为可能。王选断定，电子分色机迟早会被开放式的桌面彩色出版系统所取代。在国家经委和电子部主持的一次科研规划会议上，王选建议不能再走仿造电子分色机的老路了，应该抓紧研制彩色出版系统。然而，当时电子分色机仍风靡一时，国内已经进口了几百台电子分色机，王选的建议没有被采纳。

王选知道，这次又要自己做了。不过和当初的情况大不一样的是，王选现在有自己的团队和资源了。1989年6月的一天，王选把研发文图合一的彩色出版系统的任务交给了研究生肖建国。肖建国知道导师把一个创造历史的机会交给了自己，很快组织了鲁志武、王会民几个青年骨干，开始了挂网、校色等关键技术的开发工作。

彩色出版系统研制成功后，王选团队经过调研，发现《澳门日报》是个理想的样板用户，因为它本身没有电子分色机，每天不得不把彩色照片拿到一个分色公司去分色，价格比一般报社更贵，效率更低，因而对彩色出版系统的需求也就更迫切。一联系，双方立即同意建立合作关系。1992年1月21日，北大方正彩色出版系统在《澳门日报》投入生产性使用，在世界上第一次实现了彩色照片和中文的合一处理和输出，输出一页彩版仅需20多分钟（后来经过不断改进，时间缩短为2分钟）。几天后，邓小平同志视察珠海，发表了著名的南方谈话。《澳门日报》在头版刊登了小平同志的彩色照片，引起极大轰动。

1994年，北京大学计算机所又研制成高档彩色桌面出版系统，质量可与电子分色机媲美，从而进入了画刊、彩色杂志领域。我国印刷业又一次实现了彩色出版的技术跨越。

采编管理系统

激光照排系统让汉字告别了“铅与火”，远程传版系统让报纸告别了“时与空”，彩色出版系统让报纸告别了“白与黑”，采编管理系统则让编辑、记者告别了“笔与纸”。1994年1月，《深圳晚报》全国第一家采用方正开发的新闻采编流程计算机管理系统，整个采编流程，从采访、写稿、编辑、传送、审定、签发直到组版、发排，全部实现了电脑化管理，编辑、记者告别了笔和纸。

几年后，互联网时代到来，有近200家报社用上了方正最新的报社整体解决方案，把采编、组版、广告制作、检索和网上发送紧密地结合在一起，实现了全球任意地点的协同工作。

1988年，王选的研究生郑民提出开发基于MS Windows的中文专业排版软件的建议。郑民把Windows看作是集成环境的观点对王选震动很大，王选认识到Windows未来发展前景很大。很快抽调了一批骨干，由郑民领导，开发基于Windows的中文专业组版软件。

1992年，Windows 3.0问世，由于支持图形界面，有良好的存储管理功能，在这一环境下开发的各个程序模块，很容易交换信息和动态链接，风靡一时，吸引了大批开发商在Windows上开发软件。就在这一年，北京大学计算机所适时推出维思1.0，成为世界上最早的基于Windows的中文专业排版软件，也是国内Windows上的第一个大型应用软件。

几年后，北京大学计算机所推出了维思2.0和3.0版，功能大大增强，销售了几万套，成为进军海外的一只拳头。

采用国际标准

1990年，王选还作了一个更重要的决策，支持国际工业标准的页面描述语言PostScript，着手研制PostScriptLevel2的中文解释器。

PostScript是美国AdobeSystems公司1985年推出的页面描述语言。它采用三次曲线的轮廓描述方法，以描述图形和图像为主，把文字字形也看作图形，具有丰富的图形功能、高效率地描述极为复杂版面的能力，以及设备无关性等优点，吸引了众多出版系统的开发商，一批流行的西文排版和图形软件。

1990年，Adobe公司又宣布了PostScript的新版本PostScriptLevel2，由于器件速度尤其是CPU芯片速度有了大幅度提高，西文PostScript解释器的速度大大加快，很快成为事实上的国际工业标准。更重要的是，由于PostScript描述的不再是文字，而是图形和图像，彻底动摇了汉字的天然屏障。

1990年王选作出了“支持PostScript，跳过RISC硬件RIP方案，采取软件RIP加高度并行的协处理器芯片”的重要决策。

王选作这个决定之前，作了大量调查研究，并且把研发任务交给了阳振坤等几个年轻人。

1993年秋天，基于Windows3.1的中文PostScriptLevel2解释器PSP（Post Script Processor）研制成功。它可以容纳国际上丰富多彩的图形软件和高质量的西文字体，可以产生令人叹为观止的艺术效果，使报纸杂志的版面更为绚丽，王选惊喜地宣布，我的欧洲技术专利已被更新了一半！

14. 两岸三地共生辉

商场如战场，需要军令状。王选在自己的创新生涯中，多次立下军令状。从保证顺利完成郭平欣的11个汉字测试，到“如果1985年上半年Ⅱ型机不能达到实际使用的目的，印刷专项的经费北大全部退回，一分钱也不要”，再到经济日报社的“15天内排除故障”，王选在许多关键时刻都敢全力拼搏，这些都变成王选的创新道路的闪光节点。

1993年方正集团正式成立不久参加香港最大的报业集团《明报》上千万美元的出版系统采购招标。海内外有6家公司参加投标，方正高档彩色出版系统也在其中。具体负责投标的，是香港方正的总裁张旋龙。

张旋龙出生在福建泉州，1978年到香港，开始时做导游，后来做芯片生意。1984年来到北京，与四通合作销售IBM的兼容机Super电脑，畅销一时。后来，他又帮助求伯君成功地开发和销售WPS文字处理系统，成立了香港金山公司。1988年以后，张旋龙与北京大学新技术公司开始了生意上的合作。1993年年初方正集团成立后不久，便投资500万美元，和张旋龙的金山公司合资成立了香港方正。《明报》的项目也就自然由张旋龙负责具体操作。

《明报》为了考察各投标公司的产品，进行了公开评测。第一轮评测，方正系统速度最慢，排在最后一名。张旋龙知道情况不容乐观，马上向王选求助。王选火速赶到深圳，会见了《明报》的高层领导，北大RIP一定是最快的。

《明报》同意再给方正一次机会。王选亲自点将，在罗湖桥北岸“设立决战大本营”。经过紧张努力，方正电子出版系统终于赢得了《明报》的大单。台湾最大的晚报以《眼见为凭》的标题，盛赞这一系统的快速高效，很快这家晚报也成了方正的用户。

1994年的初春，王选应邀到台湾参加一个排版技术研讨会，并到一些大报“参观指导”。

在国民党“中央日报社”参见时，王选注意到他们的彩印和远程传版技术比较落后，就向他们推介了方正彩色系统。

很快，“中央日报社”一次购买了两套最高档的方正彩色系统。

到20世纪90年代中期，港澳台的多数报纸都用上了方正系统，效果良好。方正在两岸三地的报业界卓然绽放，熠熠生辉。

四、结晶与谋变

几乎所有有突出成就的科学家，都会主动用自己取得成就的思想、方法去观察和剖析自己专业领域之外的社会、自然现象，去丰富人类的思想和知识。这就是创新的扩散——结晶阶段。王选在他的扩散——结晶阶段，更多地把精力投入到我国高新技术企业和作为其代表的方正集团发展方向的思考和把握，人才的发现和培养，自己创新实践的回顾和总结上。这些扩散到报业、印刷业之外的王选创新，同样值得我们关注和学习。

1．以智择向

《吕氏春秋》中记载这样一段故事，“鲁国之法，鲁人为人臣妾于诸侯，有能赎之者，取其金于府。子贡赎鲁人于诸侯，来而让不取其金。孔子曰：‘赐失之矣。自今以往，鲁人不赎人矣。取其金则无损于行，不取其金则不复赎人矣。’子路拯溺者，其人拜之以牛，子路受之。孔子曰：‘鲁人必拯溺者矣。’孔子见之以细，观化远也。”

王选曾经引用这个故事说明自己对各种奖金的态度。这是智者的态度，也完全符合现代管理理念。王选并不拒绝本应属于他的名利。如果是他的劳动所得，他会欣然接受，然后按照自己的方式去处理。1998年，他把多年来获得的30万元奖金捐给北京大学数学学院设立周培源数学奖学金。2002年，王选拿到了国家最高科学技术奖500万元和北京大学随之追加奖励的500万元。后来，他利用其中的900万元科研资金，设立科技创新基金，支持北京大学计算机所和方正的年轻人。

也曾有记者问王选，为什么如此热心地提携年轻人？王选回答得很坦率：其实并不是因为我高风亮节，毫不利己，计算机这类新兴学科，技术发展和知识更新太快，年轻人具有明显的优势。假如不这么做，方正就要垮台，我的名气也就没有了。所以，扶持年轻人是一种社会需要，也是我的一个“自私”想法。

这是智者的风格，不以无私利示人，在利他中利己。

王选是我们这个时代的智者，中国科学院原院长周光召曾用“智以择向”来要求科技战线的将才。王选是“选之王”，不但用大智慧选择了创新大方向，而且用大智慧、大勇气选择了事业大方向、人生大方向。

1993年，56岁的王选作出一个几乎让所有人都大吃一惊的选择：彻底退出科研第一线。前一年刚当选为中国科学院院士和第八届全国政协委员，按照常理，正该大展宏图。但是王选熟悉计算机发展史，深知计算机是年轻人的事业。经过深思熟虑，王选向计算机所提出正式退出科研第一线，任命36岁的肖建国、28岁的阳振坤和汤帜担任研究室主任。

从科研第一线退下来的王选，开始大量撰写从事计算机研究体会的文章和高科技企业经营管理的文章，探讨科研创新和高科技企业创新之路。特别是1995年出任方正集团在香港的上市公司董事局主席后，他认真研读了王安、微软、苹果、英特尔等国际企业巨头的兴衰史，写下了大量心得体会，这些闪烁智慧光芒的真知灼见，是对我国高新技术企业经营管理思想的重要贡献，也是王选创新结晶的重要组成部分。

1997—1998年，方正的业绩继续攀升，分别达到60亿元和75亿元，王选却注意到，方正的利润已经不像前些年那样丰厚。他写下两篇文章：《赚大钱难，难于上青天》、《创业难，守业更难》，两篇文章的标题上就有四个“难”字，充分表达了王选的忧患意识。在《创业难，守业更难》一文中，王选写道：“企业创业是一个‘九死一生’的过程，维持长期兴旺则是第二个‘九死一生’。”这让我们看到了王选创新中的“慎重”、“认真”、“投入”和“拼搏”。

1999年，方正第一次出现亏损，经过分析，发现主要是企业的管理存在问题。于是集团采取一系列措施过“管理关”。王选把1999年称为方正的“改革年”，他率先辞去方正研究院院长的职务，让肖建国接替自己，全力支持年轻人参与公司管理。在企业改革的那些异常艰难的日子里，王选写了《中国企业最缺少的是现代化的管理》和《中国需要企业领袖》两篇文章，同样可以从标题中看出，“中国”、“企业”是这两篇文章的关键词。王选在文中指出，中国高新技术企业最需要的是一批能成为企业领袖的管理专家。他们应有一定的技术背景，有很强的组织管理能力，对未来发展具有远见卓识和准确的判断力，亦即有战略眼光，能抓住高新技术风云变幻中的重大机遇；同时还需要有坚强的毅力、对挫折的承受能力和能够长期吃苦耐劳。王选强调，企业经营管理的关键是干部品德。这就是在王选表述中反复出现的“好人”。在企业的经营管理中，坚持“好人论”，是王选“好人思想”的彻底体现。

2000年，大洋彼岸的数字出版业风生水起。这一年，美国“恐怖小说之王”史蒂芬·金以电子格式在网上发行了其新作《骑弹飞行》（Riding the Bullet）。作为第一本只发行电子版而不发行印刷版本的图书，这本标价2.5美元的惊悚小说在短短24小时之内就被下载40万次，创造了传统出版界所没有的奇迹，更掀起了一股声势浩大的网络出版热潮。

王选认识到互联网将带来了一场新的巨大的变革。

北大方正在出版领域内较早考虑了互联网的影响，在国内最早研究和完成SGML应用系统，参与了SGML中国标准的制定（SGML是HTML和XML的基础）。1999年北大方正第一个推出了基于Internet/Intranet的采编流程管理系统。1999年北京方正电子公司新的领导班子上任后又及时提出了E-media战略，使方正媒体领域的方向既充分利用已有的技术和市场优势，又能面向互联网时代。审视一下方正已经上市和正在研发的产品，都能找到互联网对这些产品已经和将来可能产生的影响。

2002年，身患重病几乎不参加任何商业活动的王选在实际行动上也给予了阿帕比强有力的支持：亲自参加了方正网络出版项目阿帕比发展历程中3次重要的千人规模的年度客户会议。

2003年3月26日，王选出席了在北京大学举行的第一届中国电子书产业年会。在此次会议上，王选强调最可怕的是错过一个时代，在互联网时代的今天，落后一拍或几拍就会失掉很多机会，而错过整整一个时代必遭灭顶之灾。并且明确指出这是一个从电子出版迈向网络出版的时代，他还认为网络出版是继电子出版之后出版业所面临的划时代的技术革命。

2004年在北京大学举办了“电子政务公文系统标准与技术高层论坛”，王选又在这次会议上面对全国各省党委及政府的技术负责人阐述了标准对推进产业发展的重要性。从最近几年的发展来看，正是因为中共中央办公厅、国务院办公厅和国家档案局都高度一致地认可CEB格式，使其一定程度上成为事实标准，从而迅速推进了中国电子公文传输事业的发展。

2005年中国电子书产业年会又一次在北京举行，王选再一次出席会议。在这次会议上，他发表了题为《中国人在新兴领域应该有超过外国人的决心和信心》的演讲。在演讲中，他回顾了推进激光照排事业早期时的苦恼：“最苦恼的就是中国人不相信自己的产品能够超过外国人，不相信淘汰铅字可以由中国人来完成”。并以激光照排技术和产品最终都超过了国外竞争者，使中国的新闻出版技术处于全世界领先水平的历史，来激发中国电子书事业的从业者。不仅如此，王选还提出了如何超越的几项原则：第一点，在核心技术上要有创新；第二点，要适合中国国情；第三点，整个产业链的各部分技术高度整合在一起；第四点，努力做到市场用户和技术的互动①。

2．选贤与能

美国畅销书作家伦丁（Stephen C. Lundin）说：“公司不创新，人创新。”深刻揭示了围绕创新的人与组织的关系：公司是为人的创新服务的，不论创新的目的还是过程，人排第一。王选创新中有突出的人本性。这种人本性在王选的表述中常常表现为“好人”、“人才”、“年轻人”、“团队”。

1993年从科研一线退下来以后，王选宣布，今后衡量自己贡献大小的一个重要指标，就是发现了多少青年才俊，是否做到“爱才如命”、“人尽其才”和“才尽其用”，实现“才”与“财”之间的良性循环。

在人才方面，王选总结了几个方面。

第一，委以重任，创造条件让年轻人参与大项目，使其切身体会创造历史的成就感。王选积极创造条件，给优秀的年轻人更多的发展空间，除了让他们做重大项目的总体设计和总管外，还鼓励他们在其熟悉的领域内提出有前景的新方向。

第二，平等探讨，营造畅所欲言、自由交流的创新氛围。王选喜欢用各种形式来鼓励大家发挥自己的积极性、主动性。如果没有自由交流、平等探讨的氛围，研究生刘志红也许就不敢轻松说出对王选两个失误的判断，王选就难以及时作出最有利的判断、采取最合适的行动。

第三，改善环境，提供方便的工作条件和较好的生活条件。王选自己淡泊名利、简朴节俭，却积极创造机会，改善年轻人的工作和生活条件。他认为，中

① 周劲. 王选老师与阿帕比. http：//www.wangxuan.net/content/content_1120.htm.

国的知识分子长期以来“价廉物美”，但如果长期“价廉”，可能会不再“物美”，尤其是年轻一代，假如其价值在国内得不到充分体现，人才就不可避免地大量外流。

王选甚至有一个比较激进的观点，“对于已有充分证据确认是真正杰出的人才，建议采取十二字的政策：给足钱、配备人、少评估、不干预。”王选的学生肖建国、汤帜就是在王选的“选”和“与”的培育下，取得了骄人的成就。

肖建国，从北京大学硕士到北京大学教授，只用了4年的时间。这在今天几乎是不可思议的，但是创新就是要做常人不可思、常理不可议的事情。王选不但在科学技术上创新，还在人才培养上创新。王选用京剧的一句用语评价肖建国，“戏捧人，人争气”。这句话的基础是，王选给肖建国前沿课题，肖建国无一例外地成功完成。

王选对肖建国寄予厚望。20世纪90年代王选接受记者采访时说，我个人更类似英特尔第一任创业者诺亦斯。我希望肖建国能成为方正研究院的格鲁夫（英特尔最杰出的CEO和董事长），成为管理型的领导者。王选希望方正研究院能够在以肖建国为代表的年轻一代的领导下守住业并取得更大的发展。

这对方正和对肖建国都是一个巨大的考验。肖建国所面临的不只是从一个学者到一个管理者的转变，更多的是从计划经济中一个可以实现垄断销售的行业向市场经济中完全开放的多行业竞争发展的考验。肖建国就此一边紧抓科研项目不放手，另一边深入地研究了科技企业的管理规律。他认为管理并不神秘，重要的是把企业宗旨具体到工作的每一个细节。在北大方正一波三折的市场化发展过程中，肖建国1995年任方正技术研究院副院长、常务副院长，1999年任院长；2000年后先后兼任方正电子的总裁、董事长，2003年任方正集团CTO（首席技术官），始终很好地把握着方正核心科技的发展方向。他的规范化管理使方正科研队伍的办事习惯和产品质量有了明显的提高，产品进入了要求苛刻的日本、美国和欧洲市场；他“重业绩、轻关系”，注重管理细节，使方正在核心技术领域始终红旗不倒。

肖建国认为王选身上的可贵之处是他身先士卒地做成果转化商品、促进社会进步的实际工作，而且，还能组织别人做商品化的工作。他的一切道德、生活标准都是围绕这个主题制定的。从这个原则出发，肖建国认为自己的老师所开创的事业，要想在自己这一代手上继续成长为长久发展的、有规模的产业，仅靠发挥一两个天才程序员的作用是不够的。他全力整合方正的科研力量，改善科研人员的待遇，想方设法增加方正内部科研力量的团队协作能力，对有可能成就方正未来的几个研究带头人给予充分的信任和支持，结果几年下来，在肖建国的几个师兄弟中，汤帜领衔的“基于数字版权保护的电子图书出版及应用系统”获得了2009年国家科技进步二等奖；郭宗明、邹维领衔的“数字化音视频控制技术研究及应用”荣获了2007年度国家科技进步二等奖；肖建国的博士生赵东岩领衔的“报业数字资产管理系统”也获得2006年国家科学技术进步奖二等奖。

和肖建国相比，汤帜的经历和王选更像。王选本科学习北京大学计算数学专业，毕业后留无线电系学习计算机硬件设计；汤帜本科就读于北京大学无线电系，有过硬的计算机硬件设计基础。

王选强调，一个新思想和新方案的提出者往往也是第一个实现者。汤帜不仅是阿帕比的第一个提出者，也是第一个实现者。汤帜从一个计划的实现者变成了一个梦想的缔造者，在他看来，将一个新思想转化成现实成果固然重要，但能够洞察技术发展方向和产业前景更为可贵。汤帜预见了语义网络时代的到来，未来的网络，将是语义网络的时代。方正电子要抓住这个机会。现在的文档文件，只能记录文字，而对于这篇文章背后所隐藏的许多信息，就在存储的时候被损失掉了。比如说这段文字是什么时候写的，这篇文章曾经被谁、在什么时候修改过，曾经发表在什么媒体上等，这样的信息无法从现有的文档文件上得到。然而在语义网络时代，文字就将包含所有的这些信息，人们读到的文字形式，将发生革命性的改变。

同王选当初提出研制激光照排系统一样，汤帜一提出E-book，立即遭到了很多人的质疑和反对。

汤帜坚持自己的想法。如果E-book的梦想能够实现，图书实现无纸化之后，人们将通过购买账号来购买书籍，不再需要消耗大量的纸张、油墨、时间，这将节省多少的资源！坚定了自己的想法的汤帜，带领着他的科研小组，毅然开始了推动E-book梦想实现的研发。

汤帜深知原始性创新的重要性，同时又注重向国际潮流开发，在国际最先进的技术和设备上进一步创新，用新技术不断带领市场进入前沿。一言以蔽之，就是要拥有自主知识产权的技术。

对于电子书而言，首先要解决的技术难题是数字版权的保护问题。比如如何保证一本电子书不会被他人随意复制，电子公文的内容不会被别人窥看等。因此，从2000年开始，汤帜一直致力于数字版权保护技术和基于数字版权保护技术的电子书解决方案的研究。

2003年，方正电子已经成为国内E-book市场当之无愧的领军企业，方正电子的电子书不仅可以在PC机上阅读，也可以在手机、PDA等移动终端上阅读。而汤帜所主持研发的方正Apabi DRM技术，更是获得了信息产业部评比的我国信息产业界的重要奖项——重大技术发明奖。截至2006年，国内80%的出版社应用方正Apabi网络出版整体解决方案，出版电子图书超过15万种，图书馆用户超过1000家，建成了23万册的全球最大的正版中文电子图书资源库、正版电子书资源库[①]。

到目前为止，汤帜获得了我国信息产业界的重要奖项“重大技术发明奖”、“中国软件行业杰出青年”、“中国青年科技奖”……王选对“老师”这个称谓看得比其他任何名誉和头衔更重要，汤帜也喜欢别人称呼他“汤老师”。

3．海外争锋

王选有非常强的国际市场意识。汉字激光照排系统在国内取得完胜后，王选把目光投向了海外。1993年退出科研一线后，王选把更多的时间和精力投向了对海外市场的观察和思考。

1995年，王选决定进军日本市场，这实际上也是方正走国际化道路的重要决策。1996年4月，日本方正在东京成立。总裁管祥红1989年从北京大学无线电系毕业后去日本工作多年，王选对他的评价是对日本印刷业十分熟悉，有很强的技术背景，又有雄心壮志，能判断日本市场需求，并提出相应的技术方向。公司招收的员工绝大多数是日本人，实现了地地道道的“本土化”。

日本方正主要负责市场开拓和产品销售，日文出版系统的软件开发则是在国内的方正技术研究院进行的。王选物色了两个年轻人主持这一重要项目：当时的文字信息处理研究室主任汤帜，32岁，副教授；副主任李平立，28岁，博士。这两个年轻人不负众望，主持研制成功“采用面向对象技术”的“飞腾”日文排版软件，其特点是创造性地提出并实现了软插件体系，使系统很容易扩展和升级。

---

① 数字出版在线. http：//www.epuber.com/?tag=%E6%B1%A4%E5%B8%9C.

正是这一特点，使日本市场所需要的各种功能能够用软插件这一扩展技术方便地实现。

进军日本市场的决定也一度遭遇来自公司内部的不解和指责，一些人认为公司在开拓国际市场方面投资过大，却未见明显效益，存在“盲目性”。但是，王选坚信这是一个卧薪尝胆的过程，不但需要“准确判断、锲而不舍的长期奋斗精神”，更需要“雄心壮志和冒险精神”。2006年2月中旬，北京大学百年讲堂公祭王选期间，时任方正控股公司董事局主席的张旋龙曾经向记者这样回忆王选为尽快打入日本市场的一次“发怒”。当记者问：“在外界看来，王选一直是一个温和的好人，您见过他发怒的时候吗？”张旋龙回答说：“很少发怒，但他是一个藏不住喜怒的人。1998年，为了尽快打入日本市场，方正很想招聘一批开发日文的员工，但一直没有招到。他很不高兴，跑去质问为什么，人事部告知说，找一个人要花5万块钱，专门解决北京户口问题。他当时气得眼泪都快下来了，说我现在就拿钱出来给他们，那是我第一次看到他那么激动。”①

最终，王选顶住了来自各方的巨大压力，取得了成功。1997年，日本第二大杂志社日本株式会社利库路特（Recruit）公司花400万美元购买了方正日文出版系统——方正系统，与以前使用的美国系统相比，排版周期缩短了3天，生产效率一下提高近10倍，每年节约费用支出约10亿日元，被认为是日本同类系统中最先进的。方正日文出版系统正式出口日本，《北京日报》称“这是中国企业第一次较大规模地出口和销售拥有自己知识产权和自有产品品牌的高科技应用软件。”2001年，日本的著名财团软库（SoftBank）和三菱商事分别向日本方正投资1000万美元和300万美元，公司市值高达55亿日元，是当初方正集团投入资金的几十倍。日本方正现在是方正国际组织和业务架构中的重要基石。

其后不久，方正开发出了韩文排版系统，进入了韩国市场。2002年4月，方正隆重参加在英国伯明翰举办的四年一度的全球第二大印刷展览会IPEX2002。12000平方米的展览中心吸引了世界各地的印刷业知名厂商，在海德堡、爱克发、惠普、施乐等印刷业“巨头”云集的展厅里，一个高挂着巨大的红色中国结的展台格外引人注目——北大方正——这家从事RIP已有27年历史、堪称世界上

① 陈赛，尚进. 认识王选，是我的福气——专访方正集团方正控股主席张旋龙[M]//风范长存. 北京：北京大学出版社，2008：128-129.

从事RIP研究时间最长的企业，第一次亮相国际展台，正式进军欧美西文市场。国内外舆论纷纷作了醒目报道：人民网——《方正：要做全球印刷业大腕》、英国权威印刷媒体www.dotprint.com——China’s Founder Group starts longmarch（《中国的方正集团开始了长征》）。

4. 谋变求恒

一个好的科学家永不满足。进入20世纪90年代后，王选一直在思考一个问题，就是须开辟能够成为第二大支柱的新领域。方正在文字、彩色图形和图像处理领域积累了20多年的技术和经验，应该充分利用这些财富，进行活动图像处理技术的研究开发，启动数字媒体技术这个新方向。

1991年，王选给了自己的博士生一个课题，研制多媒体制作软件。几年后，一个名叫“奥思”的多媒体创作工具软件问世，推向市场后累计销售了40多万套，在国内同类软件中的知名度和市场占有率高居首位。1995年9月，李岚清副总理接见中央电视台有关领导，在谈到应向孩子们提供更多、更好的国产动画片时，他建议中央电视台可以和北大方正合作，研制中国自己的计算机动画制作系统，以提高制作质量和效率，降低成本。

几天后，王选得知这一消息，立刻意识到方正应该抓住这个非常难得的机会，建立和中央电视台的高起点合作，正式进入广电领域。它足以成为方正的第二大支柱。王选立即决定，组织力量与中央电视台合作，以研制计算机动画制作系统为契机，进军广电业。

1996年5月，方正与中央电视台签署合作协议，组织了由33岁的邹维副教授和31岁的郭宗明副教授为首的7人课题组，历时一年半，在1997年年底开发成功“点睛”动画制作软件。

在王选的构想中，“点睛”只是进入广电领域的敲门砖，不久的将来，电视传播将从模拟时代向数字时代转变，王选的真正目标是要进入这个庞大领域的最深处，研制出从节目的采、编、播，到电视台管理的全套计算机系统。

当时，香港亚洲电视台想跨过数字影像带，将音像资料直接存到计算机视频服务器的硬盘上，在上面编辑播出，这样电视台的人员可以减去一半，从而节省开支，减少亏损。王选一听，就像当年想到跨过第二、第三代照排系统，直接研制第四代激光照排时那样兴奋。越过数字影像带阶段，直接研制基于硬盘视频服务器的数字播控系统，同样是一个非凡的技术跨越。

这的确是一个与当年极其相似的跨越，它的意义不仅是一个香港电视台。1997年，我国80%以上的电视台仍然采用模拟影像带，技术和设备主要依靠从日本和欧美进口，不但产品本身价格昂贵，而且需要支付高额的材料消耗和维护费用；如果向数字带过渡，仍要进口国外产品。如果研制成功基于硬盘视频服务器的数字播控系统，其资金投入仅是数字影像带的一半，这是一个多么广阔而壮观的应用前景。

与香港亚视的合作很快确定下来，亚视还把一台视频服务器借给方正研究院用于开发，节省了研究院一笔可观的入门费用。王选把这个项目交给了博士后吴中海。吴中海与邹维、郭宗明通力合作，于1998年开发出了我国第一个基于硬盘的播控系统，在亚视投入使用。有了亚视的成功经验，这一系统后来又在湖南经济台和河南电视台得到应用，从而使方正在这一领域稳居领先地位。

第三章

王选的思维创新

以洞察力为核心的人类高级思维是人类之所以为人类的地方，虽然最先进的技术手段为人类自己研究自己的奥秘提供了很大的帮助，但取得的进展离人类想知道的还有很长很长的距离。比如，人类花了足够的力量去理解爱因斯坦的思维，可是关于爱因斯坦的思维我们究竟知道多少呢？当我们试图去描述王选的创新思维时，不敢奢望比盲人摸象更准确。因为，王选是真正的方正大师、真正的创新大师。

一、洞察力

2001年11月22日，64岁的王选郑重地总结了自己取得成就的原因和存在的不足之处。他写道：

“我能够取得科研成就的原因大概有以下几点：一是先要做个好人，才能成就事业。青少年时代注意培养良好的品德，懂得要为别人考虑，要以身作则。爱因斯坦说得好：‘只有为别人活着才是有价值的。’二是扎实的数学基础。三是30岁以前具备了计算机硬件和软件两方面的知识和具体实践，这在20世纪60年代是不多见的。四是长期在第一线拼命干活。五是60年代初20多岁时，开始锻炼英语听力（这在当时也是不多见的），从而能够在较短时间内大量阅读国外文献，这对选择正确的技术途径和作出正确决策是十分重要的。六是对所在领域的发展趋势有较好的洞察力，从而能够正确选题。七是选定目标后能锲而不舍地长期拼搏，同时适应飞速发展的软硬件条件，不断求变，不断创新，不断更新换代，做到执著而不僵化。八是自信而不自负，认识自己的不足，懂得要依靠团队，尤其是提拔优秀的年轻人。为他们创造条件，而不要不懂装懂地对他们横加干涉。

另外，我只是一个科学家，即使年轻20岁，也不可能成为企业家和CEO，因为我的基本素质与企业家差距甚远。我不懂经营，对财务一窍不通，也不擅长管理。中国的高新技术企业现在最需要的是优秀的CEO、企业家和企业领袖，其次才是技术专家。”①

此前的一年，2000年10月4日，王选被诊断为肺癌，确诊后的第三天，王选写下了遗嘱。所以，可以认为，王选的这个对自己取得成就的原因和存在不足之处的总结，是他对自己的评价。或曰：虽未盖棺，已有论定。

研究王选的创新方法，王选总结的取得成就的八条原因都值得深入学习。其中的第一条和第八条，讲的是为人和处世，是创新的人格基础；第二条、第三条和第五条，讲的是知识和能力准备，是创新的技能基础；第四条讲的是工作风格，是创新的实践性或实践精神，第七条，讲的是创新的持续性，持续创新是创新的本质，生命不息，创新不止；第六条讲的是创新思维，洞察力是王选创新的最大特点。

洞察力是一种透过现象看本质、通过表象看实质的特殊思维能力，在作趋势判断时，洞察力通常和远见连在一起。王选也经常把洞察力和远见一起使用，他在总结自己的创新经历时，多次提到洞察力和远见。他说，“我能取得今天的成绩，和在关键时刻能想得比别人早一点有很大的关系。我曾谈到过自己很多的不足，但也有一个优点，就是有一些远见和洞察力。有了远见，就不会受潮流的影响，不急功近利。”②

王选非常重视洞察力的作用。2002年9月，在纪念被西方学术界称为“结构程序设计之父”和“先知先觉”的荷兰计算机科学家戴克斯特拉逝世的文章《从Dijkstra谈帅才的洞察力》中，王选指出：“科学研究的帅才最重要的素质是洞察力（Vision和Insight），能够发现有前景的新领域或在新领域内发现和解决最关键的问题。”③在2004年9月，在中国民（私）营企业家协会主办的首届民营

---

① 王选. 我能取得成就的原因和不足之处[M]//王选文集（修订版）. 北京：北京大学出版社，2006：413-414.

② 夏欣. 王选：远见、洞察力与大学基础. 光明日报网站：http：//www.gmw.cn/01gmrb/2002-06/19/05-FE1C281A82871C3748256BDC0083C47F.htm.

③ 王选. 从Dijkstra谈帅才的洞察力[M]//王选文集（修订版）. 北京：北京大学出版社，2006：420.

企业高峰会的讲话中上，王选强调：“有远见卓识，对当前和未来的市场有一种敏锐的洞察力，这是企业家的重要素质”。“对未来市场的敏锐洞察力是企业家极端重要的素质[①]。”

王选在判断趋势时，有三种情况，一种是理想对照型，一种是选项批判型，还有一种是见微知著型。其中，理想对照型和选项批判型都有较明确的参照物，见微知著型则是一种高超的独立思维能力。这三种方式和年龄、阅历都有关系也有混合的情况。学习——内化阶段主要是理想对照的模式。在这个阶段，理想作为判据会发挥重要作用。在练习——确认阶段和挑战——自主阶段的挑战期间主要是选项批判模式。这个阶段，有明确的、有相当实力竞争者，对这样的竞争者的批判是描绘自己判断的一种主要方式。在挑战——自主阶段的自主期间和扩散——结晶阶段，主要是见微知著模式。

1．理想对照

王选的第一次重要选择，即在大学三年级选择计算数学专业时，预见计算机将在中国有大发展，实际上是对照理想型的远见和洞察力。这种情况下对趋势的判断，是一种根据现实情况和条件对理想的一种具象化。

王选是一个理想主义色彩浓厚的知识分子，在任何时候，他都没有放弃“做好人”的理想。他说，“一个好的科学家或企业家首先应该是一个好人，才能带领队伍。什么叫好人？季羡林先生曾说过，考虑别人比考虑自己更多就是好人。这一标准我觉得可以再降低一点：考虑别人与考虑自己一样多就是好人。”“我的座右铭是：‘多做好事，少做错事，不做坏事’。”[②]甚至在遗嘱中，王选也强烈表达了这种理想。“我们不愿浪费国家和医生们的财力物力和精力……我要带头推动‘安乐死’。在安乐死或正常脑死亡时，立即捐献我身上所有有用的东西，包括角膜，以挽救更多的生命。”[③]陈堃銶写的挽联“半生苦累，一生心

---

① 王选．企业家应该具备的七种素质[M]//王选文集（修订版）．北京：北京大学出版社，2006：358，359.

② 王选．王选语录．载王选纪念网站：http：//www.wangxuan.net/node/node_66.htm.

③ 王选．王选遗嘱[M]//风范长存．北京：北京大学出版社，2008：8.

安”，是对王选终生追求好人理想的最准确的评价。

在任何时候，王选都对自己的专业工作精益求精。王选86级研究生周永军怀念恩师时说，“编写微程序要用‘0’、‘1’来写，非常烦琐，很容易出错。王选老师是编微程序的高手，常常是头天的一个思想或算法，第二天早上就写出来了。王选老师写的微程序，十多页才会有一个小BUG（故障）。当时世界上写微程序最强的高手差错率是千分之二，王选老师可以达到千分之三。王选老师说，‘我的目标是超过他’。”①

在1961年患病之前，王选基本上是一帆风顺，虽然1956年起入党一事被无限期拖延下来、1958年父亲被打成右派给家庭罩上了阴影，但总的来说，那次大病前王选没有遭遇大的挫折，少年时养成的乐观、向上的精神风貌得以保持，理想仍然是前进的动力和选择时的依据。1956年大学之所以选择计算数学，靠的就是理想，因为让王选最终下定决心的是国家的“十二年科学发展远景规划”。王选看到规划把原子能、自动控制和计算技术列为“未来重点发展学科”，计算技术是我国迫切需要的重点技术。王选从中看到了祖国的需要，觉得一个人如果把自己的工作和国家的前途命运联系在一起，很有可能创造出更大的价值。

这个选择无疑是正确的，它铺下了王选在计算机领域作出骄人贡献的第一块基石。在选择过程中表现出看国际动态、看国家需求的决策模式，在后来的一系列的选择中反复出现，只是加入了一些更直接的参数。就像“做好人”的理想、“做好事”的理想伴其终生一样，理想对照型的洞察力，也一直伴随着王选，成为诸多王选洞察力模式的本底。

对外经贸大学教授沈四宝在回忆王选的文章中写道，王选“不仅是聪明之士，更是智慧之大师。因为，他不仅能有效地用其知识、经验和能力，把各个阶段的事情做好；更重要的是，他能用上述资源，预知未来，预测未来可能发生乃至必然发生的事情……记得我和王选教授互为邻居之际，恰恰在1974年至1998年之间，中国正处在‘文化大革命’后期及改革开放前夕，整个国家正处于十字街口，在知识界正涌动着各种思潮，几位伟人的逝世激起巨大的社会震动，给大家提出了如下几个尖锐问题：中国应该走什么样道路？社会向何处去？知识分子还有没有作用？专业要不要？这是一切知识分子，包括我这种刚刚从北京大学毕

① 李彦奎. 点点滴滴忆恩师 绵绵思念无绝期[M]//风范长存. 北京：北京大学出版社，2008：181.

业的大学生，都忧心如焚的大事。偶尔和他说起这些事，他总是坚定地认为，中国一定能找到富强的道路，中国一定会好起来的。”①

对祖国的前途充满信心，是王选洞察力的根本。王选在遗嘱中写道：“我对国家的前途充满信心，21世纪中叶中国必将成为世界强国。我能在有生之年为此作了一点贡献，已死而无憾了。”②

王选在作出他“一生中最重要的选择”，从硬件转向软件、又不放弃硬件、走软硬结合的道路时，依据的也是和理想的对照。在“红旗机”之后，王选陷入创新焦虑状态：学了那么多知识、做了那么多设计，却不知道自己的位置在哪里？他在回忆文章中写道：“当时美国的计算机很发达，已形成产业；而英国在20世纪50年代也有不少创新成果，例如变址、闭子程序、微程序和虚拟存储器。今天美国年轻的计算机工作者很少有人知道现在无处不在的上述技术均是英国人的发明。1956年开始设计的IBM Stretch（号称每秒百万次）和1958年开始设计的英国曼彻斯特大学的Atlas计算机对我的触动最大。设计时他们作了大量应用的调查，而Stretch的多道程序运行和切换是靠软件来实现的，而以前我只知道笨重的硬件切换方法。我在阅读文章的同时很关注作者的知识背景，以便分析他们作出创新的原因。大量阅读文献使我下决心一定要同时具备软件和硬件两方面的第一线实践经验，我相信通过跨领域的研究，一定能找到创造的源泉，这是我1961年作出的一生中最重要的一次抉择，这也是后来我负责研制激光照排系统能够成功的重要原因。”③

一个接一个的研制任务，表明祖国对计算机的需要越来越旺盛；大量的接触国外文献，让王选看清了计算机的最新动态。王选的理想仍在闪光，但1958年大学毕业留在无线电系后，他就不再是学生而是教师了。他必须要在科研上找到自己的位置，必须要画出自己的科研前进路线图，以便尽快走到科研前沿。王选在对照理想的洞察力中，加入了“自己该怎么办”的参量，使得在未来图景中能够看到自己的身影。这样的远见更和自己相关，更能引导和督促年轻人努力前行。对一个还处于练习——确认阶段的创新起步者来说，这样的洞察力是能为自己带

① 沈四宝. 记与王选教授同住北大佟府乙8号的日子[M]//风范长存. 北京：北京大学出版社，2008.

② 王选. 王选遗嘱[M]//风范长存. 北京：北京大学出版社，2008：8.

③ 王选. 阅读文献的习惯使我终生受益[M]//王选文集（修订版）. 北京：北京大学出版社，2006：172.

来切实利益的。

2. 选项批判

在挑战——自主阶段的大部分时间里，王选是通过对他人选项的批判来表达自己对所关心领域的趋势判断的。

听说“748工程”后，王选从计算机科学家的角度对“748工程”的三个子项目进行了评价，以便从中找到自己的切入点。王选大学毕业之后，一直坚持阅读英文原文文献，对世界上最新的计算机动态非常了解。西方发达国家计算机应用领域的改变给他留下了深刻印象，对他的思考判断产生了重要影响。

虽然美国最初的计算机是为军事目的开发的，军方也一直是计算机研究开发项目的主要资助者和研发成果的应用者，但这并没有排斥或挤出非政府军事部门和民间对计算机研发的投入，以及计算机研发成果在政府非军事部门和民间的创造性应用。美国的创新强项在于其多元化的投入和应用主体，民间一直是美国创新的生力军。

对计算机发明作出重大贡献的莫奇利和埃克特1947年离开宾夕法尼亚大学，在费城创立了埃克特与莫奇利计算机公司（英文缩写为EMCC/Eckert-Mauchly ComputerCompany），这也是世界上第一个以制造电脑为主业的公司。1950年公司被雷明顿·兰德公司（Remington Rand公司）收购。莫奇利和埃克特一直留在公司，1949年8月完成了与诺斯罗航空公司（Northrop Aircraft Co. ）的合同任务，成功研制出美国空军订购的利用天体导航技术制导远程导弹的小型计算机，名为BINAC（Binary Automatic Computer）。机器名称中的“Binary”不但指机器采用二进制，还指它按要求采用了两个CPU。

莫奇利和埃克特1951年向联邦人口统计局提交的UNIVAC（Universal Automatic Computer）奠定了计算机的社会地位。1952年，UNIVAC被用于预测当年美国总统选举结果。当时，民主党总统候选人史蒂文森（Adlai Stevenson）呼声很高，被舆论一致看好；但UNIVAC却预测共和党总统候选人艾森豪威尔（Dwight Eisenhower，1890—1969）将以438张选票当选。几乎没有一个人相信这台计算机的预测。而当选举结果公布，艾森豪威尔以442张选票击败了史蒂文森时，世人领略到了计算机的巨大威力。

UNIVAC由此成为世界上最早的非军事用和非科学计算用的商用计算机，共生产了46台。第一台UNIVAC在使用了73000小时后于1963年10月退役，最后一台UNIVAC则一直运行到1969年才退役，标志着第一代计算机的结束。因为“UNIVAC”计算机是在1951年6月14日正式移交给美国人口统计局使用的，更由于次年它在“总统选举预测”中的惊人表现，1951年6月14日载入了计算机技术发展史册：“1951年6月14日，标志着人类社会进入了计算机时代”。计算机从那时起开始直接服务于大众事业，电子计算机的应用和发展也从这时起进入了一个全新的时代。

王选从莫奇利和埃科特的经历得到跨学科研究最容易产生成果的启发，莫奇利和埃科特后来研究的计算机对计算机商业用途的开山作用也不可能不引起王选的兴趣。

计算机应用领域的新拓展也刺激了计算机研发的进步，从1954年到1964年的10年时间，计算机研究、制造商大量应用了晶体管，极大地提高了计算机各方面的技术指标，标志着计算机全面进入第二代。1964年问世的IBM 360大型机是计算机发展史上的一个重要里程碑。它是第一个可涵盖全范围应用软件的计算机，大大小小的软件，从商业到科学，都可以进行安装应用，高端的System/360大型机曾在NASA的阿波罗登月计划以及空中交通控制系统中得到应用。1969年，还出现了对人类生存和发展方式产生巨大影响的互联网技术APRANET。这是美国国防部出于军事目的搭建的实验性网络架构，也是人类迈向网络时代的第一个脚印。进入20世纪70年代，小型机逐渐受到市场的青睐，其体积小、性能丰富、便于移动和置放，更方便商业用户。但是，很快又出现了比小型机更方便的微型机。微型机的基础是集成电路集成度的提高。1965年英特尔公司的创始人之一戈登·摩尔（Gordon Moore）发表了一篇题为《让集成电路填满更多元件》（Cramming more components onto integrated circuits）的文章，对未来半导体元件工业的发展趋势作出了预测，指出：单块硅芯片上所集成的晶体管数目大约每年（1975年，摩尔将周期修正为“每两年”）增加一倍。这一预言后来成为广为人知的“摩尔定律”，也被誉为“定义个人电脑和互联网科技发展轨迹的金律”。摩尔定律在过去数十年里展现出了惊人的准确性：不只是微处理器，还包括内存、硬盘、图形加速卡——PC的主要功能元件几乎都是遵循着摩尔定律所“设计”的路线而不断“进化”和演变。实际上，英特尔就是摩尔定律的一个鲜活事例：1971年，英特尔研制出世界上第一块4位字长微处理器4004，并在1974年再度推出处理速度比4004快20倍的8080；同一年，MITS公司以8080设计出全球第一台微型电子计算机“牛郎星”，预示着微机时代的到来。

在1973年之前，我国的计算机研究和应用都是在国防、科研和大型工程服务上面。这和我国1949年新中国成立以来国内实行的计划体制以及国际上的冷战格局有直接的关系。对王选选择计算数学专业产生重要影响的1956发布的《1956—1967年科学技术发展远景规划》，把计算技术列为发展重点。我国从1957年开始研制通用数字电子计算机，1958年8月1日该机可以表演短程序运行，标志着我国第一台电子计算机诞生。为纪念这个日子，该机定名为八一型数字电子计算机。把第一台数字电子计算机命名为“八一”机，很容易让人把我国的计算机和军事行为联想在一起，因为一提到“八一”，中国人最先想到的通常是“八一建军节”。实际上也是这样，我国早期计算机的代表性机器104机和119机，分别在原子弹和氢弹的研制中发挥了作用。

到20世纪70年代初，我国计算机事业，虽然取得了不少科研成果，但由于都是为特定工程服务的，不能满足多方面需求。由于不是通用产品系列，不能形成批量生产。为此，四机部于1973年1月15日在北京召开“电子计算机首次专业会议”（以下简称7301会议），会议回顾了我国计算机的发展过程，总结了我国计算机的研制、生产和应用方面的经验与教训。参照国际计算机的发展趋势，会议决定放弃单纯追求提高运算速度的技术政策，确立了面向用户，面向生产，科研与生产结合，发展系列机的方针。7301会议作出六点决议：一是大中小结合，以中小为主，着力普及和应用；二是发展系列机，实现一机多用，多机通用，各型联用；三是加强外部设备发展，妥善解决主机和辅机的关系；四是加强软件发展，加强服务工作，推动计算机的推广应用；五是积极采用集成电路，加速产品的更新换代；六是相应发展模拟机。7301会议调整了我国计算机工业发展的方向，应用和软件得到了重视。1973年5月，四机部在清华大学召开了100系列机方案论证会，经过分析对比，决定走与国际小型系列机兼容的道路，进行自主设计。为了保证软件向上兼容，要严格做到指令系统、字符编码、中断系统、通道和高级语言的统一。1974年8月DSJ130机通过鉴定，宣告系列化计算机产品研制成功，该产品生产近千台，标志着中国计算机工业走上系列化批量生产的道路。1973年还启动了200系列机的联合设计，由华北计算所、北京有线电厂和北京大学等15个单位承担。200系列机的总体方案强调了软件在系列机设计中的重要性，要求相应于220、240和260三档机器设计的三档操作系统，具有向上的兼容性，保证用户界面的一致。200系列机操作系统的研制是我国软件从科研走向产品的转折点。200系列机工程中还落实了集成电路和外部设备的配套工作。由于将五位代码改为国际标准八位代码，并开发了磁盘操作系统，推动了外部设备的发展，使计算机的性能大大地提高，并创造了与国际兼容的条件。

“748工程”是在7301会议制订的计算机产业政策背景下提出的，是一个推动我国计算机向更广泛的应用领域拓展的国家项目。不过，在我国的社会、商业领域应用计算机，碰到的第一个问题就是汉字如何表示。

王选对这个问题当然有清醒的认识，1972年，他曾经对汉字输入计算机的方法产生过浓厚兴趣，反复研究汉字偏旁结构和字根的规律，写过《用小键盘输入汉字的办法》的论文。“748工程”的精密汉字照排系统，听起来像是一个印刷领域的课题，是如何用计算机在纸媒上表现汉字信息的问题，实质上是汉字信息处理的核心内容。“748工程”的正式名称是“汉字信息处理系统工程”，汉字精密照排系统是其中心。因为新华社是“748工程”的发起单位之一，有照排字样更能显示为新华社服务、帮新华社解决困难的立项目的。精密主要用来表示更好的意思，至于用什么样的技术路线达到“更好”，大家都不清楚。这就有了王选的第一个精密汉字照排方案的标题是“全电子照排系统”的这样有些含糊的表述的情况。

北京大学当时和全国一样，计算机科研主要集中在新机型的设计和科学计算领域的应用上，在其他领域的应用刚刚起步。王选直接进入汉字精密照排研究，只能是自选项目的形式。而且，即便王选当时是国内最好的计算机专家，对照排方面所知也十分有限，所以他必须查阅资料。好在王选早就养成了直接阅读外文资料的习惯，也具备了快速阅读外文资料的能力，只要能找到相关的资料，王选就能迅速在认识上走到前面。

当时国内有五家单位在进行汉字精密照排技术研发，第一家是由上海印刷技术研究所、华东计算所（电子工业部32所）、上海硅酸盐研究所等十几个单位组成的攻关团队，是全国实力最雄厚、摊子最大的一家。第二家是上海中华印刷厂和复旦大学共同研制的圆筒式二代机。第三家是北京新华印刷厂、清华大学计算机系、精密仪器系和中国科学院长春精密光学机械研究所联合研制的平板式二代机。第四家是中国科学院自动化研究所自1972年开始搞的全电子式第三代西文照排机。字形存储采用飞点扫描的方式。第五家是云南大学与云南出版局共同研制的三代机。

王选是计算机专家，对计算机的特点了如指掌，对计算机改造传统产业的威力也有了解。在他看来，上述五家单位的技术路线还都是在精密机械、光学领域转圈子，都没有充分理解计算机在其中可能发挥的作用，而且都存在我国制造技术上难以逾越的严重障碍。这五家单位，其中两家在搞光机式二代机的开发，三家在搞阴极射线管的三代机，存储汉字仍采用飞点扫描、全息存储和字模管方式。例如二代机，要把字模刻在有机玻璃圆筒上，再让圆筒高速旋转，用机械方式选出所需的汉字，而且要把选出的汉字对准很小的窗口，再用氙灯发出的强光曝光。王选认为，这一系列的精密机械动作使研制和生产都很困难，可靠性不高，速度较慢，不能适应复杂版面的要求，尤其不能实现图文合一的输出。因此，二代机没有发展前途。事实也确实如此。在王选作出自己评价之后不久，20世纪70年代后期，二代机就停产，退出了历史舞台。国内开始研制的三代机，虽然机械动作比二代机少，输出速度也比二代机快，但对感光底片要求极高，而且采用飞点扫描和模拟存储方式很难满足汉字字数多、字形复杂的要求。

王选研究了国外三代机的技术发展趋势，当时德国赫尔（Hell）公司在20世纪70年代推出了Digiset数字式存储和数字式输出的三代照排机，实现高速输出和文图合一出版。王选认为，这是汉字信息处理的方向，即把每个字形变成一连串二进位信息存储在计算机内，也就是要使汉字代码化，用汉字代码进行信息处理，然后把处理结果还原成汉字。1975年5月，王选提交给北京大学的“全电子照排系统”的方案，核心是汉字的压缩存储和还原输出。这是在评价其他选项的基础上给出的方案。这个方案直接抓住了汉字精密照排项目要解决的问题的本质和核心，是建立在通过软件和数学方法来解决硬件和机械、光学设备无法解决的问题的创新思维上的解决策略。

王选的选项批判思维在1984年第二次进口高峰时又有一次突出表现，这一次主要针对的是崇洋媚外心理。

王选的团队在1979年受到人员出国潮的冲击。当时的思潮是，无论从哪一方面说都要出国，出国进修、学习比在国内干强。王选团队中有几位骨干离队出国，对研究进度造成了一定影响。1984年II型机的研发、中试受到设备进口潮的冲击，一些人在突然潮水般涌入我国的国外先进的技术设备面前失去判断力和自信心，主张放弃自主研发，全面引进外国设备。

1981年，旅美作家韩素音和翻译家董乐山分别向《读书》编辑部的朋友介绍1980年出版的美国未来学家托夫勒的著作《第三次浪潮》。不久，书摘在《读书》连载；约翰·奈斯比特的《大趋势——改变我们生活的十个新方向》也被介绍进来；新华社记者陆亨俊去美国采访写回一组关于信息革命的报告。所有这些也进入了中国领导人的视野。

1983年10月9日，当时的国务院领导在中南海召开座谈会，发表长篇讲话《应当注意研究世界新的技术革命和我们的对策》，谈及奈斯比特的《大趋势》：从工业社会转向信息社会；从集中转向分散；从国家经济转向世界经济；谈及托夫勒所言：人类在经历了农业革命、工业革命两次浪潮后，依靠全新技术、开发全新材料的第三次浪潮即将到来；谈及美国经济学家罗斯托不久前访问上海时说的“发展中国家可以跳过某些传统工业的发展阶段，直接采用新技术革命的成果。”国务院领导人说，这既是一个机会，也是一个挑战。我们不能亦步亦趋，一切照人家走过的路从头走起。在一些领域，有可能跳过某些传统工业发展阶段，采用先进的科技成果。

以这次会议为开端，我国开展了“新技术革命与我国对策”的大讨论。讨论形成的主流观点是，靠从基础产业、传统产业向技术密集型、知识密集型产业逐步发展的战略，永远赶不上发达国家。为了摘掉落后国家的帽子，需要有面对现实的勇气，应当克服困难，首先紧紧抓住技术密集型和知识密集型产业。这些权威人士发言的直接影响是，减轻了对技术引进的压力。1984年上海宝山钢铁厂一期工程再次引进了国外闲置的技术设备，从联邦德国的德马克公司引进了热轧钢机、从日本日立制作所引进了连铸机。从1984年起，中国设备和技术的引进合同再次猛增，从行业看，1984—1987年发电设备占首位，电子和电气机械占第二位。家电产品及生产线的引进急剧增加，另外还在新技术革命的名义下，大量进口了微型计算机和电子元器件。

在中央政府的政策缺乏稳定性和配套性的情况下，地方政府和经济组织从经济管理体制分权化中获得的进口权成为扰乱技术引进的因素。如1981—1985年的第六个五年计划期间，中央政府批准的技术引进项目共3900项，计36亿美元；而地方政府和其他部门批准的技术引进达1.1万项，计70亿美元之多。技术引进政策及其实施不能统一，当然也就很难制定出国产化的、长期而又配套的产业技术政策。

王选Ⅱ型机研制最关键的1984年与1985年也是我国改革开放进入高潮的两年，在1978年开始的农村改革成果得到巩固后，进入了城市改革。1984年10月《中共中央关于经济体制改革的决定》发布、实施，提出“必须按照马克思主义基本原理同中国实际结合起来，建设有中国特色的社会主义的总要求，进一步贯彻执行对内搞活经济、对外实行开放的方针，加快以城市为重点的整个经济体制改革的步伐，以利于更好地开创社会主义现代化建设的新局面。”1985年3月，《中共中央关于科技体制改革的决定》发布、实施，指出“当前科学技术体制改革的主要内容是：在运行机制方面，要改革拨款制度，开拓技术市场，克服单纯依靠行政手段管理科学技术工作，国家包得过多、统得过死的弊病；在对国家重点项目实行计划管理的同时，运用经济杠杆和市场调节，使科学技术机构具有自我发展的能力和自动为经济建设服务的活力。在组织结构方面，要改变过多的研究机构与企业相分离，研究、设计、教育、生产脱节，军民分割、部门分割、地区分割的状况；大力加强企业的技术吸收与开发能力和技术成果转化为生产能力的中间环节，促进研究机构、设计机构、高等学校、企业之间的协作和联合，并使各方面的科学技术力量形成合理的纵深配置。在人事制度方面，要克服‘左’的影响，扭转对科学技术人员限制过多、人才不能合理流动、智力劳动得不到应有尊重的局面，造成人才辈出、人尽其才的良好环境。”在执行层面，全面推行价格双轨制、合同承包制，包括科研单位在内的很多单位逐渐成立独立的利益主体，开始越来越强烈地主张自己的利益诉求。

在这样的背景下，中央也不大可能去干预地方和各部门的引进，外国企业纷纷趁势而来。1984年4月，蒙纳公司与另一家企业合作在京展示了整页拼版设备，采用分辨率很高的大屏幕显示，已有中文处理功能，尽管软件功能差，但相当吸引人。写研、森泽等日本公司都来京展示产品，有的还热情招待潜在的中国用户去日本考察。一些有钱的报社和印刷厂目光指向了外国产品，1985年与1986两年六家大报社购买了五种不同牌子的美、英、日生产的照排系统（后来均被国产系统取代），几十家出版社、印刷厂购买了蒙纳系统和若干台日本第三代照排机。也有些人看到了外国产品将要带来的冲击和即将出现的第二次引进高潮，因而对“748工程”信心不足。个别后来参加协作的单位，担心“748工程”是个泥潭，不愿再沾边，提出希望撤走协作人员。还有人说：“1984年10月是‘748工程’垮台之日。”意思是1984年10月份的印刷技术展览会一开幕，外国产品一展览，“748工程”就活不下去了。个别单位的领导提出：“要我们参加，必须对总体方案有决定权，在磁盘容量很大的今天，应放弃北京大学的轮廓加参数的字形描述方案，而应该用磁盘直接存储点阵，这样实现才简单。”在人民日报社召开的讨论人民日报社是否要引进国外照排设备的专家座谈会上，绝大多数人赞成引进，有的说：“北京大学设计的系统即使搞出来也是落后的。”①这一年“五一”前夕王选被评为北京市劳动模范，入夏又从副教授晋升教授，他的科研精神和成果得到了政府和学校的承认，却不被用户采纳，这让王选感到苦涩不堪。②在1984年年底印刷技术装备协调小组和电子部主持的一次讨论会上，当着各协作单位的面，王选明确表示：“如果1985年上半年Ⅱ型机不能达到实际使用的目的，印刷专项的经费北大全部退回，一分钱也不要”。

王选对“停止自主研发、进口国外设备”的选项的批评，既有出于汉字信息处理要由中国人自己完成的民族自尊心，也有出于对自己技术的自信心，更有非做成不可的决心。在回答“研究汉字激光照排过程最大苦恼是什么”的问题时，王选的回答是“有些人不相信中国人能解决汉字信息处理难题”。其实，王选也非常理解那些怀疑自己技术方案的人，他说：“当时断定我们1984年要垮台或者不愿意与这一项目沾边的同志，都是本单位的重要骨干，是一些很有能力的计算机专家，有的后来继续在计算机领域内作出贡献。他们当时就预见到了在计算机和电子领域内外国货即将对中国产品带来的巨大冲击，后来的事实也证明确实如此。他们唯一的错误在于低估了我们方案的技术优势和北大不竭的创造潜力，也低估了‘748工程’一批骨干锲而不舍的奋斗精神。”

---

① 王选. 第二次引进高潮和II型机的国家级鉴定[M]//王选文集（修订版）. 北京：北京大学出版社，2006：81.

② 从中笑. 王选的世界[M]. 上海：上海科学技术出版社，2002：157.

3．见微知著

随着经验的积累、见识的丰富，王选对计算机排版、印刷领域未来的洞察，达到了见微知著的境界。这是洞察力的最高境界。王选达到了这个境界差不多是在Ⅳ型机问世前后。本书第二章“随心所欲不逾距”中所讨论的三个例子，都反映了王选的这个境界。此处再举一个例子，就是方正制版系统。

传统的制版方法是用紫外线照射经过激光照排机感光的底片，把底片上的图像转到PS版上。这是一个模拟过程，必然会造成图像质量方面的一些损失。计算机直接制版（ComputerToPlate，CTP）系统，则是采用数字化工作流程，把版面的文字和图像信息直接输出到版材上，版材经自动处理后，可以直接上胶印机印刷，从而免除了输出底片、人工晒PS版等一整套工序，不但能提高印刷质量，而且可以大大提高生产率，降低成本。

早在1976年，那是王选决定研究照排系统的第二年，一个偶然的机会，他看到了一则报道：美国EOCOM公司研制成功了激光直接制版机，被《洛杉矶时报》采用，作为版面远程传版的接收设备。王选断定，激光直接制版机一旦与计算机连接，将是一项重大突破。但是，对于20世纪70年代的中国，这只能是一个梦，因为铅字还未被计算机代替，计算机直接制版用的版材价格还很昂贵。

1990年，王选认为条件成熟了，组织人员开始了开发工作。1999年，方正直接制版系统研制成功，在羊城晚报社正式投入生产性使用。这一系统以Optronic公司的直接制版机Aurora作为配套输出设备，在方正纯软件RIP驱动下，输出速度达到每版1.5分钟（1000DPI）和每版6分钟（4000DPI）。这意味着“告别软片”的技术革新已经开始。

古语云：“一叶落而知秋”，世间万物各有其运行规律。大师们能够通过些微变化看到事物的本质、直觉到即将到来的改变。王选是创新大师，对计算机行业的发展看得清、抓得准，见微知著、所向披靡。

二、二元辩证

王选的思维，大量利用了二元辩证。二元辩证是辩证思维的基础，也是辩证思维的核心。

1．价值与难度

价值、贡献一直是王选创新追求的目标，难度在王选价值判断中发挥了重要的作用。他说："汉字精密照排的难度是显而易见的，正是它的难度和价值吸引了我。"[①]王选定位自己"是一位有市场眼光的科学家"，所以说，王选的本色是一位科学家而不是一位企业家，他要把难度作为选题的一个重要标准，因为科学界更倾向于高度评价有学术难度的创新成果。

当然，王选首先着眼的是价值。他在《科研选题和制定目标时要注意的几个问题》中指出："科研选题首先要考虑项目的前景，即未来的价值"。[②]作为一位有强烈入世精神的科学家，王选所提倡的价值是基于有难度的技术突破所产生的社会贡献，"一场技术革命必然带来一个大市场……复印机技术给办公和事务处理带来很大方便，复印机发展成一大产业；而激光照排将引起的深刻变化，必然会吸引一大批用户。"[③]王选也非常清楚技术难度和社会贡献的时效性，即不能脱离所处的时代条件和技术领域抽象地谈论社会价值。他说："我甚至认为，立足于国内干事业的计算机科学家趋于成熟的标志之一，在于能否比较准确地判断：哪些项目在中国是应该搞和可以搞的，是有前途的；哪些项目是不宜搞的，是没有前途的。"[④]"在选题和确定技术途径时要注意中国国情：要仔细研究哪些事情应该做而且可能做，哪些事在中国是不应该做或不能做的。这方面我曾经有过教训。60年代中后期在软、硬件两方面实践的基础上，我曾构思了一种新的计算机，根据对300多个ALGOL和FORTRAN源程序的粗略估计，这一新设计与当时流行的IBM360、IBM370相比，目的程序的长度约为1∶2，性能有不少改善。这些优点使我陷入'自

① 王选. 艰难的起步[M]//王选文集（修订版）. 北京：北京大学出版社，2006：25.

② 王选. 科研选题和制定目标时要注意的几个问题[M]//王选文集（修订版）. 北京：北京大学出版社，2006：142.

③ 王选. 科研选题和制定目标时要注意的几个问题[M]//王选文集（修订版）. 北京：北京大学出版社，2006：143.

④ 王选. 科研选题和制定目标时要注意的几个问题[M]//王选文集（修订版）. 北京：北京大学出版社，2006：144.

我欣赏'而继续研究，直到1974年。当时在中国从事这一方向的研究是错误的，因为我国当时和现在都没有实力使一种与国外完全不兼容的计算机能在世界市场上占有一席之地，这种所谓创新的计算机不能运行国外已积累的系统软件和很大一部分应用软件，因而那一点点'创新'所带来的好处远远抵不上'不兼容'所带来的严重后果。1977年有人好心地要组织人马实现我的所谓'创造'，当时我已经觉悟了，知道真要这样做，将是劳民伤财而毫无结果。欣赏和坚持局部的创新，而忽略了整体上违背主流的大方向，有时会产生灾难性后果。"①

王选更清楚自己所选择的不但是一个可以创造出汉字信息处理大市场的项目，还是一个颠覆传统印刷行业的项目，有明确的应用指向性。这个项目的难度，体现在其高度复合性，包含着技术、资金、协调、合作方、试验用户等多方面因素，而且会随着项目的进展，影响项目难度的主要因素也会发生变化。王选在克服一个又一个、一类又一类的难题中，实现了价值，也体会到了价值实现的快乐。他说："好奇心、研究中难题和挑战带来的吸引力、取得突破后对科学或工业可能产生的深远影响，是科学研究的真正动力。只有这种动力才能使人痴迷、执著、甘愿放弃常人能享受的乐趣，充满激情地持续奋斗十几年。"②"一个人得到荣誉和桂冠，是一种幸福一种乐趣，而更大乐趣在于克服工作本身的困难：百思不得其解，凌晨或半夜忽然想出解决办法来，这种兴奋愉快是难以形容的。我从1987年到1992年，每到一处首先就看街上的报纸，看哪个报还是铅排，哪个报已采用我们的激光照排系统。我还可以看出是哪一个版本的，是老的版本还是新的版本。有时我看一种报，其实一个字都没看进去，全是在看字怎么样、版面怎么样，看到用自己研制的成果排出如此漂亮的版面，真是一种高度的享受。"③

这是一种克服困难、创造价值的创新者的共同感受。雅虎公司的创始人杨致远说，最让人感觉好的是你每天都在改变着世界。你每天早晨起来问自己："我起来干什么？"然后你就觉得如果不去工作的话，雅虎就有可能出问题。我们当年建立

① 王选. 给年轻人提供良好的环境和提倡团队精神[M]//王选文集（修订版）. 北京：北京大学出版社，2006：377.

② 王选. 试谈科研成功的要素[M]//王选文集（修订版）. 北京：北京大学出版社，2006：199.

③ 王选. 从事计算机研究的一些体会[M]//王选文集. 北京：北京大学出版社，2008：159.

的这个小小的网站现在每天都有数百万人在用，每当我们看到这种情形时，我们就会说一声“哇！”甚至打个寒战，这真是一种非常奇妙的感觉。正是这样一种发自内心的冲动，在一次次地激励着硅谷的青年创业者在技术创新潮流中奋勇向前。

英国生物学家华莱士曾经写道，只有一个博物学家才能理解我最终捕获它（新的一种蝴蝶）时体验到的强烈兴奋感情。我的心狂跳不止，热血冲到头部，有一种要晕厥的感觉，甚至像担心马上要死的时候产生的那种感觉。那天我头痛了一整天，一件大多数人看来不足为怪的事竟使我兴奋到了极点。

生物学家巴斯德对这种强烈的情感也有同样的感受，他说，当你终于明白了某件事时，你所感到的快乐是人类所能感到的一种最大的快乐。贝尔纳因此评论说：做出新发现时感到的快乐，肯定是人类心灵所能感受的最鲜明而真实的感情。

诺贝尔生理学医学奖得主穆拉德教授，曾与两个同事发现无色无味的一氧化氮气体具有新的生物学性质，即它能向血管传递信号，使之放松扩张从而降低血压。这一发现使他们赢得了1998年的诺贝尔生理学医学奖。在谈到为何把科学研究作为他的毕生追求时，他讲了两点理由：一是因为他在读书时就迷上了科学，二是因为回答科学问题是件激动人心的事情。他说：如果你能解决一个从来没有人能解答的问题，那是无与伦比的幸福。我喜欢作为第一发现者的美妙感觉。

2002年，一位青年学子问诺贝尔奖获得者丁肇中教授：你获得了巨大的成功，而我的许多老师却没有那么幸运，屡屡失败，你能不能给我一些鼓励？丁教授鼓励这位年轻人说：在科学领域，尤其在自然科学领域，只有第一名，没有第二名，最重要的是不为名，不为利，做你自己认为最重要的事情。他说，科学研究是一种令人激动的事业，我可以两天两夜，甚至三天三夜待在实验室里，守在仪器旁，我热切地希望发现我所要探索的东西。因为我有兴趣。

爱因斯坦谈到自己的科学创造体验时说，“在黑暗中焦急探索的年代里，怀着热烈的期望，时而充满自信，时而筋疲力竭，而后终于看到光明——所有这些，只有亲身经历过的人才能体会。”他说，“像我这种类型的人，其发展的转折点在于，自己的主要兴趣逐渐远远地摆脱短暂的和仅仅作为个人的方面，而转向力求从思想上去掌握。我自己只求满足于生命永恒的奥秘，满足于觉察现存世界的神奇的结构，窥见她的一鳞半爪，并且以诚挚的努力去领悟在自然界中显示出来的那个理性的一部分，即使只是其极小的一部分，我也心满意足了。”他在晚年回忆说，当年的研究永远处于紧张和亢奋状态，常常忍受着孤独和误解，从哲学和音乐中寻找慰藉，在大自然中获得超脱。

科学哲学家贝弗里奇（Wib Beveridge）曾经总结说，科学最大的报酬是新发现带来的激动。正如许多科学家所证明的，这是人生的最大乐趣之一。它产生一种巨大的情感上的鼓舞和极大的幸福与满足。不仅对新事实的发现，而且对一个普遍规律的突然领悟都能造成同样狂喜的情感。

创造力潜能的发挥可以给你带来自我展现的满足感，可以提升你沟通自我与环境的能力、对不利因素的预见能力，使你具备贡献社会的能力，拥有充满光明和希望的前程以及体会做事的愉快心情。新发现和新发明常常给人以激励，使过去所遇挫折和失败造成的沮丧失望即刻荡涤一尽，从而使科学家和发明家以百倍的勇气和信心去实现更大的创造发明计划。

2. 需要与不足

“需要与不足”可以理解为王选对“价值与难度”的另一种表述。是汉字信息化的需求、是中华民族进入信息时代的需要，蕴含了汉字精密照排的巨大价值；是技术等多方面的储备不足、准备不够，使王选认识到实现目标的难度。和“价值与难度”相比，“需要与不足”更具体、更直接、更具有行动指导意义。

仔细研读王选的重大选择和创新实践，不难发现王选对“需要”和“不足”的深刻把握。“需要”是指人类生存和发展中不能少，同时又没有得到满足的感受状态，体现在自我实现的“需要”、国家和社会发展的“需要”以及市场的“需要”，“不足”则反映在认识到自身的“不足”，认识到已有技术的“不足”。恩格斯有这样一句名言，社会一旦有技术上的需要，则这种需要就会比十所大学更能把科学推向前进。

正是因为洞察到国家发展计算技术的“需要”和计算数学这个新兴学科的“不足”，王选毅然选择了计算数学这个冷门专业。同时，王选深知，计算机本身就是数学和电子学结合的产物，尽管自己有扎实的数学基础，但在电子学方面的知识还是比较匮乏的，而且，1958年中国科学院计算技术研究所设计完成一台每秒6万次的大型电子计算机，清华大学设计了一台每秒一万次的中型电子计算机，北京大学也决定研制一台每秒达一万次定点运算的中型计算机，担任这项任务的主力当然是负责研究电子计算机和微电子技术的无线电系，所以1958年数学系毕业的王选，留在无线电系担任助教，开始硬件第一线上跌打滚爬，积累了丰富的电子管计算机逻辑设计、整机调试以及电路设计知识和经验，为后来汉字激光照排系统的研制成功奠定了坚实的基础。

1997年王选撰文总结了在ALGOL 60编译系统和汉字激光照排系统两次创造高峰的经验，提出“‘需要’和已有技术的‘不足’是创造的源泉”。对需要和不足地深刻剖析让王选受到了异乎寻常的需求刺激。他在回忆文章中写道：“第一次是1964年，我在从事四年计算机硬件设计、调试和三年高级语言编译系统软件设计的基础上，深感当时国外常规计算机系统设计方面的诸多缺点，使高级语言目标代码的运行效率较低；而一旦使硬件适合软件，就能解决绝大部分瓶颈。为检验新的设计方案，需要调查大量科学计算和数据处理的实际题目，当时找到了一个‘窍门’：美国《ACM通讯》上，每期都登载用ALGOL 60或Fortran写成的源程序，只要分析这些源程序就能作出判断。20世纪60年代初软、硬件两方面的实践和对《ACM通讯》上登载的大量题目的统计分析，使我在计算机很不发达的中国环境下提前得到了‘需求’刺激，发现了当时美国流行技术的‘不足’，并提出了新的构思。第二次是1975年，北京大学开始从事汉字照排系统的研制。当时日本流行的是机械式第二代照排机，欧美流行的是第三代阴极射线管照排机。二代机只能排单纯的文字、速度慢、可靠性差。三代机对感光底片要求高，输出幅面受到限制。第四代激光扫描输出照排机当时尚无商品，但这种方案的高分辨率、超宽幅面和极高的输出品质显示了巨大前景；而中国在高精度扫描传真机方面的研制工作在20世纪60年代就已开始，积累了多年经验。采用第四代照排机方案，字形用点阵表示，正文字就需100×100以上点阵，大号字甚至需1000×1000以上点阵，而且不同字号用不同大小点阵。汉字字数多，印刷用汉字所需信息量是惊人的。西文三代机也用数字化存储，依靠瞬时改变光点直径，一种点阵可代表多种字号；而且西文字母少，用黑白段描述法存储量问题并不突出。汉字字形信息量大，迫使我们比西方国家更早使用字形轮廓描述方法，字形可以放大缩小，从而极大地减少总存储量。1975年我们按照国内对正式出版物分辨率的要求，选择了741线/英寸（今天的照排机分辨率均在1000线/英寸以上），当初这一不太高的分辨率却引发了一项创造。由于汉字笔画多，例如宋体‘量’字，有九个横道，在变倍尤其是变小时，需保持横宽的一致或匀称。在较低的分辨率（741线/英寸）时，汉字笔画多的特点，迫使我们对横宽、竖宽以及其他敏感部位采取参数描述方法，以保证变倍后的字形质量，这种方法即今天在西方大为流行的字形描述‘提示信息’的一种形式。80年代中期西文不同字体种类已达1000多套，尽管字母数少，但上千套西文字形的总存储量也是很可观的，从而促使西方同行也用轮廓、而且是三次曲线轮廓描述西文字形；80年代中期300线/英寸的激光打印机开始流行，尽管西文字母笔画少，但在如此低分辨率情况下，必须用附加的提示信息描述字形敏感部分，才能保证文字变倍后的质量。汉字字数多、笔画密的特点使我们比美国人早八年获得了十分宝贵的需求刺激，因而比西方更早选择了后来广为流行的技术途径。”①

王选的其他几次重要选择，比如选择锻炼英语听力、选择“顶天立地”模式、选择退出科研第一线、选择进军日本市场和广电领域等，都和他当时对“需要与不足”的认识、判断有关，他的这种“需要与不足”的辩证思维，在作出选择时发挥了重要作用。

3. 脑袋与口袋

显而易见，在这里，脑袋指的是智慧，口袋指的是钱包，也就是名和利。王选“很赞赏北大学生的一种说法，‘不要急于满口袋，先要满脑袋，满脑袋的人最终也会满口袋。’”②王选还“很赞赏欧美科学界流行的一句话：‘一心想得诺贝尔奖的，得不到诺贝尔奖。’”③王选很赞赏这两个表达的原因在于他认为“要取得大的成绩就不能急功近利，不能被当前名利所诱惑”。

王选不被当前名利诱惑、不被一时潮流困扰是因为他的远见和洞察力，是因为他的价值观和毅力，还因为他是一个智者，他有自己的原则，并且一直坚持自己的原则。他在回忆文章中写道：“1985年，华光型机系统通过国家级鉴定，以后获得众多奖项：1985年中国十大科技成就，1986年日内瓦国际发明金牌，

① 王选. 寻求最前沿的需求刺激[M]//王选文集. 北京：北京大学出版社，2008：220-221.

② 王选. 科学研究给人的愉快就是最大的报酬[M]//王选文集（修订版）. 北京：北京大学出版社，2006：476.

③ 王选. 科学研究给人的愉快就是最大的报酬[M]//王选文集（修订版）. 北京：北京大学出版社，2006：475.

1987年国家科技进步一等奖，还得了毕昇奖等，但是我一点成就感都没有，因为1986年国内几家有钱的大报社和几十家出版社用的是美、英、日的系统，假如国家1000万元拨款研究出的产品最后市场上被别人打倒，那么我们到底有功有过？这种负债心理促使我们不断进取，终于在1989年年初步实现了商品化、产业化，并很快垄断了国内市场。”①

王选看到的、关心的，首先是国家的大“口袋”，他要利用自己的脑袋，装满国家的口袋。他知道国家的口袋满了，自己的口袋也空不了。为此，王选多次谈到“延迟满足理论”。提出‘情商理论’的美国著名心理学家戈尔曼曾做过一个延迟满足的实验，找了一批4岁孩子，给他们每人一块糖，并告诉他们若能等主持人回来再吃这块糖，则还能吃到第二块糖。戈尔曼悄悄观察，发现有的孩子只等了一会儿便不耐烦，迫不及待地把糖塞进了嘴里；而有的孩子则很有耐心，而且很有办法，想出做游戏、讲故事之类种种方式拖延时间，分散注意力，最终坚持到主持人回来，得到了第二块糖。戈尔曼又对这批孩子14岁时和进入工作岗位后的表现进行了跟踪调查，发现晚吃糖的孩子数学和语文成绩比早吃糖的平均高出120分，而且意志坚强，经得起困难和挫折，更容易取得成功。这个实验说明，要取得大的成绩就不能急功近利，不能为当前名利所诱惑，能按社会需要不怕挫折、坚持不懈奋斗是取得成就的重要因素之一。

4. 叫好与叫座

王选不仅仅满足于论文和学术上的成功，更多的是致力于国家的繁荣发展和人民生活的进步，追求切切实实的经济效益。他强调，对广大科技工作者，处理“叫好”与“叫座”的关系十分重要。

在王选看来，文章或样机系统的发表被国内外大量引用并获得好评，是“叫好”，科研成果产业化后赚大钱，并进入国际市场，是叫座。科研成果转化困难的根本原因之一在于成果本身不成熟，而不经过市场磨练的产品很难改进和完善，也不可能取得效益。一个创新的甚至于技术上有所突破的成果，只要在适应市场方面有明显缺陷，往往就不能赚钱，出现叫好不叫座的局面。对于企业而

① 王选. 从事计算机研究的一些体会[M]//王选文集（修订版）. 北京：北京大学出版社，2006：160.

言，不叫座的项目多了就会亏本，甚至破产。

王选还分析了当时的实际情况：一方面我国计算机人才、尤其是软件人才缺乏，优秀人才外流；另一方面人才又严重浪费，不少年轻人特别是研究生不断从事“既不叫好更不叫座”的项目；一方面科研经费不足，另一方面国家经费又投入了不少不可能产生效益的项目中，回报率低。造成这些弊病的原因是多方面的，原因之一是奖励制度不完全适合市场经济的需要，容易造成可怕的满足感。另一重要原因是投资体制方面的问题。美国投资主体是企业和风险投资公司，因而会对回报率斤斤计较，认真作经济核算和评估。而国内常常是政府拨款，投资方和承担方不需要承担经济责任，有点成果就可开个鉴定会，再宣传一番，从而皆大欢喜。

王选为此呼吁，我国科技工作者应追求上述两种目标之一：文章或样机系统的发表被国内外大量引用并获得好评，即真正叫好；科研成果产业化后赚大钱，并进入国际市场，即真正叫座。

5. 呼吸与吃饭

1994年9月，王选访问IBM沃森（Watson）研究中心，听到中心主任、IBM高级副总裁麦高地用“呼吸和吃饭”的关系来比喻当前市场和今后市场的关系，很受启发。麦高地说，不考虑适合当前市场需要的开发，好比一个人不呼吸；不作未来市场需要的研究，好比一个人不吃饭。不呼吸，几分钟就会死去；不吃饭，两三个星期也会丧命。那以后，王选经常引用“呼吸与吃饭”的比喻来说明近期研究开发和中远期研究开发的关系，这说明王选已经把这个比喻变成了自己思考研发布局时的一个小模式。

呼吸与吃饭的关系，听起来是一个很简单、很自然的关系，甚至没有人会关心这两者间的关系。用身边具体事例说明一个深刻道理，是美国人常见的思考方式。王选熟悉英文，关注美国计算机领域的动态，当然也熟悉这种思考方式，所以接受、吸纳了“呼吸与吃饭”的比喻，并把这个比喻在中文语境中广泛而恰当地加以运用。

如果从中国人对吃饭的重视程度来看，用吃饭来比喻某件事情的重要性，应该比在美国还容易引起关心。或许这也是王选引进和多次使用这个比喻的原因吧。

随着事业的不断成功，王选对麦高地“呼吸和吃饭”的比喻有了更进一步的认识，非常注重培养青年人才的市场意识，科技工作者应当以满足市场当前和未来的需要为奋斗目标。他说：“接触两个‘最前沿’，创新的机会大大增加。两个最前沿指的是技术发展的最前沿和需求（包括当前市场和未来市场的需求）的最前沿。[①]”所以，针对当时中国印刷市场的特点，王选在大力发展高端激光照排系统时推出了可兼容升级的轻印刷系统，这才有了1989—1993年中国淘汰铅字的高潮；社会发达水平的高低直接决定了物质文化水平的高低，发达国家的前沿需求通常也就代表了中国未来的市场需求，因此1993年方正占据国内报业市场之后，王选又决定走国际化道路，参与国际竞争，寻求国际市场最前沿的需求刺激，用需求刺激技术创新，巩固加强北大方正的技术领先地位。

6．顶天与立地

1993年4月，王选撰文提出了方正集团发展的“顶天立地一条龙”模式：“顶天”就是不断追求技术上的新突破，“立地”就是商品化和大量推广、服务。顶天和立地应紧密结合，搞研究的人应使自己的创新研究和设计便于批量生产和大量推广，也就是顶天是为了更好的立地。但一个科学家既要顶天又要立地往往是不大可能的。假如一个科技工作者长时间花主要精力去搞经营，就不大会有精力去钻研技术上的新途径。因此在北大方正的一条龙体制中研究开发、商品化和中试、推广和技术服务是由三部分人完成的。这三部分人可以有交叉，同时又紧密结合。

在科学界，流行这样的一个比喻，指兔子的人，打兔子的人，捡兔子的人。指兔子的人就是指明科研方向的人，打兔子的人就是进行科技攻关的人，捡兔子的人就是让技术在市场上能够产生效益的人。这三类人也就是“顶天立地”所强调的研究开发、商品化和中试、推广和技术服务三类人，王选对这三类人加以发挥，提出了推进产学研结合的三类人才。“王选说，他觉得要做到产学研结合，

① 王选. 王选文集（修订版）[M]. 北京：北京大学出版社，2006：464.

有三类人非常重要。第一类人，是创新的灵魂人物，专心致志，痴迷技术，但是也懂得市场……第二类人，是一支强有力的商品化队伍，能够根据市场的要求，很快地把技术实现商品化，不断做出适合市场的创新……还有一类人，他看得非常重，是对产业方向的前景能够看得很清楚，善于开拓市场，能够领导整个产业的人。当然，这三类人可以存在交叉，但必须分工明确。

产学研结合的最终目的就是要让创新技术在市场上创造出巨大的效益，甚至创造出一个新的产业。技术带头人带领一大批有市场头脑的技术专家将新思想转变成一个蕴含巨大商业价值的新成果或新实物，而要让新成果转变成新产品，甚至转化为新产业，就需要有科学头脑的企业家和强有力的商品化队伍，也就是所说的“捡兔子的人”。可以说，激光照排系统的成功很大程度上得益于张旋龙的市场开拓能力和管理才能。王选曾说，张旋龙有句名言：“王选会的我都不会，王选不会的我都会。”这有点像玩笑话，但也说明了我们两个人是互补的。我是技术专家，但管理不够在行；他不懂技术，但他重视技术，相信技术专家，而且有异常出众的攻关能力，很容易取得客户的信任。当然，我们两个人在某些方面有共同点，他那种相信中国的高科技产品能进入国际市场的雄心和不图当前蝇头小利的长远眼光，是我与他一拍即合的地方。另外，我们都追求宽容大度，都能承受各种压力。

产学研结合实际也是技术和市场的结合，领导整个产业，既需要具备洞察力的技术带头人，又需要有科学头脑的企业家。跨国巨头思科（Cisco）的起家，靠的是斯坦福大学两名教授在网络产品路由器方面的发明创造，但这两位技术专家并不擅长经营企业。思科之所以能在20世纪90年代取得大发展，正是在企业家钱伯斯（Chambers）领导下实现的。

在王选看来，有科学头脑的企业家首先应该是一个管理专家。应该有较强的沟通能力，做一个受人欢迎的人，能够吸引各种优秀的人才。应该有较强的管理能力和现代化的管理经验。英特尔创始人之一摩尔预见了集成电路的摩尔定律，另一创始人诺宜斯则是集成电路的真正发明人，对新思想和新点子充满了激情，倡导了英特尔的创新精神，而另一位创始人葛洛夫不但懂得技术，更是一个管理专家和实干家，他的管理才能让英特尔成为一个严格纪律和高效率的大型企业。

有科学头脑的企业家必须重视新技术，对当前和未来的市场有敏锐的洞察力，能够预见新技术未来的市场价值。史蒂夫·渥兹尼克（Steve Wozniak）是苹果电脑的发明人，但他认为苹果个人电脑一年只能卖出几百台，而另一位合伙人乔布斯（Jobs）虽然算不上是技术专家，却有着战略眼光，预见到了个人电脑时代的到来，找来了具备工程背景的企业家马克库拉，从而掀起了个人电脑的热潮。1979年乔布斯访问施乐公司的PARC中心，看到了首先采用鼠标和图形用户界面的Smalltalk，极为兴奋地说道："为什么你们不借着它大大地表现一番？这玩意儿太棒了！这简直是革命性的大突破嘛！"于是，乔布斯回到苹果公司立即组织队伍，并挖来了PARC的技术骨干，于1984年成功推出Macintosh，让苹果公司迈入第二个高峰。管理专家SUN公司的创始人麦克尼勒（MC Nealy）全力支持公司一位技术人员的新思想，让JAVA成为世界标准；SONY总裁盛田昭夫面临经济危机的巨大压力，居然用七年时间支持技术专家井深大研究彩色显像管，SONY也得以大发展。不重视技术的企业家是不可能预见到技术的巨大经济价值的，产学研结合也就失去了合作的根基。

产学研结合另一类关键人才是商品化队伍。对于技术创新而言，市场占领率是宝贵的财富，市场需求能刺激技术的进一步发展。要让新技术迅速占领市场，就需要一支强有力的商品化队伍，迅速实现技术的商品化，设计出用户最愿意掏钱的商品。1988年北大新技术公司一加入激光照排系统的生产就作出了重大贡献。改造了激光照排控制器印制版工艺，消除了一直困扰用户的"汉字填充不封闭尾巴"现象，方正激光照排系统的成功与其强有力的商品化队伍是分不开的。

必须指出的是，与国民经济的调整期相比，在市场经济高度发达和经济全球化的今天，产学研结合面临更大的挑战，高等院校很多创新技术缺乏风险资金的支持，被迫停滞在中试水平；大量信息的冲击加大了企业寻求适合自身需要的新技术的成本和难度；用户选择空间越来越大，新技术要迅速占领市场变得越来越难。也就是说，在信息化时代，要实现产学研结合，不仅需要王选强调的技术和市场相结合的三类人才，更需要其他人才和中介结构的加入，需要考虑更多的影响因素。

7．名人与凡人

名人用过的东西叫文物，凡人用过的东西就叫废物；名人喜欢喝酒，是豪饮，凡人就是贪杯；名人表示亲切，握一下手，是平易近人，凡人就是巴结人；

名人强词夺理，没有道理也能说出道理来，是雄辩，凡人就是狡辩；名人做些蠢事、很荒唐的事，是名人逸事，凡人就是犯傻了；名人发脾气是有个性，凡人就是劣根性；名人年纪大了，若姓王则称王老，凡人就只能叫老王；名人和名人之间互不服气，凡人和凡人之间倒是和和气气的。

这就是王选的“名人与凡人”论，王选一直把自己当成一个凡人，一个普通人。

1992年当选中国科学院院士后，王选没有视自己为名人和权威，而是视自己是“一个曾经作出过贡献，今天高峰已过，赶不上新技术发展的科学家”，转而大力扶植青年才俊，并在1993年退出了科研工作第一线，从而涌现出了阳振坤、汤帜、李平立、王保华、邹维、郭宗明等一大批杰出青年人才，方正日文出版系统和“点睛”动画制作软件面世，汉字激光照排技术得到了更深更广的应用。

在王选看来，有些没有当选过院士的科学家也作过重大贡献，而身为院士的科学家应该慎重。不能以万能博士自居，不论什么鉴定会都参加，什么话都说。

对于院士参加鉴定会王选则是情真意切，他说：“现在很多鉴定会一定要请院士参加，因为院士说话一言九鼎，我已经十几年不参加鉴定会了！我很清楚，我会是很受欢迎的鉴定委员，名声大，说话有分量；又很不懂，不会挑出毛病。我一辈子牢记杰出的物理学家、原英国皇家学会主席、1904年诺贝尔奖获得者瑞利的话，他说，他60岁以后不对任何新思想发表意见，他认为60岁以后思想不活跃，而且跟他年轻时曾经受过压制也有关系。”为此，王选还举例细说，“一位现已年近耄耋的院士前几年在报上发表言论说，‘我国不用建信息高速公路，中国没有那么多信息，浪费！’而这位院士的专业与信息领域差了十万八千里，完全不搭界。①”

在成为权威和名人后，王选仍然非常平易近人。北京大学中国经济研究中心主任林毅夫曾与王选有过不少紧密接触的机会，1999年上海虹桥机场的巧遇让他记忆犹新，终生难忘。“1999年在上海虹桥机场我巧遇了王选，由于班机延误，在机场等了两个多小时，作为一个晚辈我主动上前向他问好，并且坐下来和他一面吃方便面，一面聊天。记得当时我跟他谈了通货紧缩的治理和新农村建设的一

---

① 易蓉蓉. 院士未必总是学术权威——王选院士谈院士增选[N]. 科学时报，2005-09-27.

些看法，同时还向他请教了我国计算机产业、软件产业发展面临的一些问题。那时，我刚用了一个由国内企业发展起来的‘黑马狂拼’的中文输入软件，微软也刚购买了哈尔滨工业大学的研究人员发展的中文拼音输入法作为‘微软拼音输入法’的第一代版本。我觉得‘黑马狂拼’比‘微软拼音输入法’好用，就问他有没有可能中国人在中文输入法方面打败微软？他想了想说到最后还会是微软赢，从他的语气中我听得出他内心的无奈和不服气，从他的表情中我看得出他作为科学家的冷静和清醒。如今果然如他当时的预言，我也转为使用‘微软拼音输入法’。上飞机前王老师去洗手间，旁边有一个年轻人以羡慕的语气问我刚才跟我聊天的是不是王选院士，我才突然觉得我是多么荣幸，作为一个晚辈有机会坐在他的身旁跟他海阔天空地聊那么久，景仰之情也油然而生。当时王选是院士、人大常委、方正控股董事局主席，按照他的贡献，按照他的身份，按照他在方正的职位，他应该是坐头等舱的，但是他却坐了普通舱，和普通人一样在嘈杂的候机楼等飞机、吃方便面。[①]”

8．下围棋与打桥牌

麻将、围棋和桥牌是体育性娱乐项目或者是娱乐性体育项目，和民族性格也有一定关系，比如日本人喜欢下围棋，美国人喜欢打桥牌，中国人喜欢打麻将。这样就有了用下围棋形容日本人的做事方式、用打桥牌形容美国人的做事风格、用打麻将形容中国人行为方式的比喻。下围棋方式是从全局出发，为了整体的利益和最终胜利可以牺牲局部的某些棋子，打桥牌风格则是与对方紧密合作，针对另外两家组成的联盟激烈竞争。

汉字激光照排系统是竞争的产物。王选在选择研究精密照排项目时，国内已有五家科研单位从事照排机的研究；当王选正在紧张研制原理性样机时，英国蒙纳公司推出了汉字激光照排商品，面对如此强大的竞争对手，王选决定迎难而上，并赶在英国蒙纳系统展览会前完成了样机的调试工作；1984年国内爆发第二次引进高潮，面临英国蒙纳、日本写研、美国HTS等众多跨国巨头的竞争，王选充分利用最先进的设备和器件，不断创新，最终实现了汉字激光照排技术的产业化胜利。

---

① 林毅夫. 只要精神不灭“生命”就还在[M]//风范长存. 北京：北京大学出版社，2008.

汉字激光照排系统更是合作的产物。北京大学、潍坊计算机公司、杭州通信设备厂、长春光机所等单位的一大批科技人员为这一项目付出了辛勤劳动。新华社是“748工程”的发起者、研制者和中试者，为了实现用现代计算机技术彻底改造传统印刷行业的共同目标，王选和新华社一直保持紧密的合作关系。在世界上还没有用激光照排系统输出整页中文报纸的情况下，《经济日报》和北大方正合作，首次废除铅排工艺，掀起了告别“铅与火”的技术变革。

汉字激光照排的成功让王选深刻认识到，竞争离不开个人的努力，更需要团队合作，也就是要发扬“下围棋、打桥牌”的合作精神。王选将其总结为“对内下围棋、对外打桥牌是市场竞争之道”[①]。针对我国有些部门、企业“外战外行、内战内行”的怪现象，主张在市场竞争中要对内像下围棋那样讲团结、顾大局，对外像打桥牌那样讲合作、讲联盟。王选在文章中重点谈了团结和合作，希望北大方正能够做到“对内下围棋、对外打桥牌”。当然，要发挥团队的力量，就必须重视优秀的青年人才，为他们创造发挥才能的良好条件，老一辈科学家就应该提携后辈，甘当人梯。王选强调说：“前不久刚刚鉴定的七项重大成果均已进入市场，标志着方正出版系统不仅在中文排版领域内继续保持领先地位，而且在彩色图像处理和彩色出版方面已经进入世界先进行列。这七项成果均由年轻人主持完成，合起来组成一个拳头，使方正彩色出版系统在市场上具有很强的竞争能力，这就是‘下围棋’的风格，有些项目是与外单位合作完成的，而系统的开放性使方正出版系统可以很方便地使用其他单位和厂商开发的软件和设备，这又体现了‘打桥牌’的做法。[②]”

王选一生珍视团结、重视合作，把内部团结、外部合作看作事业成功的基础。当初汉字精密照排选择总承单位时，他力排众议、推荐当时名不见经传、积极性很高的潍坊电讯仪表厂担纲，看中的正是积极性中内含的合作奋斗精神。

其实，下围棋和打桥牌本就是和民族性格密切相关的一项智力活动，把这两项活动规则中表达出的优点集中起来在一个高技术企业中运用，这是很困难的事情。这也体现了王选的理想主义色彩。

---

① 王选.对内下围棋、对外打桥牌是市场竞争之道[M]//王选文集（修订版）.北京：北京大学出版社，2006：215.

② 王选.对内下围棋、对外打桥牌是市场竞争之道[M]//王选文集（修订版）.北京：北京大学出版社，2006：218.

三、交叉点突破

王选非常重视学科交叉，关心交叉学科的发展。韩启德在纪念文章《王选老师，您永远是我的老师》中写道：“2000年北京大学与原北京医科大学合并，王选老师对我说：‘现在什么行政工作都可以不担任，但有一件事一定不能放，那就是组织不同学科的交叉研究。’我按照他的建议去做了。在学校的支持下，我负责组建与领导北京大学医学学科交叉研究中心，大家齐心协力，取得了可喜的成绩。”①

王选重视交叉学科，是因为他本人就是学科交叉的受益者。韩启德在另一篇纪念文章《像王选同志那样做人做事》中写道：“他曾经说，我为什么能够取得这些成绩呢？有两条，一条就是有非常扎实的数学基础。他在北京大学赶上了一个非常好的时期，听了许多大师讲的基础课，打下了扎实的数学基础。另外一条就是搞学科交叉。毕业后，他选的是当时的冷门计算数学专业，使得他后来较易进入计算机技术领域。他在搞了两年硬件以后，又转向软件，即在20世纪60年代就既掌握了硬件也掌握了软件。当然这与他的夫人陈堃銶也有很大关系。在搞激光照排的过程中，他俩学科交叉，相得益彰，有得天独厚的优势。所以，有几次王选同志都很深情地跟我讲，其实在他的成果里，陈老师的贡献比他还要大。”①

2003年5月，王选写给《北京大学校报》纪念北京大学校庆105年约稿的题目就是《发挥北大多学科的优势，重视交叉学科的发展》。他在文章开篇处就写道：“控制论创始人维纳（Wiener）曾说过：‘在已经建立起来的科学领域之间的空白区上，最容易取得丰硕成果。’这句名言对我有过很深的影响，也成为我选择和支持科研方向的一个重要依据。”②早此10年，1993年4月21日王选在《计算机世界》发表文章《数学基础和跨领域研究是取得创新成果重要因素》，文章中有两个小标题直接谈跨领域研究，一个是“跨领域研究是创新的源泉”，另一个是“软硬件的结合曾带来突破性成果”，可见王选多么重视跨领域和交叉

① 韩启德. 像王选同志那样做人做事[M]//风范长存. 北京：北京大学出版社，2008：7.

② 王选. 发挥北大多学科的优势，重视交叉学科的发展[M]//王选文集（修订版）. 北京：北京大学出版社，2006：181.

学科。[①]王选重视跨学科和交叉学科的研究，有其自身坚实的实践经验基础。王选在这方面的突出特点有两个，一个跨学科看问题可以重新定义问题，因而能够突破原来的思维障碍，看清问题的本质，获得新的解决问题的思路。另一个是借助其他学科的经验获得灵感，出奇制胜地解决问题。

1．重新定义问题

实际上，无论是从提出“748工程”的五个政府部门（一机部、四机部、新华社、中科院、国家出版局）的职责看，还是从提出“印刷专项”的经委的职责看，汉字精密照排项目从确立到推进的全过程，都是被当作一个综合性项目看待的。综合性项目，从研发的角度看，基本上都是交叉性问题。解决交叉性问题，需要正确定义问题。正确定义问题，常常是重新定义问题。所谓重新定义问题，就是有一层基本含义，看看检查原来对问题的定义是否适当、是否正确。

爱因斯坦说过，提出一个问题往往比解决一个问题更重要。因为解决问题也许仅仅是一个数学上或实验上的技能而已，而提出新的问题、新的可能性，从新的角度去看待旧问题，却需要有创造性的想象力，而且标志着科学的真正进步。明确问题或界定问题是进行创造性思维的第一个关口。

选择问题、发现问题本身就需要创新性思维，人云亦云，追随别人的兴趣亦步亦趋，既不会找到有价值的研究问题，也无益于自己创造力潜能的开发。著名物理学家德布罗意（Maurice de Broglie，1875—1960）在评价爱因斯坦时说，他能够一眼看穿那疑难重重、错综复杂的迷宫，领悟到新的、简单的想法，使得他能够揭示出那些问题的真实意义，并且给那黑暗笼罩的领域突然带来清澈和光明。

合理地选择和界定有价值的问题往往会产生良好的效果。良好的开端意味着成功的一半，基本上蕴含了明确选择和重新界定问题的重要作用。

王选着手研究汉字精密照排项目时，就是从计算机科学技术的角度重新定义汉字精密照排项目的关键问题。他注意到，当时所有的项目参与方都把项目的重点

① 王选. 数学基础和跨领域研究是取得创新成果重要因素[M]//王选文集（修订版）. 北京：北京大学出版社，2006：133，136.

放在照排上，即放在输出端，因为在五家参与单位技术路线的重点都在如何选择照排机上。在当时，照排机技术主要是光学技术和机械技术，因为当时计算机技术和电子技术发展水平的限制，即便当时最先进的三代机，所使用的计算机技术和电子技术也非常有限，这是时代的局限。但是，如果从输入端、特别是从中间信息处理过程的角度看，项目的重点就是汉字信息处理的问题，就变成了如何方便录入、大量存储、快速输出的问题，解决方案上应该更多考虑采用计算机技术和电子技术。在方便录入、大量存储和快速输出三个问题中，难度最大的是大量存储。王选首战选择了大量存储问题，并奇迹般地用数学方法解决了这个问题。这在当时“748工程”的主流技术思维中，显然是“异端”，不过是一个“数学游戏”。所以，最先对王选方案表示兴趣的不是参与“748工程”的技术专家，而是有深厚技术背景和明确问题意识、关心技术发展趋势的用户代表（新华社的孙宝传、王豹臣）和项目管理部门代表（“748工程”办公室的张淞芝、郭平欣）。

为什么对同一经验事实却有两种截然不同的判断呢？因为深厚的数学功底和软硬件两方面的能力使王选能够判断哪些操作可由软件来做，哪些必须由专门硬件配合微程序，从而使速度提高几十倍，而那些印刷专家和计算机专家却望而却步，束手无策。用科学方法论的观点看，这就是“观察渗透着理论”（Observation is theory laden）。

美籍英国科学家哲学家N.汉森（Norwood Russell Hanson，1924—1967）根据心理学和科学史的研究提出了“观察渗透着理论”这个著名命题，他认为，中立的观察语言是不存在的，观察和事实渗透着理论。大量研究表明，观察本身并不是客观的、中性的，一个人的知觉必定依赖于他的信念、价值观、已往的知识和经验，也就是说，人们并不是先观察了某一现象然后加以解释，而是在观察时已经作出了解释。

为了更好阐述这一理论，让我们看下面的一幅图画（如下图），不同知识背景和经验的人，看到的结果也将是不同的。有人将注意力集中在白色开口的地方，看到的是一个问号；有人将注意力集中在黑色阴影部分，发现其实是一只鸟；还有人可能先看到是问号，尔后发现换个视角又能看成是鸟，或者相反；甚至有人会说，什么也看不出，甚至说是别的什么东西。无论哪一种结论，人们视网膜上呈现的图像是相同的，不同的是对所看到的东西的组织和处理方式，即观察的组织模式。第三类人可能最先看到的问号，但随后，观察者运用新的组织模式对同一图像进行组织和处理，也就是对黑色部分的组织和处理，竟然发现了原先并没有看到的东西，一只鸟。

由此可见，纯粹客观的观察是不存在的。观察本身是一种认知活动，是观察者与被观察对象之间相互作用的过程。这就导致不同知识背景的观察者对观察对象作出不同的解释。这就是为什么很多人将王选的方案称为“数学游戏”的原因所在。

供观察的图像：是问号还是鸟

“观察渗透着理论”的合理性恰好印证了跨领域研究的重要性。面对同一经验事实，与单一领域的学者不同，从事跨领域研究的科技工作者，其理论观点的变化会向自身的观察过程渗透，以一种全新的视角看待事物。视角的转换往往能给人一种豁然开朗的感觉，看到以前看不到的东西，接触到技术发展的最前沿，这对科学发现和技术创新都具有重大意义。

科学需要不同领域的专家的合作和交流，需要不断地借鉴不同专业领域的思想和技能，技术发明和技术创新更需如此。

有时，有了好的创意，不一定能够实现成功的技术创新；有了一大批高水平的研究人员，不意味着就有较强的创新能力。孟浩然曾说过：“一日之所需，百工斯为备”。创新也是同样的道理，不同领域研究者的合作有助于创新。这种合作不但体现在新产品研发设计上，可以碰撞出很多创新的想法；而且也有助于创新效率的提高，缩短技术市场化的过程。

王选的长处是在重新定义问题后，再组织各方面的资源解决问题。关于这方面，他写道：“20世纪70年代国际上还没有商品化的、能够不连控制器、单独出售的激光高精度输出装置，而且当时的环境也不允许我们引进国外输出设备，但是我国已有采用录影灯为光源的高精度滚筒型报纸传真机。我在国外杂志上看到了激光扫描在质量和幅面方面的突出优点，但我对激光一窍不通。我请教了物理系张合义老师，他提出了把录影灯改成激光，用光导纤维四路激光同时扫描的方案，后又提出了用一个调制器调制四路激光的新颖方案。物理系张合义、李新章两位老师先后负责了输出装置的光学系统研制，并由杭州通信设备厂承担光机电一体化的照排机的研制，最后取得了成功，20世纪80年代和90年代初国产照排机随华光和方正系统销售了1500多套。可惜的是，这一设备后来在可靠性、分辨率和精度方面未做出重大改进，从而在20世纪90年代，方正系统所配的国产照排机逐步被国外输出装置所取代。这一事例给我们的启迪：一是多学科在激光照排项目中发挥了重要的历史作用；二是光机电一体化设备的研发和生产既要在设计上有所创新，又要有极高的加工品质要求，必须在功能和可靠性方面达到国际一流水平。”[①]

2. 借助灵感跃迁

美国作家弗朗斯·约翰松（Frans Johansson）写过一本探讨在交叉点创新的著作《美第奇效应：创新灵感与交叉思维》（The Medici Effect: Breakthrough Insights at the Intersection of Ideas, Concepts, and Cultures）。他在书的前言中写道：“当你的思想立足于不同领域、不同学科、不同文化的交叉点上，你可以将现有的各种概念联系在一起，组成大量不同凡响的新想法。”[②]约翰松的这段话，指出了交叉点容易产生灵感的现象。实际上，这也是越来越多的研究者越来越关注交叉点的原因所在。创新需要灵感，王选一生创新中有很多灵感，最大的一次是用四路光纤耦合的方法将汉字的输出速度提高4倍，突破了激光照排系统核心部件激光照排控制器的设计难题。王选不是光学专家，当他想到“如果把现在的一路光改成四路光在滚筒上平行扫描，速度不就可以提高4倍了”的时候，确实只是一个灵感，他不知道是否可行。但他及时捕捉住了这个灵感，在光学专家张合义的帮助下，把灵感化成了切实可行的技术方案。

谈及灵感，必定会提及逻辑和直觉。

爱因斯坦曾说过，科学家的目的就是要得到关于自然界的一个逻辑上前后一贯的摹写。逻辑之对于他，有如比例和透视规律之对于画家一样。从此，可以看出逻辑认识对科学活动的重要性，人们借助逻辑方法透过各种现存的现象看到事物的本质。逻辑思维，概而言之，就是按照逻辑规律建立概念和命题之间推理关系的形式化思维，其基本方面不外是概念、判断、推理等思维形式，比较与分

---

① 王选. 发挥北大多学科的优势，重视交叉学科的发展[M]//王选文集（修订版）. 北京：北京大学出版社，2006：181-182.

② [美]弗朗斯•约翰松. 美第奇效应：创新灵感与交叉思维[M]. 北京：商务印书馆，2006.

类、分析与综合、抽象与概括、归纳与演绎等逻辑方法以及符合于形式逻辑基本规律要求的确定性、无矛盾性、首尾一贯性和论证的根据性。

然而，科学认识仅仅从逻辑认识的角度是无法说明的，仅凭原有理论进行逻辑推理无法解释新的科学发现，同样，仅仅依赖逻辑思维是很难取得创新性成果。无论是科学发现，还是技术创新，都必须经历一个思维跃迁的过程，心理学家将其称为潜意识认识或下意识认识。“下意识（潜意识）”是在与“有意识（显意识）”对比的基础上得到阐明的，所谓的“有意识”是指其过程不仅能被视觉觉察还能用语言来加以描述的思维，而“下意识”就是未显现的意识，是人脑所具有的潜在的反映形式。下意识认识最重要的形式就是直觉和灵感。

直觉和灵感往往不易区分，经常被相提并论、互相解释。直觉的最主要特点就是联想，不受控制的联想，这样才有可能提出创新性的想法。因此，直觉在科学活动中扮演着重要的角色，正如汤川秀树在《创造力与直觉——一个物理学家对东西方的考察》中指出的那样，“片面地抽象化趋势缺乏某种对于创造性思维来说很重要的东西，不管我们从日常生活的世界走开多么远，抽象也不能通过它本身来起作用，而是必须伴之以直觉或想象。”而灵感往往是一种特殊的心理状态，是在一瞬间出现的突破性顿悟。“如果把逻辑思维视为抽象思维，把非逻辑思维视为形象思维或直感，那么灵感思维就是顿悟，它实际上是形象（直感）思维的特例。[①]”而且，直觉有时候无须什么外界特殊的信息刺激也会突然显现出来，但灵感地发生来自潜意识活动过程的渐进中，“灵感的出现常常带给人们渴求已久的智慧之光。文艺工作者往往依靠这种非逻辑的思维方式，特别是灵感去认识、去创作。殊不知单凭自己片面的经验、跟着感觉走，不去作艰苦细致的调查研究、予以科学的综合，‘灵感’这位可爱的‘客人’是不会来拜访你的。”[①]

那么，灵感的本质是什么呢?

灵感并不是神灵的感受，而是人类头脑中普遍存在的一种特殊思维现象，钱学森称之为“灵感思维”。“所谓灵感，恐怕是人脑有那么一部分对于这些信息再加工，但是人并没有意识，这在国外也称为‘多个自我’，即人不仅是一个自

① 钱学敏.钱学森的思维方式.北京科普之窗网站：http：//www.bjkp.gov.cn/kjrw/kp10494.htm.

我，而是好几个，一个是自己已意识到的，还没有意识到的，但他也在那里工作。那么假设一个很难的问题，在这些潜意识里加工来加工去，得到结果了，这时可能与我们的显意识沟通了，一下得到了答案。整个过程，我们可能不知道，这就是所谓的灵感。”①

简言之，灵感就是人类显意识和潜意识的相互作用.这种相互作用会引发大脑风暴，从而迸发出思想闪光和思想跃迁。人们在显意识的指导下追求灵感，而灵感则在潜意识中萌发和酝酿，一旦酝酿成熟并遇到相关的诱因，会凸显于显意识，表现为思想闪光或思想跃迁，成为灵感。因此灵感往往会表现出情境性、突发性、瞬时性、独创性的特征。

灵感的产生离不开外界触媒的诱发，因而表现出情境性。外界触媒是指情感触媒和境域触媒。情感触媒是指情感相随或触景生情引发灵感的触媒，灵感的产生往往伴随着激情，灵感潜期的情绪表现出焦虑不安，灵感显现后欣喜若狂，使人们的思维空前活跃，进入一种如痴如醉的状态。爱因斯坦曾说过，在最后突破、豁然开朗前，在那黑暗中对感觉到了却又不能表达出来的真理进行探索的年月，那强烈的愿望，以及那种时而充满信心，时而担忧疑虑的心情——所有这一切，只有亲身经历过的人才能体会。境域触媒是指某种自然的或人工的环境使人心旷神怡而诱发灵感的外部诱因。灵感并非随时随地都会产生，而是需要一个特定的环境。大文学家海明威一大早就在咖啡馆里写作；大音乐家艾灵顿总是喜欢在火车上作曲；数学家笛卡儿经常在床上工作。情境性是灵感的一个突出特征。

灵感的爆发是以长期的艰苦探索和思考酝酿为基础的，因而具有突发性和偶然性的特征。从灵感的产生过程来看，灵感的酝酿往往有一个因人而异、长短不一的潜伏期。这个潜伏期就是创造主体的心理、意识运动和发展由量变转化为质变的过程。它可以是数日、数月，也可能是数年甚至更长时间。王选也是在冥思苦想数月后才想出了四路平行光扫描的妙招，正如费尔巴哈所说，热情和灵感是不为意志所左右的，是不由钟点来调节的，是不会依照预定的日子和钟点迸发出来的。因此，从时间上看，灵感总是一个不速之客，具有突发性。同时，灵感的爆发受到外界触媒的影响，又会表现出偶然性的特点。用王

① 鲁鹏.钱学森对灵感思维的建树[J/OL].西安交通大学学报（社会科学版），2006.http：//journal.xjtu.edu.cn/skb/2006/2006_PDF/XJTUSKXB2006_01_10.pdf.

国维的“三境界”来形容灵感的偶然性再合适不过了。第一境界——“昨夜西风凋碧树”，“独上高楼，望尽天涯路”；第二境界——“衣带渐宽终不悔，为伊消得人憔悴”；第三境界——“众里寻他千百度，蓦然回首，那人却在灯火阑珊处”。

灵感最可贵之处在于高能高效的创新性和创造性。灵感往往迸发出思想闪光或思想跃迁，从而带来新发现、新思想、新技术或者新工艺。

肯定了灵感的重要作用，如何才能在创新实践中产生灵感，捕捉灵感呢？

首先，做一个时刻准备着的人。灵感不会凭空产生，它总是光顾勤于思考和有准备的头脑。创造的激情和坚持不懈的努力是灵感产生的基础，也是做出重大发明创新的前提。尽管有人嘲笑王选的激光照排是“一个数字游戏”，但他仍然满怀信心，执著于关键技术的突破。德国哲学家黑格尔曾说过，即使是最高的天才，朝朝暮暮地躺在草地上，眼望天空，让微风吹拂……灵感也不会光顾他。伟大的音乐家柴可夫斯基也说，毫无疑问，甚至最伟大的音乐天才，有时也会为缺乏灵感所苦恼。它是一个客人，不是一请就到的。在这当中，就必须要工作，一个诚实的艺术家绝不能交叉着手坐在那里……必须抓得很紧，有信心，那么灵感一定会来。曾经有记者采访门捷列夫发现元素周期表的秘诀，他给出的答案是——这个问题我考虑了近20年，而你却认为，坐着不动，突然成功了！事情并不是这样的！因此，从事创新工作就必须怀着无比的激情坚持不懈，时刻准备着，终究会迎来“一朝分娩”的喜悦。

其次，到创新工作的第一线去。王选长期在第一线拼命干活，1959—1961年在硬件设计第一线跌打爬滚，1964—1967年从事ALGOL60编译系统的研制。灵感往往能带来独创性的发现或发明，而灵感的爆发离不开外界触媒的刺激。这种外界触媒通常是创造主体所处的环境，只有深入创新工作的第一线，才能感受前沿的需求刺激，这种需求刺激是人们追求灵感、追求创新的根源。为了更好地创新，创造主体应该深入幼儿园第一线以寻找新玩具的设计灵感，深入办公室第一线寻求新文具产品的创新灵感，深入战场第一线寻觅新型武器的设计灵感，深入了解黑客特点以得出更为高级的安全系统的创造灵感。

再次，保持乐观舒畅的心态，张弛有度。王选一生酷爱京剧艺术，劳逸结合让王选时刻保持清醒的头脑。创新是一项复杂的活动，当我们百思不得其解时，不妨试着先将问题搁置一旁，学着放松心情休闲娱乐一下，大脑在无意识的宽松休闲的状况下往往能碰撞出灵感的火花。因为，在我们陷入思维僵局时，这就意味着我们面前的问题已经超出了大脑的理论处理能力，如果仍然一味地思考，不仅浪费时间，而且也会增加大脑的疲劳，影响到人们的情绪和兴趣。相反，休闲娱乐表面上是脱离了原先的思考，但大脑仍在潜意识中追溯、寻找潜在的和以往的概念或印象，也就是灵感在潜意识中的萌发酝酿，一旦潜意识中的概念或印象与显意识接通，你就会在瞬间爆发出灵感。日本一家创造力研究所对821名日本发明家作过调查，结果发现，与在工作岗位上时相比，睡觉、步行、乘车等休闲场合具有更多的机会产生灵感。翻开人类发展的历史，很多科学家、艺术家的新发现或新设想的提出，不是在精神疲惫或是伏案工作的时候，而往往是在一夜酣睡之后的早上，或是在当天气晴朗时缓步攀登树木葱茏的小山时灵感的凸显。达尔文在阅读马尔萨斯的《人口论》作为休息的时候，突然想到了“物竞天择、适者生存”；瓦特也是在类似的情况下发明了蒸汽机上的分离凝结器。一个夏日的清晨，瓦特起床后，并没有直接投入紧张的研制工作中去，而是选择在空气清新、鸟语花香的大学校园里散步，时而仰望广阔无垠的蓝天，时而留恋于运动场上的欢声笑语，突然，一个念头闪过：“在气筒外边加上一个分离凝结器。”这使得瓦特豁然开朗，经过夜以继日的奋斗终于制成了分离凝结器，完成了蒸汽机的发明。

此外，灵感总是转瞬即逝，我们必须学会及时捕获灵感，随时记录灵感。灵感是人们长期思考酝酿的瞬间爆发，如果毫无准备，它很快就会消失得无影无踪，而且在短时间内不会重现，有的甚至在上百年的时间里都难以再现。1621年，数学家费马曾突然萌发灵感，提出了一个简单而新奇的数学定理，这个数学定理就是后来著名的费马大定理。费马在一本书的页边上写下了这个定理，并且自豪地说：“我得到了这个断语的惊人证明，但这页边太窄，不容我把证明写出来。”于是，费马搁置了突发的灵感，然而，自那以后，费马直到生命的终结，也没能重新回忆起这难得的灵感。随后的几百年里，很多数学家为之绞尽脑汁，仍无实质性进展，直到1994年，费马逝世300多年后，英国数学家怀尔斯才证明了费马大定理。相反，奥地利著名作曲家约翰·施特劳斯就是一位记录灵感闪光的高手。一次偶然的机会，施特劳斯在一个优美的环境中休息，突然脑海中涌现出一段优美的旋律，但施特劳斯当时并没有带纸，急中生智的施特劳斯立即脱下衬衣，在衬衣上记录下了这段优美的旋律，这就是后来闻名于世的圆舞曲《蓝色多瑙河》。

必须指出的是，由灵感得到的想法，必须要经过逻辑的加工和整理方能成为创新性成果。灵感是在创造主体逻辑中断时产生的思想跃迁，这种想法只是某种猜测，其正确性应该通过逻辑的验证。首先，从猜测出发的逻辑推理应该符合科学事实，从而形成一个新的概念或原理。王选经过仔细研究，断定控制器同时提供四位信息是可行的，这要求字形轮廓信息填充时就按四路平行扫描的要求进行处理和缓冲，输出和移位均按四路平行扫描的要求设计。这种方法虽然设计改动较大，但的确可行。其次，一个新的概念或原理要变成创新性成果就必须经历一个显性化或实物化的过程，也就是用准确的语言、文字、图形或者模型将灵感的结果显现在人们眼前，王选知道四路平行扫描主要困难不在控制器，而在于光学系统，在光学专家张合义的帮助下，解决了这个问题。

凭借灵感，王选大胆并实现了“跳过二代机和三代机，直接研制最先进的激光照排系统”的时代跃迁。

四、创造现实价值

王选非常关心自己的创新能否产生现实价值，在自己的创新产生足够的现实价值之前一直有一种负债心理，这种负债心理促使王选不断进取。[①]这是一种基于对祖国的责任和热爱的负债心理。这样的负债心理激发出强大的创造现实价值的内在动力，“不求虚名，不满足于获奖，锲而不舍地把成果转化成有竞争力的商品。”[②]“我国的科技人员过去习惯于拿国家的钱从事攻关，不管有无效益，有个鉴定会便可交账，因此对决策正确与否的严重性重视不够，这一问题今天依然存在。当然有些高科技研究项目不可能马上产生效益，也不应该以是否有效益作为衡量成果的唯一标志，但应该讲究成果的独创性和新颖性，讲究成果是否被别人引用或是否有人在此基础上进一步做了有价值的工作。”[③]

---

① 王选. 从事计算机研究的一些体会[M]//王选文集（修订版）. 北京：北京大学出版社，2006：160.

② 王选. 试谈汉字照排系统工程成功的原因[M]//王选文集（修订版）. 北京：北京大学出版社，2006：4.

③ 王选. 给年轻人提供良好的环境和提倡团队精神[M]//王选文集（修订版）. 北京：北京大学出版社，2006：377.

王选的注重创造现实价值的思维创新在20世纪70年代末80年代初期的大学里是卓尔不群的。“那时许多科研成果是为了‘献礼’、‘评奖’、‘评职称’，以后便束之高阁，不了了之；特别是高等学校，还没有科研成果商品化、产业化成功的先例，有人担心王选他们是否也是这样。范慕韩同志到北京大学考察了激光照排实验室后与当时的副教授王选进行了推心置腹的交谈，王选表示他们的目标是要使中国印刷业甩掉铅字，实现激光照排，当前最需要的是国家支持他们继续研究开发，搞好实用化试点，然后用激光照排改造全国印刷工业。范慕韩同志从北京大学回来之后对我说，王选与某些知识分子不同，他有战略眼光，应该支持他们。”①

1．追求性价比优势

创造现实价值的基本途径是合理地解决现实问题，而不是脱离现实、盲目追求“高”、“精”、“尖”、“特”。有效地为用户节约降低成本一直是王选创造现实价值的准则，王选在从事激光照排研制时遇到的情况是“中国比较穷，印刷厂渴望淘汰铅字，但无法承担高昂的设备费用……对性能价格比的强烈追求使我们进一步创新：一是首次设计专用芯片以提高字形产生速度，结果成本降低，体积大大缩小，而字形提供速度比国外同类系统起码高十几倍（获首届中国专利金奖）；二是首次使输出逼真大样的印字机与精密照排机共享一个字形发生器和控制器，显著降低了成本，这一技术曾保持多年的领先地位（获首批中国专利）。2003年方正日文出版系统以国外竞争对手1/8的价格进入日本大报社《日刊体育》，现用于该报承担的100多种日文报纸的编排出版，其优越的性能使用户十分满意。这一样板的成功吸引了一些日本县报（相当于中国的省报）也采用方正系统。”②

1985年与1986年，王选在集中力量研制TC86时，考虑到我国很多中小印刷厂可能一下子买不起激光照排系统，还进一步发展了TC83照排机和大样印字机共享字形发生器和控制器的功能，并把相关逻辑设计放在专用芯片WA和WI中，

① 张劲夫.我国印刷技术的第二次革命.新华网：http：//news.xinhuanet.com/newscenter/2002-06/27/content_460511.htm.

② 王选.要有超过外国人的决心和信心[M]//王选文集（修订版）.北京：北京大学出版社，2006：310-311.

从而大大降低成本，组成廉价的轻印刷系统。在当时情况下，由于中国印刷工业和印刷机械落后，这种轻印刷系统用400DPI的激光打印机输出配上胶印，质量有时不亚于铅印，而效率比铅印高得多，还可以现场升级成激光照排系统。这一巧妙做法为中国广大中小印刷厂提供了一种过渡方案，使他们在购买能力有限的情况下，先购买轻印刷系统，日后再升级成激光照排。

1988年以后我国很多中小印刷厂一下子买不起照排系统，往往先上400 DPI轻印刷，后来再升级成精密照排。

追求性价比优势是非常务实的创新战略，特别是在新市场培育时期，性价比优势可以成为竞争制胜的法宝。王选在培育汉字激光照排市场的过程中，充分意识到我国企业的性价比敏感的特点，并以此为突破口，推动了我国印刷行业的技术改造。

2．坚持持续创新

在王选创造现实价值的思维中，坚持在新闻、出版、印刷行业的持续创新是一个突出现象。事实上，王选创新，有明晰的阶段性，更有深刻的持续性。概括言之，就是采用了激光照排系统取代铅字排版，告别了“铅与火”；采用了远程传版技术，实现异地印刷报纸，告别了报纸传真机；采用了彩色激光照排系统，告别了电子分色机；采用了全过程的信息管理，告别了纸与笔。这“四告别”，酣畅淋漓地体现了王选的创新勇气。

在王选的著作、文章、讲话中，表达持续创新的含义的语词如“不断创新”、“一口气都不松地努力”、“在第一线拼命干活”、“持续创新”等多次、反复出现，说明了王选对持续创新的重视程度。1994年，王选结合IBM副总裁麦高地的“呼吸和吃饭”的比喻，明确提出“方正的原则是，先呼吸，要吃饭，锲而不舍不断创新。”他深信，不抢占市场就没有条件筹划未来，但不持续追踪技术前沿、不持续接受用户的需求刺激，就不可能取得真正的市场竞争优势。“通过自主创新和持续创新而获得的自主知识产权，是高新技术企业快速发展和长期繁荣的命根子。”①

① 魏新.方正20年创新的灵魂与逻辑.2006年12月12日北大演讲.方正集团网站：http：//www.founderpku.com/cn/news/200809/5470.htm.

王选的持续创新思维和危机意识紧紧联系在一起。1996年，王选在《光明日报》发表文章，提醒“高新技术企业要警惕‘成功是失败之母’”，建议高新技术企业要强化危机意识和培育战胜危机的能力，要敢于和善于面对一个又一个的“九死一生”。“从科研项目的总体构思到成为有竞争能力的商品，进而占领市场的过程是十分艰苦的，是‘九死一生’的。中国如此，国外也大体类似，美国90%的高新技术公司维持不了五年以上就不得不关门。即使在市场上站住了脚，要维持长期兴旺也是很难的，这里将面临第二个‘九死一生’。”[①]世纪之交的2000年年初，王选再次撰文指出：“过去的成功有时会成为未来失败之母，最可怕的是错过整整一个时代……一旦错过了整整一个时代，再从头赶至少需2~3年，而市场已等不及了，这样难免覆灭的命运……一个新潮流到来之时，领先厂商过去的技术和市场积累可以成为宝贵的财富，也可能成为迎接新潮流的包袱，从而给新兴企业以可乘之机……在新的大潮来临之际，落后一拍或几拍就会失掉很多机会，而错过整整一个时代必遭灭顶之灾。”[②]

王选认为持续创新是战胜危机的有效手段，他分析国外几十年保持兴旺而没有垮台的企业，可以发现下述共同点：“一是不断创新而不墨守成规；二是不满足已有成就，时刻充满危机感；三是和谐、团结的气氛；四是科学决策而不是独断专行；五是培养一代代充满活力和新思想的年轻骨干，尤其是将才和帅才。”[①]王选对方正的战略指导，也在始终强调持续创新。[③]

只有持续创新才能持续创造现实价值。IT领域技术更新迅速，市场竞争激烈，犹如大浪淘沙般没有止息。不能坚持下来、不能持续下去，就会成为匆匆过客，所创造的一时价值经不住历史考验。王选有清晰的历史感，知道持续创新是高新技术企业创新的本质，知道高新技术企业应该抓住机会，但不能依靠侥幸，必须通过不断创新、持续创新，创造现实价值，确立历史地位。王选去世后，方正集团高举持续创新的大旗，践行持续创新的方略，已经发展成为综合实力与华

---

① 王选. 高新技术企业要警惕“成功是失败之母”[M]//王选文集（修订版）. 北京：北京大学出版社，2006：318.

② 王选. 最可怕的是错过一个时代[M]//王选文集（修订版）. 北京：北京大学出版社，2006：268-271.

③ 魏新. 论王选的创新思维[J]. 发明与创新，2006（10）.

为、海尔同列中国信息产业前三强的大型控股集团公司。2009年，方正占据中国校办产业赢利能力近70%的份额，为国家首批6家技术创新试点企业之一，在500家国有大型企业集团中排名第118位，总资产480亿元、总收入480亿元、净资产210亿元、利润25亿元。

第四章

王选的方法创新

“工欲善其事，必先利其器”。从创新大业的角度看，方法属器物。细节决定成败，不熟练掌握器物，创新又有几成胜算呐。“一屋不扫何以扫天下”，大师之所以成为大师，至少是能出神入化地运用器物。在方法层面上，看起来王选创新中表现出来的都是任何一个方法论学者都熟知的，但能够得心应手地运用如王选者，少之又少。

一、细观世音[①]

1．广泛调研

广泛调研是王选创新方法的基本特点。王选从来都是在充分占有基本信息的基础上作出判断的。不管是研究方向的选择还是企业发展的指引，王选都是根据足够的信息来表明自己的观点。

阅读文献是王选调研的基本方法。王选在2002年发表文章《阅读文献的习惯使我终生受益》，总结了阅读文献的两大好处，“阅读文献使我找到了自身发展的正确方向”、“了解国外最新动态可以避免科研工作走弯路”。王选在文章中介绍了他自己阅读文献的方法：“不看翻译过来的中文书，只看原版英文书”，“除了精读外，也需要浏览，以便掌握相关领域的最新动态。为了加快浏览速度，我于20

① 西南联大时，中文系教授刘文典教学生写文章，仅授以“观世音菩萨”五字。学生不明所指。刘解释说：“观，乃是多多观察生活；世，就是需要明白世故人情；音，就是文章要讲音韵；菩萨，就是救苦救难、关爱众生的菩萨心肠。”学生闻言，无不叫好。此处标题受这个典故的启发，也借此表达王选的广泛调研等了解现实情况和需求的创新方法。

世纪60年代初开始锻炼英语听力，这一措施后来给我带来很大好处。”王选也在文章中谈到了当时阅读文献的具体目的：“在从事激光照排系统研制过程中，由于我们碰到的难题，例如汉字字形存储量大、字形变倍后的笔画匀称问题，激光逐线扫描和不能等待的困难等，在文献中找不到解决办法。所以，我较多的是浏览最新情报，以确定自己选定的方向是否正确，同时也可以发现能为我所用的国外最新的硬件、外设、芯片和软件平台。”王选还指出了对文献价值的认识应该与时俱进，不必拘泥于传统的文献形式：“今天情况完全不同了，不仅文献上有新思想、新设计，国外的新产品更新很快，有的甚至在中国先上市。有些文献上看不到的新东西体现在国外新产品上。所以今天的科技人员也需要‘精读’国外的新产品，仔细分析其优点，寻找出缺点，其不足之处就是我们创新的源泉。”①

参观展览会和访问现场也是王选调研的重要方法。邮电部杭州通信设备厂研制成功并在当时已被《人民日报》采用的报纸传真机，就是王选在1976年春天的一个展览会上第一次看到实物的。看到这个设备后，王选才初步认识到我国具备了一定的研制激光照排机的技术基础，才下决心研制激光照排机的。王选还多次访问国内外照排机、计算机领域的企业，在访问中注意观察和了解情况，获得了不少有用的信息和启发。比如1991年王选访问施乐公司的PARC后，印证了自己关于研发与市场结合的判断；1994年访问IBM公司的Watson研究中心，听到“呼吸和吃饭”的比喻后深有感触。

广泛调研不但帮助王选能够在创新上不断确认自己方向的正确性、保证不走弯路，还帮助王选熟知了计算机学科以及IT领域的知名人物和企业的发展脉络和当前动态，使得王选的文章具有较强的故事性，读起来更吸引人。这样的文章主要出现在王选1993年退出科研第一线、进入扩散——结晶阶段后，其内含的思想性、方法性启发了很多读者。

2. 吃透需求

吃透用户需求，并力争做得比用户想象的还好。王选说：“要做到这一点，第一必须学习国外的系统，因为国外的需求往往早于国内，代表国内未来的需

① 王选.阅读文献的习惯使我终生受益[M]//王选文集（修订版）.北京：北京大学出版社，2006：172-176.

求；第二要深入用户中去，虚心向他们学习，了解该行业的业务；第三发挥创造力和想象力，设计出新奇的功能，然后到用户中去检验，判断这些功能是华而不实、锦上添花，还是雪中送炭。”①

有人对美国纽约的消费产品博物馆作过调查。调查显示，博物馆收藏了近6万件先进的技术或科技产品。它们大都由世界500强企业所发明，种类繁多、千奇百怪，但有一个共同的特点：没有获得消费者的认可和信任。这些技术或产品的开发价值超过了40亿美元，本可以创造400亿、4000亿美元，甚至更多的市场价值，但遗憾的是，最终都葬身于死亡谷中，夭折于市场。事实上，这个数字只是被美国市场淘汰的所有新技术或新产品的冰山一角。反观中国，毋庸置疑，情况更为严重，各类夭折的新技术或新产品不计其数，甚至很多关键的技术还躺在干净的档案室睡大觉，仿佛时光的流逝，人类文明的进步，与它们毫无相干。

为什么这些新技术或新产品会被消费者摒弃、被市场拒绝呢？其实，原因很简单，这些新技术或新产品没有自己的主流消费者，也就是，没有创造出需求，不能占据一定的市场份额。20世纪60年代，美国著名学者Everett和F.Shoemaker在《创新的沟通》一书中对技术创新产品客户群给出了独特的见解，绕开传统的年龄、职业、性别、地域、收入等因素，将人们对创新产品的态度或价值观作为划分客户群的主要标准，最终将技术创新产品的客户分为五类，各类消费群在市场上的分布比例为2.5%、13.5%　　. 16%和24%。

对于第一类和第二类消费群，他们很容易对新技术产品表现出兴趣。有人形象地将第一类比喻为“狂人”，第二类则被比喻成“赶潮流者”。对于“狂人”，他们本身都是科技的行家里手，对新的科技产品情有独钟，只要发现了新的技术产品，都想去尝一下鲜。PC机面世后正是这类人将其视为玩具，编写DOS程序，自娱自乐，从而为个人电脑颠覆市场打下了坚实的基础。“赶潮流者”不同于第一类人，他们不一定精通技术，但是他们拥有独特的消费个性，具有远见，对未来有预见性，非常乐于尝试新鲜事物，同时又喜欢快速追赶新的时尚潮流。然而，值得注意的是，这两类人只占总消费人群的16%，他们显然无法带领新技术产品跨越“死亡谷”，当然，他们也就不是新技术产品的主流消费者。

那谁才是新技术产品的主流客户呢？答案是，第三类和第四类消费群，他们

① 王选. 撒手锏出，后来居上[M]//王选文集（修订版）[M]. 北京：北京大学出版社，2006.

占据了市场消费群的70%左右。第三类被称为“冷静者”，是聪明的消费群，对创新的接收是有条件的。他们往往坚持一定的购物原则：新的技术产品能否解决问题？价格是否合理？如果产品能够符合价值要求，就算价格有点贵，他们也会毫不犹豫地购买；反之，再便宜也不会购买。第四类人是“跟风者”。他们的最大特点就是跟风。如果周围的人都购买了某种新的产品，他们就会出于环境的压力最终选择打开钱包买单，但他们对价格仍然很敏感，越便宜越好。

最后一类人是所谓的“落伍者”。他们对新的技术产品总是持怀疑的态度，就算身边所有的人都在使用电子邮件发信，他们也会觉得还是通过邮局寄信来得“可靠和真实”；即使所有人将U盘作为形影不离的存储设备时，他们还是固执地热衷于软盘的“安全和便捷”。这类人对于新技术产品的消费要比第一类和第二类晚5~8年之久，显然，一般新的技术产品是不可能将这类人作为自己的主流消费者。

到此我们就会很清楚地看到，在“赶潮流者”和“冷静者”之间存在着一个无法逾越的逻辑断层——“冷静者”不会受到“赶潮者”追捧的影响，也不会被新产品眩目的功能和精彩的设计所打动，最终，他们还是会理性地用自己的价值标准对新产品进行评价，以决定是否购买。也正是不同于“赶潮者”的感性消费，“冷静者”的理性消费导致了新科技产品在赢得狂热和追求时尚的消费者之后戛然而止，这就好比信心满怀的登山者面前出现了一条预想不到的沟壑，想跳，却跳不过去，很多人勇敢去尝试，结果却是，要么在深渊前徘徊不前，要么坠入深渊，死无葬身之地。这也就是所谓的技术走向市场过程中的“死亡谷”现象。

消费者价值观的断层直接导致很多高科技企业在度过美妙的蜜月期后发现，自己的主流客户不见了踪影，眼前的美好只是暂时的，光彩夺目的新技术产品因为得不到更多消费者的认可和青睐，最终被埋葬在历史的风尘中，成为博物馆中供人们观赏的“陈列品”。①

既然价值标准的断层是“死亡谷”形成的根本原因，那么如何才能让新技术产品符合主流消费者——“冷静者”的价值标准呢？应该从如下两方面着手。

第一，新技术产品必须消除客户的心理障碍。心理学家已经证实，消费者在

① 吴霁虹. 下一步，中国企业的全球化路径[M]. 北京：中信出版社，2006：154-156.

面对新技术或新产品时一般会存在“怕”、“不确定”和“怀疑”三大心理障碍。为了消除用户对于激光照排“先进的技术、落后的效应”的顾虑，《经济日报》这个“样板用户”发挥了重要作用。

第二，也是最重要的一点，就是新技术产品的“转换成本”为负数。在探讨“转换成本”之前，有必要讨论一下消费者的“习惯养成原理”。

消费心理学的“习惯养成原理”，通过研究消费者对一种新产品的消费行为，总结出如下三个方面的规律。

一是重复会形成喜欢。美国心理学家费斯汀格认为由于“临近”更容易导致人之间的“熟悉”，没有陌生感，危险性也最小，所以容易形成相互间的喜欢。以后的心理学家或者认为临近导致喜欢，或者认为熟悉导致喜欢，无论是哪个理论，都认为人之间的反复认知会导致相互间的亲近和认同。

消费心理学借用了心理学的这一成熟的原理，认为：只要消费者长期地使用一个产品，在通常情况下，都会产生喜欢的情绪，即所谓的“敝帚自珍”的心理和怀旧心理。所以，如何让消费者“使用”上该产品是很重要的，比如免费的试用、品尝等，都是让消费者在没有任何损失的情况下，先反复“使用”该产品，因为“重复”而建立喜欢，因此试用、品尝等是让消费者喜欢的重要途径和方法。

二是重复过程长短决定着消费行为的养成。巴甫洛夫通过条件反射实验得出了一个重要的结论，重复强化的时间越长，条件反射就越容易形成。因此，假如消费者经常购买某种商品，就会形成一种习惯，建立稳定的条件反射，一旦再次见到该产品或重新产生了购买欲望时，就会自然而然地再去购买它。重复过程越长，条件反射就越牢固，带有某种“定向”性的购买就会越容易出现。即消费者对某种商品的购买行为直接取决于“商品—购买”这一刺激——反应链的巩固程度。所以，如何保证让消费者在一定长的时间里反复地购买和使用某产品，对企业培养长期的顾客是很关键的。

三是强化物对消费习惯行为的养成也有很大的影响。巴甫洛夫的条件反射理论认为，任何一个人新的行为养成都必须使用“强化物”，而且必须使用“合适”的强化物。只有通过强化物的反复作用，才能使人的一种新行为得到产生、发展、完善和巩固。简单地说，让一个孩子学会穿衣服，给孩子一个玩具或者一本好书作为奖励，对其形成自己穿衣服的条件反射的强度和速度是不同的。

事实上，新技术产品的“转换成本”就是“习惯养成原理”中的“强化物”。用户无论是使用新产品还是使用旧产品，都会承担“病痛”。“转换成本”的含义也是在这一基础上得以阐述。“转换成本”等于用户转换到新技术产品承受的“病痛”与用户维持使用旧产品承受的“病痛”的“差值”。若二者没有差别，也就意味没有“强化物”，用户很可能继续使用旧产品，不会转向新技术产品；前者越小于后者，也就是“强化物”效力越强，用户越可能接受新技术产品。美国学者皮普·科伯恩在《创新的迷失》一书中运用众多生动的案例和深入精辟的分析，给出了同样的结论：“只有当维持现状所承受的痛苦大于转换到新技术上带来的痛苦时，这项新技术才有可能被大众接受。”

皮普·科伯恩在书中有这样一段描述：

20世纪90年代，我们可以看到巨大的变化。

难以置信!

第一台个人电脑LINC1964年问世时隔30年之后，也就是比尔·盖茨从哈佛辍学时隔14年之后，个人电脑在20世纪90年代进入现代科技的主流。1989年，全球售出不到2000万台个人电脑。10年后，这个数字接近1.7亿台。同一时期发生的重要变化还包括：

- 无线革命带来了今天全球近20亿的手机用户。
- 数据库进入主流技术的行列。
- 企业管理软件（ERP）进入主流技术的行列。
- 客户关系管理系统（CRM）进入主流技术的行列。
- 互联网解除管制，得以民用。企业高管们几乎没有经过什么慎重考虑就推出粗率的互联网战略；父母为了不让他们孩子被隔在数字鸿沟那一边，也纷纷买回电脑。
- 不管是否真的有这个需要，“千年虫”问题得到了解决。

如此种种……

但是，这些成功并不简单，并非一蹴而就，事实上，建造者为它们花费了数十年时间。如万尼瓦尔·布什（Vannevar Bush）1945年在《大西洋月刊》（Atlantic Monthly）上发表的《我们可能这样思考》（As We May Think）中就提到了其中许多潮流。在我心中，这是20世纪最好的科技论述之一。第二次世界大战结束时，布什建议美国引导那些工程天才转向下一代关键科技领域的研究。

他梦想着，如何构建个人电脑、存储器、互联网和万维网，而当时，很多今天成为主流的科技还没有发生。在长时间的奋斗后，我们才抵达现在这个阶段。

美国的第一个移动电话服务1946年问世。

第一个电视游戏1961年问世。

第一台个人电脑于1964年组建。

第一封电子邮件于1971发出。

1990年的许多大众潮流，花了几十年时间才被主流人群所应用，出人意料地催生了一次变革。

罗伯特·克林吉利（Robert Cringely）在《偶然王国》（Accidental Empires）一书中也有这样的论述："花了大众30年左右时间在日常生活中接纳新的信息科技，在15世纪花相同长的时间将活字印刷应用于书籍。20世纪20年代发明的电视，到50年代中期，才开始把我们绑定在沙发上。"

造成这种现象的根源就在于，经过几十年的发展，主流消费者转换到新技术产品时承受的"病痛"才小于维持使用旧技术产品所承受的"病痛"，新技术产品在"死亡谷"前徘徊数十年，最终成功实现了跨越。

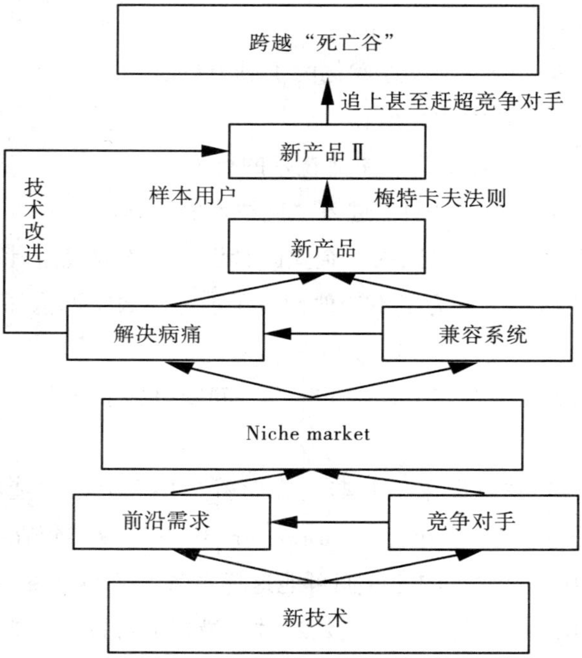

跨越"死亡谷"

如何才能保证“强化物”的足够效力，实现转换到新技术产品承受的“病痛”小于维持现状时承受的“病痛”呢？王选激光照排技术的商品化进程给出了一条路径。它既不同于传统的“发明者导向”，也区别于“目标客户导向”，而是强调“技术和市场相结合”。“发明者导向”认为，企业开发新的产品，新产品确实能带来新的功能，这样用户自己会找上门。事实上，这种模式使得企业很难了解自己的目标客户，无法掌握用户的即时“病痛”，更不会清楚如何让主流消费者转换到新技术产品时承受的“病痛”小于维持使用旧技术产品所承受的“病痛”；“目标客户导向”的模式则强调瞄准主流消费者需求，容易忽视一些能够引领时代潮流的新技术，个人电脑对小型计算机的颠覆就是一个很好的例子。王选认为，选择人有时比选择项目更重要，因为人才有远见，能预见某些新技术能够创造一个巨大的市场，与“发明者导向”不同，“技术和市场相结合”要求技术带头人必须吃透用户需求，把创新聚焦在用户最愿意掏钱的功能上。

首先，Niche market，找准市场切入点。基于竞争对手的定位和主流消费者最迫切需要解决的“病痛”（市场前沿需求），做到“一招鲜”和“没有竞争的竞争”。新技术产品必须“有自己的创新，而这种创新是用户所特别需要的，能使用户感到耳目一新，具有高的含金量，是产品与众不同的‘卖点’。”华光Ⅲ型系统抓住国外系统不了解汉字信息处理，推出书版软件，解决了当时印刷业最棘手的科技书籍排版问题，做到了“没有竞争的竞争”，这个“卖点”就是吸引用户使用激光照排系统的“强化物”，但仅仅有这个“卖点”，强度还不够。

其次，考虑兼容系统，实现渐进。1982年开始在TC83上增加杭州激光打印机的接口和相应的微程序，1984年在TC83上设计了LBP CX的接口和对应的微程序，实现高档和低档合用一个字形发生器和控制器的创新，并开辟了数万套高档轻印刷市场。

再次，树立“样板用户”推动新技术普及，发挥网络效应。当然，“样板用户”的选择是有原则的，样板用户应满足下面两个条件：一是对新技术的积极性很高，指望依靠新技术提高效率，降低成本，对新技术是一种依赖关系，靠新系统每天从事生产，而不是可有可无或只是锦上添花而已；二是有一定的技术力量，能提供研发所需的宝贵的最前沿的需求。尽管理性的“冷静者”不可能是利益共同体，他们可能都有各自独立的价值标准。然而在这个消费群中，总是会存在一些受共同价值链影响，具有共同的利益的用户，他们的目标决策会趋于一致。这就使得符合主流消费者价值标准的新产品一旦被接受，就有可能迅速获得一批客户。而这种被消费者认可的新产品很可能引发梅特卡夫定律（Metcalfe）。这个定律的基本含义是，随着用户数量上升，网络价值将呈几何倍数增长。譬如eBay的成功，先是一些买家吸引来一些卖家，接着是更多的卖家吸引来更多的买家，如此循环推进。

最后，在“样板用户”示范化工程的同时，采用国际最先进的技术和设备进一步创新，提升新产品的稳定性和可靠性，进一步降低新技术产品的成本，增强“强化物”的效力，实现主流消费者转换到新技术产品时承受的“病痛”小于维持使用旧技术产品所承受的“病痛”这个目标，最终跨越“死亡谷”。RIP、书版软件和NPM可以说是激光照排跨越“死亡谷”三大“撒手锏”。

为了更好地说明这一问题，可以参照分析“可视电话”的案例。

尽管早在1956年贝尔实验室就发明了可视电话的原型机，但是直到1964年纽约的世界博览会，AT&T才首次公开推出了可视电话。这套设备包括一个电话听筒和一个小电视。不久以后，AT&T宣布在纽约、芝加哥、华盛顿间开通可视电话业务，费用为每3分钟25美元，此外，可视电话整个设备售价约50万美元。AT&T希望通过这个业务让新技术走出实验室，如期进入家庭。

但是，调查结果显示许多人不喜欢可视电话，因为使用起来很麻烦，而且图像太小。此外，通话的同时被对方盯着让许多人觉得不自在。尽管如此，AT&T的高层还是坚信它会赢得市场。他们预计，到20世纪80年代中期，家庭与办公室里会安装300万部可视电话，带来每年50亿美元的利润。但事实并非如此，可视电话在目标市场甚至没来得及扎下根。

这是为什么呢？

首先，可视电话技术没有吃透用户需求，而是单纯地认为，用户自己会找上门。可视电话的新功能对用户不过是锦上添花，并不是针对市场亟待解决的“病痛”，消费者自然不会表现强烈的兴趣。

其次，可视电话没有合适的市场切入点。因为可视电话没有很好的兼容系统，没有为用户提供渐进式的调整过程，而是完全背离消费者已经习惯的生活；同时系统昂贵的价格使得很多消费者望而退步。

最后，梅特卡夫定律无法发挥作用。AT&T原指望网络效应能促进可视电话的应用，却没想到顾客根本没有内在的兴趣去看电话那端的表情，而且由于没有很好的兼容系统，人们都必须依靠昂贵的可视电话进行交流，这就使得目标转向新产品所承受的“病痛”远远超过了维持现状所承受的“病痛”。为什么梅特卡夫定律无法发挥作用呢？毋庸置疑，一个顾客采用可视电话是没有价值的，但是对第二个顾客来说价值可以用1表示，因为存在另一个对象可以通话。而对第100万个顾客来说，将有999999名顾客可以通话，其价值开始放大而有现实意义。然而问题在于，在第一个顾客的眼里，可视电话的效益为零甚至为负，这就使得产品的整个基础架构一直处于个人层面，网络价值的效益也就无法扩展下去。

当然，需要注意的是，激光照排技术商品化上只是提供一种可供参考的跨越“死亡谷”的路径，它的成功与当时的历史和社会环境是分不开的。更何况，如何跨越“死亡谷”一直是企业管理者最棘手的问题，否则，纽约的消费产品博物馆的6万件藏品可能早就是6万种名满天下的商品了，此外，新技术要成为好的商品也离不开好的营销策略，这就取决于创新者的经营和管理智慧了。

二、善导大势

1．巧借东风

值得注意的是，很长时间内，媒体在创新中的作用被人们忽略了。媒体——报刊、电视、广播、网络，我们几乎习以为常的东西，很多人认为，它只不过是我们获得信息的工具。然而，技术经营理论认为，任何决策都需要信息，在现代经济生活中，信息是交易的一个基本组成部分，因为“信息计入价格”。决策所需信息的大部分来自媒体，媒体记者对技术经营的影响不可小视。为了更有效地推进技术经营，需要懂得技术转移，特别是懂得如何宣传、报道技术转移的记者①。

不仅如此，媒体的宣传对创新成果的成熟有巨大的推动作用，可以说，《光明日报》为汉字激光照排技术的成熟发挥了重要作用，王选在回忆文章中写道：“1979年夏我们面临巨大压力，渴望领导和舆论的支持。1979年7月28日方毅同志来北京大学，顺便参观了照排系统，并口头指示可以报道，但国内新闻界领导

① 刘海波. 技术转移的三个“六”[J]. 中国科技成果，2009（1）.

对此分歧很大。由于系统不可靠，软件尚未完成，还不能实际使用，反对报道的理由也是可以成立的，何况过去有过很多夸大的报道，到头来成为笑柄。在总编杨西光的大力支持下，《光明日报》记者朱军同志与我们面谈后，深信我们的系统确实是一项重大技术突破，具有深远意义，所以想方设法，绕过各种困难，于1979年8月11日用通栏标题和十分突出的形式，在《光明日报》头版头条报道了照排系统的成果，标题为：'汉字信息处理技术的研究和运用获重大突破'，还发表了评论员文章。在其他所有的报纸都不报道也不转载的情况下，《光明日报》这样大张旗鼓地宣传，是要承担风险和压力的。在以后的年月中，我一直以这篇报道为动力，心里想着：千万不要辜负这篇报道，要用市场上的实际效果证明1979年7月的科研成果是一项重大的技术突破。"[①]事实上，在各大媒体谨慎观望时，没有《光明日报》的大力宣传，北京大学和日本松下公司共同研制汉字终端的合作就无从谈起，20万美元的外汇支持也就不可能实现，更不用说印刷专项的支持和后续的技术改进。

环顾我们的生活，媒体推动创新的例子也是随处可见。"蒙牛超级女声"就是一个很好的案例。

蒙牛酸酸乳，饮料行业发展到今天，从碳酸饮料、茶饮料、果汁饮料、运动饮料延伸至今天的乳饮料。蒙牛酸酸乳采用优质鲜牛奶制成，与其他类饮料相比，不仅口感更加清新爽滑，而且酸甜中不失牛奶的营养健康，使得产品附加值更高。这种创新的产品是如何称霸市场的呢？一提到蒙牛酸酸乳，大家耳旁都会想起"酸酸甜甜就是我"这首歌曲，不容置疑，它的成功，媒体发挥了至关重要的作用。

"湖南卫视"突破了传统媒体简单的赞助—广告—栏目的经营模式，而是与蒙牛公司共同合作，共同创造价值。对蒙牛公司而言，通过超级女声使它的品牌在它的有效市场区域获得有效的推广和传播，同时为蒙牛创造了良好的效益，使蒙牛的品牌真正得到一次体现。真正的通过这样一个有形的活动与它有效的消费群体发生了有效的品牌联系。蒙牛原本在成都销售额不是很好，由于设立超级女声成都赛区，它的销售额翻了好几倍，产品供不应求。不仅如此，蒙牛和"湖南卫视"使得很多没有金钱、权势甚至没有专业背景（有时难免走调）的普通人有

---

① 王选. 光明日报与激光照排[M]//名人与光明日报. 北京：光明日报出版社，1999（6）.

了一展身手的机会，让那么多热情可爱（有时也会可笑）、真诚洋溢甚至无所事事的人，有了宣泄情感并能够得到尊重和认可的欢乐场所，实现了全民共乐的盛大场面。而这一切创造了一个全新的价值网，实现了电视台、企业、普通百姓多赢的效果。

蒙牛超级女声的成功让我们看到，蒙牛借用“湖南卫视”取得成功的关键在于创造共赢。只有互利共赢，才能为创新注入活力，推动创新的顺利发展。这种思维在技术创新中也非常重要，尤其是技术的商用化。

很多科技成果只是停留在实验室阶段或被扼杀在中试阶段，无法转化成现实生产力，创新的链条断裂。众所周知，在现代经济生活中任何决策都需要信息，而媒体无疑是提供这一信息的重要中介，这也就会直接影响到企业和高校科研机构间的技术开发合作，影响到新产品中试阶段的风险投资的介入。高校科研机构、企业、风险投资商、科技中介、政府部分、媒体应该构建一个共赢的价值网，通过媒体将高校科研机构、企业、风险投资商等机构有机地联系起来，媒体及时、准确、适当地披露各种技术信息，尤其是那些有巨大发展潜力的技术，引领技术的发展。

2．集成超越

说王选是自主创新的典范，不仅因为他重视原始性创新，一开始就实现技术的跨越，注重消化吸收再创新，把创新聚集到客户最愿意掏腰包的功能上，还因为他兼顾集成创新，将原创性技术与现有的其他技术相结合，充分发挥已有的技术优势，实现新的产业跨越。

集成创新是系统思维的一种巧妙运用。苏联天才发明家根里奇·阿奇舒勒（Genrich S. Altshuler）和王选就是典型的代表。

根里奇·阿奇舒勒（Genrich S. Altshuler）在自己的发明解决问题理论TRIZ（Theory of the Solution of Inventive Problems）中，将这种方法归入技术系统进化法则之一，也就是所谓的超系统进化法则。阿奇舒勒认为超系统，是指超出已有系统之外的其他系统，相对应，超系统进化法则则包括了两种可能性选择：一是已有的技术系统和超系统的资源结合在一起，一是将原有的技术系统中的某个子系统，分离到某个超系统，从而让系统之外的这个子系统摆脱自身所面临的限制性约束，更好地实现原来的功能。空中加油机就是超系统进化法则的一个例子。由于长距离的飞行，一些飞机自然会面临飞行过程中燃油不够的难题，为此，有人建议在飞机上设计一个笨重的副油箱。然而，这种设计本身仍存在一个无法解决的矛盾：长距离飞行的飞机必须保证足够量的燃油，另一方面，为了保证飞行距离就要求飞机的外形尺寸和自身质量尽可能小，燃油量必须尽可能小，而副油箱不但增加了飞机阻力，而且自重的增加让飞机单位耗油量急剧上升。于是，又有人提出空中加油机的设想，将副油箱这个子系统分离到另一个超系统，不必再为燃油不足和耗油过大的问题担心了，因为长距离飞行的飞机可以由空中加油机提供燃油。

阿奇舒勒认为，超系统进化法则可以发生在技术系统进化的任何阶段。然而，在王选看来，集成创新的运用是有前提的，也就是基于自主知识产权的技术的集成创新，没有原创性的技术，就没有核心竞争力。这一点可以从彩色出版系统和采编流程管理系统中看出。

电子分色机借助挂网技术可以将彩色图片制成黄、蓝、红、黑4张色片。但是分色机自身不具备文字处理功能，这就带来一个无法解决的矛盾：彩色出版物需要高分辨率的彩色图片，这就要求高精密度要求的分色机，但要求人工剪贴把图片与文字合在一起，制一个版面需2～3小时，而另一方面，为了提高彩色出版物的效率，应该尽可能实现图片和文字的合一输出，缩短制版时间。要知道，从1976年王选就开始研制激光照排控制器，尤其是华光Ⅳ型机已经能实现黑白报业的图文合一输出，因而，1987年Ⅳ型机一研制成功，王选就提出了用桌面出版系统代替电子分色机的技术决策。只要让照排系统集成了挂网技术，黑白照排系统也就可以升级为彩色照排系统，随着超网格加网技术的成功和高分辨率的彩色扫描仪的面世，彩色出版系统这个超系统不但可以输出高分辨率的彩色图片，而且可以实行图文合一输出，省去了人工剪贴流程，彩色革命也就是水到渠成的事了。

告别纸与笔的技术革命走的则是第一条路径，将产业链上的各种技术集成在一起，形成一个具备新功能的超系统。这个超系统的实现是建立在成熟的网络管理系统和出版系统之上的，事实上，王选在1975年开始研究激光照排时就看准了这一方向。当时，有些计算机同行对王选选择照排项目不以为然，觉得照排系统是与印刷业打交道的并不高级的领域，也有的认为照排属于精密机械和自动控制课题，不符合北大的长处。碰巧王选读了刚刚完成的《纽约时报》信息库InformationBank系统的说明书和用户资料，看到了用照排系统取代铅字后下一步的报业发展前景。王选断定未来的报社一定是建立在计算机网络基础上的，通过建立基于数据库的信息存储和检索系统，使新闻采访、编辑和印刷出版实现一体化。王选相信，照排是信息处理领域的课题，不仅淘汰铅字，还会带来信息利用方面的革命。然而，直到1994年，《深圳晚报》才投入使用第一个编辑自己组版、告别纸与笔的采编系统，掀起告别纸与笔的革命，其中经历了两次重大的飞跃：一次是1986年华光Ⅲ型系统已经在市场投入使用，同时更成熟更先进的Ⅳ型已完成主体设计，另一次是1986年王选启动了照排局域网的研究，并于1990年完成了报社印刷厂的网络管理系统，包括录入管理、组版、发排管理及网络动态打印输出管理、新华社电稿接收等，实现了无软盘操作流程，同时还研制成功光盘资料存档和检索系统。1990年上半年，这些系统在《科技日报》投入使用，接下来的问题就是要解决报社记者和编辑部门采编流程的管理问题了。基于网络的采编流程管理系统支持记者、编辑、广告、美编、资料检索、图片照片管理和制作、组版、发排、版面远传、记者的远程服务，物资、发行、财务和人事管理以及办公自动化等方面的工作。整个系统可配备高档工作站或小型机作为后台主服务器，各个子系统可以是一个子网，有自己独立的服务器，从而使子网络内部通信可保持最高速度而不打扰干线。系统可选用支持Client / Server方式的大型数据库Sybase。系统的方便、快捷深受用户喜爱，1999年，方正采编流程管理系统的市场占有率超过了90%。

后来有些专家和学者把集成创新体系扩展为技术集成、知识集成和组织集成的大集合，也有学者提出了基于技术、战略、知识、组织的集成创新联结层面模型，以及产品开发集成创新的过程模型，但一言以蔽之，集成创新就是要充分利用各种创新要素，实现“1+1>2”的效果。王选的创新实践证明，与原始性创新和重大发明一样，集成创新同样可以成为技术跨越的突破口，尤其是以已有的技术优势为基础的技术集成。

王选在1999年2月发表的文章《创业难，守业也难》中，写道：“根据我们二十多年的实践，一个成功的产品大概要同时满足下面五个条件：一是采用国际最先进的技术和设备；二是有自己的创新，而这种创新是用户所特别需要的，能使用户感到耳目一新，具有高的含金量，是产品与众不同的‘卖点’；三是贴近用户；四是稳定可靠；五是研发进度得到控制，产品按时上市，从而能抓住机遇。”王选把“采用国际最先进的技术和设备”放在方正产品要成功满足的五个条件之首，可见他对这一条件的重视。为满足这一条件，王选在努力让核心技术走在世界同行前列的同时，尽最大可能采用当时能够取得的最先进的组件、配件，这是王选创新得以超越同行的一个根本性基础，也是王选集成创新的重要体现。

三、删繁就简

1．渐次收敛

人类认识的根本任务在于使感性认识上升到理性认识，透过现象抓住事物的本质；同样，创新也是一个认识问题、解决问题的过程，获得对问题的理性认识离不开收敛思维的运用。

收敛思维指在解决问题的过程中，尽可能利用已有的知识和经验，把众多的信息和解题的可能性逐步引导到条理化的逻辑序列中去，最终得出一个合乎逻辑规范的结论。它的特点是以某个思考对象为中心，充分利用各种知识和信息，将思维集中指向这个中心点，从而达到解决问题的目的。

由此可见，收敛思维强调把思维的各种结果从四面八方集中起来，选择一个合理的答案，因而具有封闭性；要求将问题纳入条理化的逻辑序列，必须按部就班、一环扣一环地展开，重视因果联系，因而具有较强的连续性；注重在特定指向上思考，形成思维的纵向深度和强大的穿透力，因而具有聚焦性。此外，收敛思维旨在从众多的信息中挖掘出问题的根源，寻求最佳解决方案，被筛选出的设想或方案是按照实用的标准来决定的，应当是切实可行的。这样，收敛思维就表现出很强的求实性。

在创新实践中，收敛思维的运用通常分为两步：首先是层层剥笋，发现根源；其次就是锁定问题根源，识别目标，去伪存真。

国家“748工程”的汉字精密照排系统是个非常复杂的技术难题。当然，王选也深知这一点，巧妙的是，王选合理运用收敛思维，揭示出了这个难题的根源。

既然要研究汉字精密照排系统，那么照排系统的发展现状如何呢？通过查阅文献，王选得知，照排系统已经发展到了第四代：第一代是手动照排机，第二代是光学机械式照排机，第三代是阴极射线管照排机，第四代是激光照排机。

国外的照排系统已经到了第四代，那各代照排系统的工作原理是什么？系统的发展趋势是什么呢？第一代是将字模制作在一块透明的模板上，通过键盘的控制，把选中的字符对准一个窗口，用很强的灯光照射，使这个字符在底片上感光，然后底片移动一下，再照下一个字符；第二代是把字模制作在有机玻璃圆盘或圆筒上，在照排过程中圆盘作高速的匀速转动，当选到需要照相的字符时，自动启动闪光灯，使字符在底片上成像；第三代是把所有的字模以数字化形式存储在计算机内，输出装置是一个超高分辨率的阴极射线管，依靠它发光在底片上成像；第四代是将字模以点阵形式存储在计算机中，输出时用激光束在底片上直接扫描打点成字。

由此可见通过计算机快速实现信息的存储和输出是照排系统的关键，同时数字化技术是计算机存储的发展的必然趋势。

掌握了照排系统的情况后，目前汉字照排系统的发展现状又如何呢？

王选发现，汉字照排系统的研制，只有日本研制成功了第三代照排机，但并没有从根本上解决汉字信息的存储问题，只能提供宋体和黑体两种字体，仅能勉强应付日文中的少量汉字，而且质量也达不到印刷要求，无法投入实际应用。

由此，王选揭开汉字精密照排系统的神秘面纱，系统的核心在于实现巨量汉字字形信息的计算机存储，这也是系统研究的突破点。而要取得突破，就必须采用数字化存储的技术途径。

实际上，王选的这种分析方式即是通常所说的层层剥笋法。

众所周知，竹笋是由一层一层的壳包裹而成的，借助这个形象的描述，层层剥笋法即是指利用收敛思维，向问题的核心一步一步逼近的过程，让我们不仅仅停留在表面，而是着眼于问题根源的探究，透过现象看本质。

当我们找到问题的根源，有时我们竟会发现，原来问题是如此的简单。

据说，位于美国华盛顿广场的著名的杰弗逊纪念大厦，因为年深日久，墙面出现裂纹。如何保护这栋大厦的安全，成为相关专家亟待解决的难题。

最初，几乎所有的专家都将损害大厦的罪魁祸首归为带有侵蚀性的酸雨。然而，经过进一步观察分析，发现导致墙体被侵蚀的最直接原因不是酸雨，而是每天冲洗墙壁所使用的清洁剂含有对建筑物有害的酸性物质。

专家们进一步分析，为什么每天要对大厦的墙壁冲洗呢？是因为墙壁上每天会附上很多的鸟粪；而为什么每天有那么多的鸟粪呢？是因为大厦周围聚集了很多的燕子；又是什么导致如此多的燕子出现呢？因为大厦墙上有很多燕子非常爱吃的蜘蛛；为什么又会有这么多的蜘蛛呢？因为大厦四周有大量蜘蛛喜爱的食物——飞虫；为什么有这么多的飞虫呢？因为飞虫在这里繁殖速度非常之快；而飞虫繁殖速度如此之快是由于大厦周围的尘埃为飞虫提供了最适宜的环境；为什么这里最适宜飞虫的繁殖？因为大厦敞开的窗户很多，阳光充足，大量飞虫在此聚集，繁殖速度十分惊人。

经过一环扣一环的思考，专家们发现，解决问题的办法其实非常简单，只要拉下整幢大厦的窗帘，而此前精心设计的一套套复杂的维护方案也成了一纸空文。

层层剥笋法为我们运用收敛思维提供了一种思路：透过掩盖在事物表面的现象，一层一层排出非本质、繁杂的特征，发现问题的根源，为问题的完美解决打下坚实的基础。

通过对汉字精密照排系统的深入思考分析，王选发现，解决问题的关键在于实现海量汉字信息的计算机的存储，必须采用数字化储存的技术途径。然而国内领先的五家大型研究单位中，两家选择了二代机方案，另外三家虽然研究的是三代机，但是分别选择了字模管、飞点扫描和全息模拟存储的技术途径。

王选并没有盲从，而是坚信自己的判断，二代机用机械方式选字，对机械精密程度要求极高，在当时的中国研制生产难度很大，而且功能极为有限，没有发展前途的；字模管式三代机和飞点扫描式三代机都采用模拟存储方式，很难满足人们对出版印刷日益增长的需要；要实现汉字信息的计算机储存这个目标，必须采用数字化的存储方式。事实证明，王选的判断是正确的，20世纪80年代初，国内的五家攻关单位全部停止了照排系统的研制，而王选也在1980年研制成功了汉字激光照排系统原理性样机，并在1985年实现了激光照排技术的市场化。

因此，解决问题的手段可能多种多样，但要寻求解决问题的最佳方案，不妨从问题的根源入手，将其作为目标，根据目标判断，去伪存真，坚持走一条正确的快速的研究道路。

运用目标识别，首先应将思考对象的关键特征与自己的经验和知识联系起来，然后根据这个目标，采取相应的解决方案和实施措施。

在军事领域也有这样一则小故事，是德国军队运用目标识别夺取了一场小规模战争的胜利。

故事发生在第一次世界大战期间，德国的一支军队和法国的一支部队交锋，双方僵持，久攻不下。正所谓“擒贼先擒王”，德军决定先炸毁法军的指挥部，摧毁法军作战的大脑。然而，情报人员一直无法确认法军指挥部的位置所在，因为法军的司令部在前线一个非常隐蔽的地方修建了地下指挥部。

尽管法军的隐蔽工作非常周密，但是一位聪明的德国侦察员，通过对一只猫的分析找到了法军的地下指挥部。原来，这只猫每天早上八九点钟都会在法军阵地后方的一座土包上晒太阳。

据此侦察员推断：猫的栖身地就在土包附近，这很可能就是地下指挥部的所在地，因为周围没有人家，而且这绝不可能是只野猫，因为野猫一般不会白天出来，更不会每天准时出现在炮火隆隆的阵地上晒太阳。

进一步仔细观察，发现这只猫属于名贵的波斯猫，在双方僵持不下之时，普通的下级军官是不可能有兴趣更没有胆量养猫的。因此，可以断定，那个隐蔽的土包一定是法军的高级指挥部，随后，德军集中6个炮兵营的火力大举进攻，实施地毯式轰炸。事后证明，他们的判断完全正确，整个法军地下指挥所的人员全部阵亡，德军借此赢得了这场艰难的战争。

不仅如此，即使在日常生活和工作中，目标识别也发挥着重要作用。通过目标识别，有利于我们抓住反映事物本质的关键现象，并根据这一现象一步一步深入分析判断，直至最终接近问题的核心，找到解决问题的良方。

总而言之，无论是层层剥笋以发现根源，还是目标识别来去伪存真，抑或是返璞归真，我们利用收敛思维的最终目的就是从问题的根源入手，解开问题的症结。

无论是研究第二代机械照排系统还是研究字模管式三代机，或是研究飞点扫描式三代机，这些研究单位都是将目光集中在改善照排系统的输出和印刷效率，而没有像王选那样抓住问题的根源，解决海量汉字信息的计算机存储技术，最终无疑是以失败告终。

其实，我们生活中很多事情也是如此，人们往往能够发现问题，却不能真正找到问题的症结所在，只是盲目地将问题的根源归于一些无关紧要的细枝末节上，不但没有很好地解决问题，而且花费了大量的人力、财力和物力。

很久以前，在欧洲，自从西红柿采摘机发明以后，很多的机械专家就一直致力于改进设备。然而，他们发现，尽管采摘机经过屡次改进，各式各样的采摘机仍然无法避免将西红柿弄破的窘境。直到这时，人们才意识到，问题的关键不是采摘机太过于笨重，而是西红柿的皮太薄。彻底解决不弄破西红柿的方法只有聘请植物学家研究培育新的西红柿品种，让新的西红柿长出和水果一般厚实的果皮。

人们一直追求的目标是当西红柿被采摘机采下来时，果皮是完好的。将果皮变厚和改进采摘机不过是实现这个目标的一种方法而已，人们一直忙于改进设备的原因就是没有认识到问题的本质。

认识事物、分析问题，我们不能只停留在感性认识的层面，应该上升到理性认识的高度，从而撇开那些蒙蔽人的表象因素，否则就会陷入死胡同，直到无法改进设备时才意识到问题的根源在于西红柿的皮太薄，走了很长的一段弯路。

因此，无论是我们要解决的问题还是想设法满足的需求，也许解决的方法有很多，但其发生的根源只有一个。思考方式的不同必然会带来对问题和需求表面现象的认识不同，如果思维断断续续，横冲直撞，那么我们很可能会局限于一些迷惑的假象，无法发掘问题和需求的症结所在。只有站在理性认识的高度，充分利用各种信息和知识，找到问题的根源和症结所在，问题和需求的解决也就不难了，而这恰恰是收敛思维运用的关键所在。

2．数学抽象

数学抽象是王选创新方法的最突出特点。从学科的角度看，王选对于数学的偏好远远超过了其他学科。他对每一个跟自己攻读学位的学生，都提出很高的数学要求，他也把数学作为评价学生和员工科研能力的一个硬指标。因为在他看来，计算机本身就是数学和电子学结合的产物，数学基础是直接决定在计算机科学领域能否作出重大贡献的根本因素。

首先，数学强调抽象，即从许多事物中舍弃个别的、非本质的属性，抽出共同的、本质的属性，获得一个简单的概念，从而达到去伪存真、化繁为简的功效。譬如1，2，3，4，5，…，99，100，一百个数，它们的共同特点是全部大于零为正，因而用“正数”这个概念即可以描述这个群体。抽象在计算机研究中发挥着重要作用，“计算机硬件、操作系统、高级语言和应用系统的设计中经常使用‘抽象’的手法。”王选为此举了一个实例：大概在1946年，著名数学家、存储程序计算机概念的提出者冯·诺伊曼在一次讨论班上说，他可以用6个电子管设计一个加法器，并在黑板上画出加法器的电路图。主持世界上第一台电子计算机ENIAC工程设计和实现的埃克特立刻说，“不对，有一处脉冲的极性反了，应加一个管子实现反向，另两处驱动能力不够，应加管子，因此需要九个电子管。”冯·诺伊曼回答说“你说的是电路上的加法器，我说的是逻辑上的加法器。”正是依靠了抽象，出现了电子计算机逻辑设计这一重要分支。事实上，王选研究巨量汉字信息的计算机存储问题时，能提出轮廓加参数的描述方法，很大程度上得益于王选的数学基础，抽象手法的巧妙运用，让王选找到了蕴藏在五花八门的汉字背后的数学规律，从而想到用轮廓加参数这一新概念来描述汉字信息。

其次，数学讲究严密的逻辑推理，严密的逻辑思维和推理对硬件和软件研制都是很有帮助的。英国哲学家罗素试图证明数学是逻辑的延伸，即可从一些无可怀疑的真的逻辑公理出发演绎出全部数学真理，却发现不能将数学公理归结为普遍真的逻辑公理，也就是说，数学是拟经验的。然而，可以肯定的是，数学系统本身仍是一个由公理集到定理集的逻辑展开的演绎系统，强调从最简单、最可靠的概念出发，通过严密的逻辑推理前进到复杂的概念。计算机的系统和程序设计应该谨慎，一开始就不要把故障引入。数学基础好、逻辑思维严密的人，一旦掌握了软件设计和编程的基本方法和技巧后，就能研制出结构清晰、高效率和可靠的软件系统；而一个思维不严密和推理能力差的程序员，即使有多年的编程实践，往往仍不能很好地完成任务。30多年来，王选在从事逻辑设计、体系结构研究、软件、微程序设计和专用芯片的设计过程中，深感北大数学系的严格训练使其终生受益。在华光Ⅳ型、方正91和最新的方正93电子出版系统中，王选设计过三次专用超大规模集成芯片ASIC，其中最复杂的是方正93的专用协处理器芯片。由于研制小组成员逻辑思维严密，所以在芯片模拟中仅发现一个小错，样片出来后没有任何错误，由该协处理器为核心的方正93系统完全达到了预期的目的。多年来王选在ASIC设计中从未做过实际的电路实验，主要依靠严格的论证来保证设计的正确性，结果三次样片都是一次完成。”

最后，数学追求简单性、精确性和最优化，这对程序算法的构思有帮助。好的算法往往会大大改进系统的性能。1974年图灵奖获得者克努斯（Knuth）是学数学出身，在算法分析方面作出了重要贡献。他动手设计了被人们称为“数学家设计的排数学公式的软件”的TEX排版语言，并发明了一种算法，使得计算机排版时既能把一段公式拆成几行，又能保证得到的版面很美观。1980年图灵奖获得者霍尔（Hoare）由于在公理语义学方面的贡献而闻名。大学毕业后，霍尔去莫斯科大学学习概率论，然后于1960年进入Elliott公司作程序设计师，概率论基础让他一接触程序，就立刻发明了一个快速排序的算法。激光照排系统的成功离不开好的算法的支持，得益于一个节拍里（一个时钟周期）将曲线轮廓转为一个点的算法，方正93RIP能在7~9分钟输出1524DPI四开一版的CMYK四色片（包括RIP经网络从服务器上读文件、解释PostScript文件、形成版面点阵、照排机扫描四张底片的全部时间在内）；高档彩色系统的挂网算法直接影响彩色出版物的质量，杨斌在挂网方面做了出色的工作，采用超网格加网算法，软件自动发生大型超网格的网点模型，青版和黑版的角度误差只有0.00035°，从而有效地防止了龟纹，使挂网效果达到一流水平；1997年7月，方正世纪光栅图像处理器纯软件RIP面世，阳振坤设计了一种全新的压缩/解压缩方法和新算法，使其达到了创纪录的100MB/秒，比前一代速度快了5~10倍，整体速度超过制定PostScript标准的美国厂商Adobe。

事实上，数学对创新的重要性不仅仅体现在计算技术领域。大哲学家柏拉图认为，数学是一切知识中的最高形式，“数学知识是公民资格的前提”，并断言要获得外部世界普遍规律的确定知识，只能求助类似数学这种理性的洞察和逻辑的推演，而不能依靠经验的观察。法国哲学家笛卡儿进一步阐述道：“数学是知识的工具，亦是其他知识工具的源泉。”数学是笛卡儿唯一感到满意的科学。然而，笛卡儿对数学的重视，并不是出于对数学研究成果的重视，而是对数学的研究方法的重视，“几何学家惯于在极其困难的证明中运用简单而又容易的推理长链达至结论。这使我设想，凡是人能认识的事物全部以此方式相互联系，没有什么由于遥远而我们达不到的，或者由于隐蔽而发现不了的，只要我们力戒以假作真，始终在思想中保持从一个真理演绎出另一个真理所必需的秩序。”在他看来，只有数学具有精确性和明晰性，数学应当成为其他科学的楷模，其他的科学也应该向数学一样，从最简单、最基本的观念出发，然后进行谨慎的演绎推理。

尽管数学并不像柏拉图和笛卡儿宣称的那样，是完全理性、完全确定的，与其他自然科学一样，数学也会面临经验和理性互相交错的问题，也是拟经验的，但是数学对简单性、精确性和最优化的追求具有重要的现实意义。

简而言之，对简单性和经济性的追求是一切科学研究的目标，从这个意义上可以说，数学是其他一切知识工具的源泉。大物理学家牛顿也是简单性原则的推崇者，“如果你能从现象中发现两三个普遍性的运动原理，然后再告诉我们一切有形体的物体的性质与作用都是由这些明显的原理产生的，那在哲学上就是一个大进步，虽然这些原理的原因还没有发现出来。”德国物理学家海森堡表达了类似的看法，“如果自然界把我们引向极其简单而美丽的数学形式——我所说的形式是指假设、公理等贯彻一致的体系——引向前人所未见过的形式，我们就不得不认为这些形式是‘真’的，它们是显示出自然界的真正特征。”即使是与唯理论相对立的经验论哲学家在这一点也表示了认同，马赫提出了“思维经济”，他认为，数学最有力之处就在于避免不必要的思维消耗，以及演算方面的节约和经济性，而数学函数表达的定律是最大限度的经济，因为它不能进一步简化。因此，在他看来，用数学函数来描述或摹写经验事实中间的依存关系，发现一种能够用数学精确性来表现经验事实中间的依存性的数学函数或公式，是科学研究的最终目的。

翻开人类科学的发展史，数学的作用无处不在。

实验对科学研究的重要性不言自明，离开实验，科学之树就将丧失壮大成长的肥沃土壤。科学上很多伟大成就都是实验和理论密切结合的结果，更确切地说，是观察实验和数学演绎的结晶。数学大师陈省身曾说过，“数学是实验的基础——科学需要实验。但实验不能绝对精确。如有数学理论，则全靠推论，就完全正确了，这是科学不能离开数学的原因。”动力学的创始人伽利略创立了数学—实验的科学研究方法，他特别重视定量实验的研究，创造一些可以测量的条件，使实验尽量符合数学要求，从实验结果中概括出数量关系。在他看来，“自然这本书是用数学的语言写成的”，只有把数学方法应用到物理学对象，才能使人们对自然规律的认识更深入、更精确。牛顿不但创立了经典物理学，还创立了微积分学，开辟了数学新时代，他创造性地把实验和归纳得出的经验规律及其演绎推出的结论，用数学语言整合成公理化的知识演绎体系。

数学是其他知识工具的源泉还体现在，数学推动了其他学科的发展。法拉第第一个宣布电磁学实验时，没有几个数学物理学家给予认真对待。是麦克斯韦甘愿做“法拉第的数学家”，将他的实验发现数学化，得出了有关电磁现象的数理方程，从而开创了电磁学的新篇章。孟德尔将数学应用于生物学领域，最终发现了遗传定律，从而开创了在生物学上运用数理统计学的新篇章。不仅在自然科学领域如此，在社会科学领域，数学同样发挥着重要作用。马克思特别重视运用数学方法来研究社会科学，特别是政治经济学。在《资本论》中，马克思运用数学这个强有力的工具揭露了资本主义制度的剥削本质，揭示了资本主义制度的发生、发展和必然灭亡的规律。在《资本论》第三卷第三章马克思这样写道：“当利润和剩余价值在数量上被看作相等时，利润的大小和利润率的大小，就由在每个场合已定或可定的单纯数量关系来决定。因此，首先要在纯粹数学范围内进行研究。”当谈到社会资本扩大再生产的条件时，马克思这样分析道，“社会资本扩大再生产的基本实现条件是，第一部类原有的可变资本价值，加上追加的可变资本价值，再加上本部类资本家用于个人消费的剩余价值，三者之和应当等于第二部类原有的不变资本价值和追加的不变资本价值之和。用公式表示是：

$$I(v+\Delta v+m/x)=II(c+\Delta c)$$

从这个基本条件可以引申出另外两个实现条件：

一是第一部类全部产品的价值，必须等于两大部类原有的不变资本价值和追加的不变资本价值之和。用公式表示是：

$$I(c+v+m)=I(c+\Delta c)+II(c+\Delta c)$$

二是第二部类全部产品的价值，必须等于两大部类原有的可变资本价值、追加的可变资本价值，以及资本家用于个人消费的剩余价值之和。用公式表示是：

$$II(c+v+m)=I(v+\Delta v+m/x)+II(v+\Delta v+m/x)$$

不仅如此，马克思甚至诉诸微积分的公式来描述资本主义经济危机的规律。

复杂性研究和跨学科研究的兴起，系统方法逐渐受到重视，在这种情形下，出现了一些适合定性处理的数学分支，也就是我们通常所说的运筹学的数学工具，如线性规划和博弈论、图论、马尔科夫链等。维纳曾说：“罗素给了我一个非常好的思想，即打算专门研究数量逻辑和数学哲学的人，可以从数学本身中学到某种东西。”这种东西推动了维纳的控制论的发展。控制论不考虑系统的质料、能量，着眼于研究系统的信息变换和控制过程，并用统一的科学语言对控制论系统实现形式化，对控制论系统的研究不仅要求定性，而且要求尽可能地做到定量，甚至必须定量，使系统的规律数量化，有了定量的处理，对系统的各种存在及运动规律的作用就有了加以比较、选择的可能，从而实现控制论系统的最优化控制。

数学是如此重要的，以致马克思认为，一种科学只有在成功地运用数学的时候，才算达到了真正完善的地步。因此，为了加强我国的自主创新能力，不仅要注重数学背景的计算机人才培养，带动我国信息产业的发展，还要推广数学——实验研究方法提高我国基础研究水平，加强应用数学研究，推动工程领域的技术变革。

王选偏好数学的原因，应该超越于数学为他提供的工具意义。从初三到大三的这段时间里，王选接受着最好的数学教育，接触到了最好的数学教师和数学家，他一定认识到了数学的价值、数学的意义和数学的美，他也一定建立了自己的数学思维方式，或者在他的思维方式中，数学占有非常重要的位置。所以，当他运用数学工具去解决电子线路设计、汉字信息压缩等问题时，是那样的轻松自如。数学让他直接看到了事物的本质，看到了世界的本质。

3．经济思维

奥地利科学哲学家马赫提出了著名的“思维经济”原则，指出科学具有经济功能，科学家在科学研究中要坚持经济思维原则，也就是要用尽可能少的思维消费，尽可能简单的方法，尽可能短的时间，获得尽可能多的知识，尽可能多的效益。尽管马赫的初衷是要证明概念甚至是最基本的概念在逻辑上绝不是必然的，只能从经验知识中寻求依据，而且科学不过是依据思维经济原则用函数关系来取代和节省经验材料本身，但是这种倾向于现象的经验论具有方法论的意义。很多看似复杂的事物其实并没有人们想象中那样的难以捉摸，透过那些令人迷惑的现象，抓住事物的本质，一切也就变得简单了，这就是通常所说的简单思维。

简单思维得到了很多哲学家和科学家的重视。最著名的莫过于14世纪哲学家奥卡姆·威廉，他以不见于著作中的格言而享有盛名——“如无必要，勿增实体”，人们将其称为“奥卡姆剃刀”，其作品中有一句类似的话：“能以较少者完成的事物若以较多者去做即是徒劳。”换言之，人们没有理由引入不能解释某一事物的法则或假说。正如1932年爱因斯坦在哥伦比亚大学的讲话中指出的那样：“我们在寻求一个能把观察到的事实联结在一起的理论体系，它将具有最大可能的简单性。我们所说的简单性，并不是指学生在精通这种体系时产生的困难最小，而是指这体系所包含的彼此独立的假设或公理最少。”

站在方法论的角度，简单思维就是要舍弃一切复杂的表象，把握问题的本质所在，有时甚至能迅速给出“结论”或快速引用一些非常熟悉的“法则”或“规律”解决问题。

如何圆满解决汉字在计算机中的数字化存储问题一直是很多科学家难以逾越的高山，然而，王选深厚的数学功底发挥了奇效。通过统计发现，汉字字数繁多，常用的有五六千个，这些汉字乍看上去杂乱无章，实际上，是有规律可循的，每个汉字都可以细分成横、竖、折等规则笔画，和撇、捺、点等不规则笔画。对于规则笔画，可以用一系列参数精确表示；对于不规则笔画，可以用轮廓表示。而且，汉字中规则笔画的比例占了近一半，这样汉字信息的压缩比可以达到500：1。利用这种轮廓加参数的描述方法，王选解决了汉字信息的数字化存储。

然而，1975年时，中国报纸的正文字是五号，当采用五号字时，照排系统的输出分辨率应当是742线/英寸（DPI），在这个分辨率下，汉字笔画多，尤其是横道很多，在字形变倍特别是变小时，笔画会出现粗细不匀，影响印刷质量。如何解决这个难题呢？因为汉字的规则笔画所占比例很高，而且发现变形失真的正是这些规则笔画，只要使用参数这一附加信息来描述横宽、竖宽，并保证本来一样宽的横或竖变倍后仍维持相同的宽度，在742DPI的分辨率下的小字就不会失真，仍旧美观匀称，这一发明比西方早了整整十年。

王选抓住了汉字背后隐藏的规律，取得了“出奇制胜”的效果，以一系列世界首创的发明解决了困扰无数科学家的难题，为汉字精密照排系统的后续研究奠定了基石。

绝妙常常存在于简单之中，而简单正是来源于对事物本质的把握。爱迪生有个助手叫阿普顿。有一次，爱迪生安排阿普顿测算一下梨形灯泡的容积，看着形状如此怪异的灯泡，肯定得运用复杂的数学理论了，阿普顿心想。于是，他一会儿用标尺测算，一会儿计算，几个小时过后，爱迪生进来了，询问阿普顿是否已经完成工作。满头大汗的阿普顿回答："快了，很快就好了。"爱迪生诧异地看着他，走近一看，发现纸上写满了各种复杂的公式。于是，拿起灯泡，装满水，递给阿普顿说："你去把灯泡中的水倒入量杯，就会得出我们所需要的答案。"

王选常说，关于照排系统的更新换代，我觉得应该遵循一个原则，就是用最少的设备，获得尽可能高的速度。事物是不断发展变化，随着社会的进步和环境的改变，构成事物的某些功能或性能要素也就变得没有必要，这时，简单思维的运用往往能产生创新性的成果。工作人员剔除了收录机录音的功能，仅仅保留听的功能，研制成功了随身听；世界上最早的火车车轮上套有齿圈，通过与钢轨上的齿条啮合向前运动，机车司炉工斯蒂文森大胆设想去掉齿圈，让火车速度一下提高了5倍以上。

在创新层出不穷的今天，无论是一个产品、一项技术还是一个课题，简化无疑是所有人突破的方向。然而今天我们似乎习惯了复杂，各种复杂的理论和模型深受追捧，不妨试着运用简单思维，常常能起到出奇制胜的效果。

四、领异标新

1．树立样板

新技术要转化为现实生产力，"样板用户"有时可以缩短技术商用化的时间，降低商业风险，因为新事物必须越过人们的心理防线，消除用户的担忧，才能真正被市场接受。

创新就意味着打破常规，改变传统的思维方式或行为方式，这就势必挑战消费者的行为习惯，习惯的改变绝非易事。英特尔通过电脑试图改变人们使用纸和笔交流、沟通的习惯；佳能的桌面打印机试图改变人们在公司内专门设立复印室的习惯。虽然他们最终都取得了成功，但却经历了一个较为曲折的过程，因为并不是所有的人都愿意改变旧的生活方式，也不是所有人都能在同一时间内认同并接受这突如其来的不速之客。而且，心理学家研究表明，通常消费者在面对新技术和新产品时存在心理障碍，这是人天生的一种条件反射，这种心理困扰可以分为"怕"、"不确定"、"怀疑"三种。以王选的激光照排系统为例，消费者

“怕”汉字激光照排系统不能投入正常使用，不能为自己带来效益，甚至可能害怕系统发生故障难以维修，成本过高；“不确定”今天买的东西明天是不是就会过时，被市场淘汰；“怀疑”厂家的诚信，怀疑厂家明天就会消失，怀疑产品并不像厂家宣称的那样功能完备。正是这种心态的存在，导致消费者容易对产品产生抵触心理，新技术和新产品也就面临在市场边缘游离甚至被淘汰的危险。

王选借助《澳门日报》和香港亚洲电视台将彩色出版系统和基于硬盘视频服务器的系统成功打入市场，推而广之，在竞争非常激烈的今天，将创新产品与现实生活中的产品捆绑，作为样本销售，有时不但可以节省成本，还能快速取得消费者的信任。

美国通用电气公司利用一项创新技术开发出了全自动洗碗机，然而，在推出这种先进的厨房家用电器时，各大电器商场货架上的全自动洗碗机都出人意料地被消费者冷落。

尽管使用了各种手段来宣传，人们还是对这种洗碗机无动于衷，一些经销商也开始对这种商品敬而远之，全自动洗碗机眼看就要夭折在市场投放期内。

通用电气决定开展专项市场调查，探究究竟是什么原因导致了这种尴尬局面。调查发现，在大多数消费者看来，十来岁的小孩都能洗碗，自动洗碗机在家中几乎没有什么用，这种洗碗机需要很多准备工作，增添了不少麻烦，还不如手工洗碗方便；这种华而不实的“玩意儿”还会影响“能干的家庭主妇”形象，甚至有人怀疑这种自动洗碗机能否将碗洗干净，而且机器十分复杂肯定需要很高的维护成本；也有人认为，产品功能不错但价格太贵。

为此，公司聘请了一批市场营销设计专家，这个智囊团经过分析思考，给出了一个新方法：“将销售对象转向住宅建筑商。”也就是将自动洗碗机与新商品房捆绑销售。

在通用电气公关人员说服下，一些建筑商做了一次市场试验。结果让人喜出望外：装有自动洗碗机的房子很快就被卖出或租出去了，而且在其他条件完全一样的情况，装有自动洗碗机的房子出售速度比不装洗碗机的房子平均快两个月。这样其他的建筑商纷纷将自己的新建住房装上这种全自动洗碗机，通用电气公司的自动洗碗机的销售也就十分畅通了。

在现实中，很多创新性的产品因为无法取得消费者信任而错过最佳的商用化时机，创新性技术也没能进一步完善，其经济价值也就无法释放出来。有时，巧妙借用现实中某一种事物，树立样板，问题可能也就迎刃而解了。

2. 曲折迂回

王选认为，科学研究有时可以采用迂回的策略，用创新的设计，绕过常规方式会遇到的巨大的困难，实现技术发展的跨越，往往能够走出一条高效益的、事半功倍的捷径。

由杭州的报纸传真机，王选联想到了激光照排机。但这只是暂时解决了输出设备的问题，因为北京大学的光学专家张合义告诉王选，用激光光源代替录像光源，同时提高分辨率的确可以制成满足印刷要求的激光照排机，但是无法解决激光照排控制器的技术困难。

原因在于，杭州通信设备厂滚筒式的传真机采用的是逐线扫描（raster），一旦开始扫描就要连续不断地运转，必须不停地高速提供点阵信息给扫描头。这种扫描方式给汉字压缩信息的还原和输出带来了巨大的困难。若采用满足出报要求的742DPI分辨率，普通的一版报纸的压缩信息量就能达到20MB，而当时国内还没有研制出磁盘，只能采用磁鼓，最大的磁鼓容量仅有512KB，内存都是磁心的，一块板为8KB，最多插8块板，也就是64KB。

面对如何苛刻的硬件条件，王选想起了IBMStretch计算机借助软件实现多道程序运行和切换，软件和硬件两方面的实践让王选想到了解决办法，这也是为什么将从事软硬件结合视为人生最重要的一个抉择的原因。

实际上，王选正是巧妙利用了以退为进的迂回思维。所谓迂回思维，是指在解决某个问题时遇到常规方式无法解决的巨大困难时，不是直接或正面思考如何解决问题、克服困难，而是从所面临的问题的实际情况出发，让思维在一段时间内离开直线的轨道，谋求避开或越过困难的一种思维方式。

以退为进，“退”只是暂时的放弃或付出，为的是以后更大的“进”，更重大的收获。

1981年激光照排原理性样机通过部级鉴定，北京大学决定将原理性样机申报电子部的科技成果奖，然而，王选却放弃了申奖，而是全力以赴研究更为先进的Ⅱ型机，为系统的完善和推广赢得了时间，最终取得了告别“铅与火”革命的成功，国内外的大奖更是接踵而至。王选这种“放弃小利益，收获大成果”的做法，其实正是迂回思维的巧妙运用。暂时的放弃是为了下一步的收获，而且是更为重要成果的收获。

运用迂回思维，不仅要学会避直就曲，同时还应注意看到长远利益，不被短期的利益迷惑，因小失大。这种放弃的迂回都是建立在谋求未来更大发展的基础之上的。在现实的科研和企业工作中，很多人犹如井底之蛙，从不规划未来的发展，这是一种得不偿失的行为，实际上，有些弯路是必须要走的，迂回前行可能会开创另一片新天地。采用迂回策略，往往能绕过常规思维方式遇到的巨大困难，事实上，如果我们换个思路思考，有时也会得到意想不到的效果。

从20世纪70年代开始，我国的彩色制版领域就采用进口的电子分色机制作彩色出版物，不但价格昂贵，而且没有排字功能，效率也低。比如报纸出一页彩版，要先用分色机把彩色图片制成黄、蓝、红、黑4张色片，再通过人工剪贴把图片与文字合在一起，制一个版面需2～3小时。人工定位受到工人技术水平和精神状态的影响，精确度较低。我国从1973年就着手仿制国外的电子分色机，1982年更是被列入全国印刷技术装备发展规划，“自动照排、电子分色、多色胶印、装订联动”16字方针中的“电子分色”即是指自主研发国产电子分色机制作彩色出版物，但是一直停留在出样机、开鉴定会的层面，仿制成一代，马上被国外新的一代所淘汰，始终不能进入市场，浪费了大量物力、人力和财力。

面临这一困境，王选1987年提出了“发展桌面彩色出版系统，取代传统的电分机”的技术路线，并在当时经委和电子部主持的科研规划会上提出这一趋势，他认为，“照排机的分辨率和重复定位精度会越来越高，绝不会亚于电分机输出部分的质量；电荷耦合器件CCD的集成度越来越高，而且已出现了把多个CCD拼接在一起的技术，这意味着未来的彩色分色扫描仪将提高精度和大幅度降价。这些使得研制彩色出版系统成为可能。就这样，1990年，王选又作出了“发展挂网和校色技术，使DTP达到电分机质量”的技术决策，并把这个艰巨任务交给了肖建国等一批青年才俊。电子挂网是彩色系统的关键技术，要使桌面出版系统（DTP）达到电分机质量必须开发相应的挂网算法，而DTP比电分机的挂网技术复杂得多。在肖建国指导下，杨斌在挂网方面做了出色的工作，采用超网格加网，软件自动发生大型超网格的网点模型，青版和黑版的角度误差只有0.00035°，从而有效地防止了龟纹，使挂网效果达到一流水平。这是中国人开发的第一个商品化挂网技术……校色是彩色系统的另一关键技术。国外有一些著名的校色软件，如Photoshop、Photostyler等，但一些大公司都发展自己的校色技术，力图用较简单的操作，达到更高的质量，并使系统的一体化程度更高。北大方正彩色出版系统允许使用国外的校色系统，同时也开发自己的校色软件，肖建国主持开发的Colorsep软件在北京新华彩印厂的合作下，不断改进完善，在使用中取得了良好的效果，弥补了国外软件的不足之处。1991年ECRM又推出了精度能满足彩色报纸要求、而价格可以为一般报社接受的ECRM Pelbox 1545照排机，分辨率为1524DPI。1992年1月21日采用上述输入输出设备的北大方正彩色出版系统在澳门日报社投入生产性使用，每天出4～6个彩色版，彩色照片与文字合一组版和整页输出，效率明显提高，这在中文报业中尚属首次。从那天起，澳门日报社再也没有用过电分机出彩报。”[①]1994年，方正正式推出高档彩色桌面出版系统，质量可与电子分色机媲美，从而进入了画刊、彩色杂志领域。

王选没有一味选择仿制，而是通过发展桌面彩色出版系统解决这一难题。不仅如此，这个技术决策还带来了我国印刷界的第三次技术革命——告别传统电子分色机。这就是平面思维的惊人威力。

“创新思维之父”德·波诺对平面思维作了一个非常形象的比喻——“换地方打井”：“在一个地方打井，老打不出水来。具有纵向思维方式的人，则只会嫌自己打得不够深，而增加努力程度。而具有平面思维方式的人，则考虑很可能是选择打井的地方不对，或者根本没有水，所以与其在这样一个地方努力，不如另外寻找一个更容易出水的地方打井。”

按照德·波诺的解释，“平面”是针对“纵向”而言的。纵向思维是一种线性思维，主要依托逻辑，沿着一条固定的思路走下去，而平面思维则是各种思维线条在平面上聚散交错，偏向于多思路地进行思考。可口可乐的盛行就是一个很好的实例。

事实上，可口可乐在美国刚上市的时候，是作为一种健脑药推出的。它是由一个名叫潘伯顿的业余药剂师发明的。它以一种叫古柯树的树叶和一种叫柯拉树的树子作为基本原料，经过无数次试验炼制而成。古柯树叶和柯拉树树子能够让人产生极强的兴奋感，印第安人和西非人常常食用它们，用来消除疲

① 王选. 出版系统研制中的二十个重要技术决策——纪念“748工程”二十周年[M]//“748工程”二十周年纪念文集. 1994.

劳，振奋精神。

然而，作为健脑药上市的可口可乐并没有得到人们的喜爱，销量一直不大。直到有一天，有个患头疼的老人来到潘伯顿德药店，要了一杯可口可乐，粗心的药店服务员将原本加入的自来水错换成了苏打水，本以为自己犯了错误，结果却非常出人意料，老人喝完，竟然高呼："妙！妙！妙！这味道妙极了！真是妙不可言！"潘伯顿感到很意外，于是询问店员，当得知真相后，潘伯顿立刻意识到，这种口味的可口可乐很可能会受到人们的喜爱。

于是，潘伯顿对配方进行了一番调整，将原来的药变成了一种"芳醇可口、益气提神"的饮料推向市场，从而可口可乐慢慢受到美国人民的喜爱，并逐渐成为当今世界最畅销的饮料。

潘伯顿最初没有找对"打井的地方"，一次偶然机遇让他决定"换个打井的地方"，从而找到了清澈甘甜的"井水"，可口可乐最终取得了巨大的成功。

然而，有人又会问，如何选择正确的"打井的地方"呢？因为，我们都知道在现代商业社会中，企业之间的竞争十分激烈，同时"打井的人"可能很多，如何快速安全地保证自己能够找到一块能开采出"井水的地方"呢？

有这样一个故事：两个人在旅游途中忽然听到野兽的嚎叫，一个人赶快从背包里取出运动鞋换上，另一个人不解地问："野兽跑得比人快，你换运动鞋有什么用？"换鞋人答道，"我不需要比野兽跑得快，只要比你快就行了。"说完就一溜烟跑了。第二个人则不慌不忙地爬到了树上。结果，野兽不会爬树就往前追，换鞋人最终没有逃过劫难。

试想，假如另一个人不是上树而是跟着换鞋逃跑的话，其结果不言而喻。因此，企业在与竞争对手的博弈中，绝不能看到竞争对手干什么我们就干什么，虽然可能很多企业都在凿地打井，但是，如果我们能够妙用平面思维，也许换用另一种方式能够更快找准地方并且开采出水来，正如，管理大师波特所说的那样："你在哪个行业竞争不重要，重要的是你如何竞争"。

这样成功的例子在我国也是屡见不鲜的。譬如在竞争白热化的感冒药市场，东盛科技没有像别的感冒药那样，把能让人产生嗜睡症状的抗过敏药与其他药物混合在一起，而是创造性地将两者分开，并提出了"白天不嗜睡，晚上睡得香"的日夜分开给药理念。同样是补血产品，"血尔"并没有追随"红桃K"去打拼挤占农村市场，反而针对城市时尚女性进行诉求，通过"补血持久"这一差异化策略赢得了城市女性消费者的认同。

然而，需要指出的是，平面思维的关键在于跳出线性思维的束缚，让思维“换个跑道”。但是转换并不是随意的，而是有原则的，因为平面思维成功的依据就在于，事物是普遍联系的。王选没有选择追随别人的脚步，仿制改进国外的电子分色机，而是从激光照排的角度巧妙解决彩色出版物的问题；同样，在华光Ⅳ型系统赢得客户信任后，并没有继续对原本封闭的系统进行改进，而是大胆跨越，接轨国际开放潮流，研制中文PostScript解释器，最终领导时代潮流。

这也就告诉我们：在当今激烈的竞争环境下，在同一跑道与竞争对手角逐，通常很难保持自己的优势地位，如果我们有选择地换条跑道，放弃与对手硬拼，从另一方面加强自己的实力，那么我们不仅可以在市场占据一席之地，而且，这往往也是我们领导时代潮流的最有效的思维方式之一。

3. 一招胜出

一项创新技术如果没有自己的独特之处，只是从另一种技术途径实现原有技术的功能，哪怕对原有功能有一定程度的完善，仍然会被视为原有技术的“备用品”。要被市场所接受，创新技术至少应该有“一招胜出”，否则，最终无法逃脱被淘汰的命运。达尔文将这种情况称为“中间类型的分歧和灭绝”，并以狼捕食为例进行了论述，那些只捕食某一种动物——鹿的狼，也就是有专业特长的狼，在物种的竞争演变中不容易被淘汰；反过来，那些什么动物都能捕捉的狼在物种的竞争中容易被淘汰。原因很简单，专业的狼群具有更强的生存能力，譬如更快的速度，更强壮的身体，而后一种狼就会沦为中间类型，面临淘汰与灭绝。

风靡一时的小灵通技术就是很好的实例。当小灵通PHS/PAS问世时，华为不以为然，这不过是一个落后的技术。然而，出人意料的是，小灵通不但被市场普遍接受，而且用户快速剧增，梅特卡夫效应使得其客户数量成几何级数增长，大有山雨欲来风满楼之势。而且2007年客户数量高达1.2亿之巨，为此很多专家一度宣称，小灵通可能会颠覆传统的固定电话技术。

今天看，结果如何呢？

统计显示，2008年4月，我国小灵通用户数为7948.8万，比2007年年底减少了505.7万，小灵通的颠覆梦想很可能成为一个泡影。为什么会这样？很重要的一个原因就是，小灵通只有成本优势，却没有专业技能的“一招鲜”。

手机的通话资费、购买价格、持有成本都很高，而小灵通的资费和持有成本都很低，同时还具备固定电话不具备的移动通信功能，而且由于收入层次的原因，国内对低成本的移动通信工具需求很旺盛，这就使得小灵通在中国的市场夹缝中成功赢得了大片市场。但是小灵通只能在有限的范围内接受发送信号，同时信号也时强时弱，通信地域的限制和较低的通话质量使得很多人在使用小灵通时同时使用固定电话。慢慢地，随着手机成本的不断降低，小灵通就逐渐沦为了中间类型，移动性能比不上手机，通话质量比不上固定电话，作为固定电话消费者主体的农村市场仍然青睐没有地域限制且信号稳定的固定电话，更何况和固定电话比较，小灵通在通话资费方面并不占据绝对优势。

当然，不容否认的是，小灵通的发展受到了政策的限制。UT斯达康前总裁吴鹰有一句“名言”——“只要有需求，我们可以在5分钟内实现小灵通的漫游服务，因为只需要调整软件参数。”但是中国已经有了移动、联通两家移动运营商，政府当时并没有打算让电信、网通加入其中。尽管2008年电信业重组拉开大幕，联通的C网将出售给中国电信，中国电信也终于获得了一张渴望已久的移动牌照，浙江电信也率先放开小灵通跨省漫游服务，但是小灵通已经错过了发展专业技能的时机，手机向低端市场的延伸势必影响到小灵通的发展。所以，一直以来，小灵通只是以“固定电话的延伸”这一身份征战市场，既然已经丧失了专业技能，小灵通又实现了对固定电话技术的颠覆。

当然，提倡技术创新的“一招胜出”，并不意味着提倡依靠创新技术起家的企业单一化，只经营一种创新产品或只提供一种单一的新服务。提倡“一招胜出”意味着企业要专业化。王选曾说，主流产品的市场总有饱和的一天，等到主流产品被市场淘汰后，国际市场不但打不开局面，就连已经占领的国内市场也可能沦为其他企业刀俎下的鱼肉。达尔文笔下那些专业的狼群，并不仅仅是只捕食鹿群，也可能捕食和鹿群一样奔跑速度极快的动物，这会更加凸显出狼的身体素质，成为更专业的狼，也就能够适应更为残酷的竞争。

所谓专业化，是指以企业自身的核心技术或核心能力为基础，充分发挥技术的延展性，围绕核心技术发展一系列相互支持的产品或业务。在淘汰铅字之后，王选利用已有的技术和市场优势开辟一个又一个新的领域，譬如方正进入数字媒体领域，就是充分利用自身在文字、彩色图形和图像处理领域的技术和经验积累。这就好比RFID技术既可以运用于现代物流管理，又可以运用于安全管理、食品防腐等众多领域，IBM利用自身在大型商用计算机领域的技术积累，进军个人电脑市场，而DEC却没有很好地利用自己在小型计算机领域的技术和商誉，错过了控制市场的绝佳时机。

因此，在自主创新实践中，企业应该注重“一招胜出”的专业技能打造。

第五章
王选创新方法的特殊启迪

王选创新方法的特殊启迪，应该说是其特殊性，包含着一定的偶然性。最大的偶然莫过于为国家、为民族敢主张、想作为的几个杰出人物——王选、郭平欣、范慕韩等——在“汉字信息化”攻关课题上的相遇。不唯上、不唯书、不崇洋、不拒洋，是这几个人的共同特点。另一个特殊性是本书主人公王选的“以我为主”的主体性，同时在“以我为主”的基础上，既“敢为人先”，又“相信专利”，一直奋战在技术和市场的前沿。

一、王选创新方法的自主特质

1. 以我为主

王选一直对自己有着很高的要求。中学、大学阶段，作为班干部和团干部，他要求自己以身作则；大学刚毕业，作为“红旗营”的“营参谋”和红旗机的设计主力，他要求自己事无巨细、亲力亲为、一丝不苟；在研制ALGOL60编译程序时，作为渴望突破“创新焦虑”的年轻人，他提出并首次实现了自己的创新“一招鲜”；“文化大革命”期间，作为病号和被改造对象，他要求自己忍耐、坚持，没有放弃任何一个学习和钻研业务的机会；在研制汉字激光照排的初期，他对自己的设计方案充满信心，“有时也不得不采取‘阳奉阴违’的办法来绕过干扰。”[①]在原理性样机通过国家鉴定后，他要求自己把该机推向产业，用新技术改造我国的新闻、印刷、出版业；在1987年获得全国首届毕昇奖后，他反问自己：“国家前后给我们1000万拨款，研究出的产品最后却在市场上被别人打倒，

① 王选. 从事计算机研究的一些体会[M]//王选文集（修订版）. 北京：北京大学出版社，2006：163.

我们到底有功还是有过？”[①]在1994年方正集团已经在新闻、印刷、出版业独占鳌头的时候，王选提出“不断创新、持续创新”，指导方正奋力开拓新领域。

在创新中，每一个阶段目标的确立、每一个技术方案的设计，王选都是以我为主的。王选的以我为主中的我，既有体现自己价值的“小我”，也有体现国家利益的“大我”，并且是“大我”指导着“小我”，“小我”服务于“大我”，是“小我”与“大我”的完整统一。从小树立的民族自尊心和爱国心，是王选创新的一个基本动力。王选在1997年撰写的回忆汉字激光照排文章《第二次引进高潮和Ⅱ型机的国家级鉴定》中写道：“22年的经历使我感到，跟着外国人走是不可能赶超也不可能与外国商品竞争的，一定要有自己的创新和高招才能克敌制胜。”[②]王选在去世前半年的2005年9月，在《光明日报》发表文章，号召“要有超过外国人的决心和信心”。[③]

在王选成长的过程中，“独立自主，自力更生”是我国发展建设的主基调，“中国人民有志气，有能力，一定能在不远的将来赶上和超过世界先进水平”的自信深入人心。这些思想对王选后来的自主创新产生了重要影响。同时，王选的成长环境中，有许多了解发达国家科学技术和全世界经济技术发展的机会。他接触的亲戚和老师中就有不少留学英美的科学家。他本人又大量浏览英文报刊，不难想象，这些机会带来的外界信息，激发了王选为国争光的斗志，也帮助王选理性地看待和处理与外国先进的技术、设备的关系。

北京大学教授盛森芝曾撰文回忆王选的“引进观”。“那时候，我和王选正是两股道上跑的车，他在一心搞创新，而我在搞引进。当得知我受北京大学派遣去教育部参加世界银行贷款的招标引进工作之后，出于对朋友的关心，特别就引进问题发表了他自己的一系列见解，后来我把他的这些见解称为王选的‘引进观’。他说，‘引进’从本质上看就是继承前人、洋人、他人的成果来发展自己，是缩短发展历程，减少弯路，快速积累资金的必要手段，是必须的、正确的。但引进本身是有局限性的。第一，不是什么都能引进的，比如汉字激光照排技术，全世界都没有，你跟谁去引进？只能靠自己创新嘛！第二，引进只能

① 从中笑. 王选的世界[M]. 上海：上海科学技术出版社，2002.

② 王选. 第二次引进高潮和Ⅱ型机的国家级鉴定[M]//王选文集（修订版）. 北京：北京大学出版社，2006：80.

③ 王选. 要有超过外国人的决心和信心[M]//王选文集（修订版）. 北京：北京大学出版社，2006：305.

获得人家过了时的技术，先进国家出于国家利益和赚钱的本能不可能把核心技术让给你，除非他已经发展了更先进更新的技术。这就是说如果你自己不独立创新发展，你就只能永远落后于先进国家，甚至成为先进国家的附属国。第三，一个像中国这样的大国，根本不可能什么都用引进来满足人民的需要。你根本没有那么多的钱来购买品种繁多、花样翻新、日新月异的多种技术。只有让人民群众都具备创新意识，产生创新潜力，才能满足人民群众追求美好生活的需要。所以归结起来说，在讲'引进'的同时，必须伴之以自己创新……引进的落脚点是自主创新，'引进'的结果应该是超过别人……'引进'难免要遇到狼，因此，要善于和狼共处。他讲了四句寓言，叫作'引狼入室，与狼共舞，防狼吞吃，赶狼回归'。这就是说，即使是狼，你也要敢于引进，然后通过共舞发展自己，通过竞争赶走狼群。所以，说王选对'引进'的看法是很完整的，是意味深长的，也是很耐人寻味的……其核心思想是自主创新，其最终目标是振兴中华。"①

盛森芝教授还在同一篇文章中回忆了王选1981年对自主创新的认识。"20世纪80年代初，"四人帮"的极'左'思潮尚未清除，百废待兴，空气沉闷，思想迷茫，人们对国家前途缺乏信心。1981年3月20日晚是一个例外。这一天深夜，北京大学校园里突然响起了'团结起来，振兴中华'的口号，十一幢宿舍内4000多名北京大学学子涌出楼门，欢呼雀跃，高唱国歌，原来是中国男排先输后赢，实现大逆转，战胜了韩国队，取得了参加世界杯赛的资格。北京大学学子情不自禁地喊出了'振兴中华'的口号。第二天，人们还是沉浸在高昂的爱国热潮之中。王选本人当然也是十分激动，高度赞赏北京大学学生的创造。赞赏之余，又十分冷静地讲了他的心里话。我有幸听到了他的这番表白。他说：'振兴中华首先就得振兴科技，而振兴科技，关键还得靠自己，发达国家不可能把核心技术转让给你，只能自己解放自己……'所以他提出了'自己创新，振兴中华'的口号，用现在的话来说，就叫'自主创新，振兴中华'。"

在王选的"小我"、"大我"之间，还有一个"中我"，就是团队。在2002年2月1日获得国家最高科学技术奖后，作为获奖感言，王选发表了题为"依靠团队，实现梦想"。王选写道："获得2001年国家最高科学技术奖是一个很高的荣誉，但平心而论，我的个人成就远不如同时获奖的黄昆先生。我之所以能够获

① 盛森芝.王选走了，他给我们留下了什么[M]//风范长存.北京：北京大学出版社，2008：106-107.

奖，是因为我领导的团队在报业和印刷业的技术革命中作出了重大贡献。二十多年来我一共有10个梦想……所有这些梦想中，只有第一个梦想，即激光照排系统是我具体主持的：负责总体设计，提出正确的技术途径，解决主要技术难关，在第一线干活也比其他同志更多；而其他9个梦想，我只是提出大的发展方向，指定负责人，物色优秀的技术骨干，并未参与解决技术问题。激光照排系统由三大部分组成，除总体设计外，我只具体负责其中一个部分——栅格图像处理器，这是系统的核心部分。依靠北京大学和潍坊计算机公司的六七位技术骨干的共同努力，使栅格图像处理器创新的设计成为高可靠的商品。这六七位骨干中的每一个人都在某一方面比我更强，从而弥补了我的弱点。照排系统的另外两个组成部分是书版软件和报纸组版软件，前者由陈堃銶和郑民（1986年的博士生）负责，后者由1986年的硕士生、现在的博导肖建国主持……认识自己的不足，懂得要依靠团队，千方百计地为优秀的年轻人创造条件，使他们脱颖而出，是我能够获得最高科技奖的原因之一。”①

王选非常重视“团队”，“团队”和“团队精神”是王选著述中出现频率非常高的两个词。熟悉计算机发展史的王选深知“计算机领域内出色的工作大多是集体的产物，不能团结合作，听不进不同意见的人不易做出大成绩；能接受别人正确意见的人才是真正的强者。”②追求好人理想的王选更深知“一个人只有把自己融入集体中，才能最大限度地实现个人价值，绽放出完美绚丽的人生”。③王选生前，他身边的每一个人都感受到了他的温暖。王选去世后，他的团队继承了他的事业，他的精神得到了更广泛的传播。

2. 敢为人先

敢为人先是自主创新中的原始创新的固有含义，换言之，没有敢为人先的勇气，就很难做出原创性成果来。在创新上，敢为人先，既有敢于做别人没有做的创新的智慧的含义，也有敢于做别人没那么做的创新的勇气的含义。先是指不居

---

① 王选. 依靠团队 实现梦想[M]//王选文集（修订版）. 北京：北京大学出版社，2006：417-419.

② 王选. 给年轻人提供良好的环境和提倡团队精神[M]//王选文集（修订版）. 北京：北京大学出版社，2006：378.

③ 王选. 善见他人之长是团队精神的基础[M]//王选文集（修订版）. 北京：北京大学出版社，2006：478.

人后，敢是指不惧人言。王选在创新上的敢为人先，两者兼而有之。王选在回忆文章中写道：“‘文化大革命’初期，有大字报批评我‘喜欢一鸣惊人’。现在看来，‘喜欢一鸣惊人’、‘喜欢标新立异’、‘要么不干，要干就要干第一流的’这种雄心壮志都不坏，关键在于还要有严谨细致、脚踏实地和锲而不舍的实干精神。现年88岁的著名声学专家汪德昭的座右铭是‘标新立异，一丝不苟；奋力拼搏；亲自动手’。这十六字箴言是成功者的经验之谈。”①

王选一生有很多原始性创新，光在出版系统研制中，就有20个重要技术决策，几乎每一个都是饱含远见卓识的原创，王选说：“从一个构思发展成有竞争力的商品，建成一个新兴产业的过程是极端艰苦的，往往是九死一生的；而要保持某个成功产品在该领域的领先地位可能更不容易，必须不断创新，不断想出新的绝招和弥补与国外产品相比的某些弱项。”②这20个重要技术决策中的一些，在最开始提出的时候，有的被判定为“数学游戏”，有的被讥讽为“畅想曲”，有的则不相信淘汰铅字的历史变革能由中国人独立完成。“1980年前，对于我们跨越式发展的独特技术方案，大多数人的评价是‘根本做不出来’；1981年激光照排原理性样机鉴定后，直到1989年前，大多数人的估计则改为‘即使做出来，也无法与外国产品竞争’。”③所以，当时，差不多每作出一个决策，都需要敢为人先的勇气。

在技术领域之外的决策，王选也表现出了敢为人先的精神。在大学二年级下学期选择计算数学专业时，北京大学此前并没有这个专业，也没有一套像样的教材，更少人知道这个专业的前景如何，但是王选勇敢地选择了计算数学。也正是这个选择让他接触到了另一个敢为人先的人——张世龙，王选说：“他大概是中国第一个独立设计一台完整的电子计算机的人……张先生‘敢为人先’的勇气影响了我后来的学术生涯。”④

北京大学产学研合作，也是王选开的先河。1952年，北京大学和燕京大学合并成立新的北京大学，原北京大学从沙滩迁到中关村。同年，中国科学院确定了

---

① 王选. 原理性样机的研制[M]//王选文集（修订版）. 北京：北京大学出版社，2006：38.

② 王选. 出版系统研制中的二十个重要技术决策[M]//王选文集（修订版）. 北京：北京大学出版社，2006：9.

③ 王选. 要有超过外国人的决心和信心[M]//王选文集（修订版）. 北京：北京大学出版社，2006：307.

④ 王选. 回忆北大数学力学系的大学生活[M]//王选文集（修订版）. 北京：北京大学出版社，2006：453.

在中关村建设、发展的规划。很快，中关村发展成了中国大多数最好的大学和科研机构集中的地方。1980年，中国科学院物理研究所研究员陈春先在考察了美国的硅谷后，感到美国的技术之所以能很快转化为产品，关键在于有一个充满活力的工厂、学校、研究所密切联系的机制。他决心在中国探索类似美国硅谷的技术扩散模式。10月，在北京市科协的支持下，他和一些科技人员建立了一个先进技术发展服务部，开展技术咨询、技术开发和技术培训工作，受到社会的欢迎，带动了中关村的科技创业。陈春先被誉为“中关村第一人”。

但是，陈春先等人的创业活动也引来了一些极“左”思想的干扰。1983年1月，新华社北京分社记者潘善棠了解到这一情况后，通过内部报道向中央领导同志反映了陈春先等人创办先进技术发展服务部的情况及社会上的不同看法，引起当时的中共中央总书记胡耀邦、中央政治局委员方毅、中央书记处书记胡启立等领导同志的重视。他们都在这篇内部报道上作了批示，肯定了陈春先等同志的做法，认为这“可能走出一条新路子”。

这样的形势自然影响到北京大学。北京大学也面临着如何推进科研成果为经济建设服务的问题。给王选上过高等代数的丁石孙当时担任北京大学校长，王选在回忆文章中写道：“1984年6月13日，丁校长主持召开了校务委员会扩大会议，专门讨论这个问题。这是北京大学在新时期讨论校办产业的第一个会议，办公楼103会议室坐得很满。1983年文字信息处理技术研究室已改为计算机科学技术研究所，我作为计算机所的副所长，在会上作了一个比较长的发言，现在这个发言提纲我还保存着，主旨是建议北京大学在发展基础研究的同时，也要发展计算机等新技术；重视应用，支持搞应用的项目，建议成立科技开发公司。这大概是北京大学‘产学研结合’的先声。8月24日，北京大学党委书记王学珍召集常委开会，会议决定由北京大学党委常委、副教务长花文廷负责科技开发工作。10月10日，丁石孙主持的校长办公会决定学校增设科技开发部，花文廷兼任主任，陆永基为副主任。1985年春，北京大学科技开发公司正式成立，由花文廷兼任公司主任，北京大学无线电系的高级工程师楼滨龙任总经理。”①

王选的敢为人先，和北京大学的环境、北京大学的精神有直接关系。20世纪北京大学与燕京大学并校后到“反右”开始前的北京大学生机勃勃、团结向上，

① 从中笑. 王选的世界[M]. 上海：上海科学技术出版社，2002：156.

每一个人都设想着自己如何在新中国的建设中贡献力量，每一个人也都可以按照原则的要求提出意见。当时，担任校长的马寅初先生就曾经被《北京大学学报》退过稿，因为他投的稿子是《论洗冷水澡的八大好处》。学报认为，这不是一篇学术文章，不适合在学报发表，就退回来啦。马校长也毫不介意，可见那时的北京大学是多么民主。[①]

马寅初是中国知识分子特立独行、敢为人先的代表，在1951—1960担任北京大学校长期间，倡导学术独立、自由的良好风气。他鼓励师生们敢于大胆地说出自己的观点，敢于向所谓的权威挑战。他曾说过，言人之所言，那很容易；言人之所欲言，就不太容易了；言人之不能言，那就更难了……马寅初1957年写成《新人口论》，他用经济学家的眼光看人口增长，必然会提到资金积累、生产资源等。这在日后的批判中，成了他对6亿人口没感情，不相信社会主义的力量的罪状。对于越来越集中的批判，马寅初写下了应战书，其中两句尤显他的风骨："我虽年近八十，明知寡不敌众，自当单身匹马，出来应战，直至战死为止，绝不向专以力压服不以理说服的那种批判者们投降。""我对我的理论有相当的把握，不能不坚持，学术的尊严不能不维护。"马寅初和北京大学有不解之缘，他曾三次进北京大学：新中国成立前的北京大学教授、教务长，新中国成立后的北京大学校长，"文化大革命"后的北京大学名誉校长。有论者称，对北京大学精神影响最大的校长有两位：一位是提倡"兼容并蓄、学术自由"的蔡元培，另一位就是"所谓北大主义者，即牺牲主义也。服务于国家社会，不顾一己之私利，勇敢直前，以达其至高之鹄"[②]的马寅初。

王选读书期间是北京大学最好的一个时期。校长马寅初民主、开放、活泼，书记江隆基严谨、务实、爱生。"马寅初在调任北大之前，毛主席曾问他有什么要求。他说，要兄弟把北京大学办成一流学府，主席您就得支持我工作。毛主席笑着说：马老，您要怎样的支持呢？马寅初说：不要别的，只希望主席能批准，兄弟点名邀请谁到北京大学演讲，就请不要拒绝。毛主席高兴地答应了马寅初的要求：'这个好办，我批准。马老，我给你这个尚方宝剑。'为此，马寅初为北

① 王选.回忆北大数学力学系的大学生活[M]//王选文集（修订版）.北京：北京大学出版社，2006：449.

② 马寅初1927年12月20日在北京大学29周年纪念会上的演讲词.http：//hi.baidu.com/supremeshine/blog/item/b9317f81cf56c7d9bc3e1e88.html.

京大学师生请到了很多政要和名人演讲。名人到北京大学演讲时，马寅初喜欢搬一把椅子坐在讲坛的一侧，随时和主讲者插话交流。”[①]

在王选的回忆文章中，提到周恩来、李富春、陈毅、胡耀邦等当时的党和国家领导人到北京大学演讲的情形。可见北京大学学生借马寅初之力的“偏得”。这些演讲自然也开阔了学生的视野，在帮助学生提高思考和认识能力方面发挥了较大作用。

关于江隆基，当时也在北京大学读书的邓荫柯在回忆文章中记述道：“江校长如此严肃谨慎，自然很难给大家留下马校长那样轻松幽默的轶事。可是有一次，他极其严肃地给全校师生留下一个大大的幽默。那大约是迎接1956年元旦的晚会，师生齐聚大饭厅联欢，先演节目，后跳交谊舞，气氛欢快热烈。激动人心的时刻来临，新年钟声响了，大家停下舞步，聆听江校长的团拜祝词。江校长一改平日沉稳安详的语调，情绪激昂地向大家祝贺了新年，同学们相互握手祝贺。大家以为‘团拜’仪式结束了，正要乘兴继续跳舞，也许要乐个通宵，可是且慢！江校长还有话：‘目前的国际形势一派大好，社会主义阵营……’大家只好伫立静听下去。江校长热情洋溢、周密详尽、声韵铿锵地发表他精心准备的新年祝词。十分钟过去了，国际形势还没有结束；二十分钟过去了，国内形势刚刚开头；半小时过去了，才谈到北京大学。这时，这些平常比较爱听江校长讲话的同学有点忍不住了，轻轻跺脚驱寒者有之，交头接耳者有之，来回窜动者有之，悄悄退场者有之，总之，大饭厅有点乱哄哄的了。可江校长仍然气势如虹地讲着……终于，江校长的新年祝词结束了，大家算是松了口气，可是欢快的情绪有点衔接不起来了。有人看了一下表：整整四十分钟！并无多少幽默感也不想扫大家舞兴的江校长于浑然不觉中幽了大家一默！大家也隐约感觉到这么一位忠于职守、时刻不忘教化职责又有几分木讷书呆子气的校长必然是位淳朴憨厚的正人君子，不会是个八面玲珑的机灵小人！以后的发展，完全证实了我们的想法。1957年，江校长领导了北京大学的反右运动，具有很强原则性的江校长也必然如此。但是他的心太软，他的善良宽厚害了他。他下不了手，不忍看见这么多亲手培育的花木摧折于一旦。反了半年多，大名鼎鼎的北京大学，在一万多师生中只划了

---

① 韩金山. 以“兄弟”自称的北大校长马寅初. 中国教育报：http：//paper.jyb.cn/zgjyb/html/2009-11/22/content_21159.htm.

二百多人……”[①]1956年就“对社会主义制度产生了动摇和怀疑”的王选在反右中没被打成右派，或许就得益于江隆基的善良、爱生之心的庇护。

后来对王选的激光照排项目有很大帮助的周培源曾经教过王选理论力学，20世纪50年代后期担任过北京大学教务长，非常有远见、敢表态。王选在回忆周老的文章中写道：“20世纪60年代初，无线电系计算机专业的一些老师在议论：计算机调试能否作为大学生的毕业论文。系里绝大多数教师认为不合适，担心理论水平不够；而周老却明确表示，调机完全可以作毕业论文，当时给我印象很深。周老是搞基础研究的，却十分重视应用和实验。实际上，当时电子管计算机的调试是一件很艰巨的事，既要熟悉整机逻辑，又要熟悉每个部件的电路和工艺，同时还需对调试方法和调试程序作研究，大学生参加调试能够得到很多长进，也能写出毕业论文。1967年春‘文化大革命’高潮中，在一次接见昌平200号分校从事计算机研究的教师时，周老明确提出，你们应回去上班，继续抓紧你们的研究，这就是‘抓革命，促生产’。这样的指示在当时北京大学的气氛下当然是很难贯彻的。20世纪70年代中期，周老在贯彻周恩来总理所作的‘北大要把基本理论搞上去’的指示中，态度是坚决的，其中有一件事给我印象极深。在当时推荐工农兵上大学、强调家庭出身的气氛下，周老却提出，应该恢复高考，而且必须全国统一高考以录取优秀人才和防止走后门。在‘四人帮’统治下，这些正确意见只会受到批判，而我也正是在批判材料中才获知周老这些意见的。‘四人帮’倒台后，一身正气的周老更加赢得了人们的尊敬和爱戴。”[②]

在这样的氛围中成长起来的王选，对自己看得清、把得准的问题毫不妥协。“敢为天下先”是北京大学的风骨。王选在创新上继承和发扬了北京大学的这种风骨。

3．相信专利

王选是我国申请和获得欧洲专利的第一人，是我国首届发明专利博览会金奖

---

① 邓蔚柯．回忆马寅初和江隆基．中华读书网：http：//book.china.com/html/357/1526_13544.html．

② 王选．周老与汉字激光照排系统[M]//王选文集（修订版）．北京：北京大学出版社，2006：114．

的获得者，是1986年日内瓦国际发明展览会金奖获得者，还是1989年中国专利金奖的获得者。他申请并获得过1项欧洲专利和8项中国专利。王选生前是中国专利保护协会的名誉会长，他给中国专利保护协会的题词是“专利是参与国际竞争的有力武器”。“20世纪90年代初，当许多科技人员对知识产权还莫衷一是的时候，王选在接受《中国知识产权报》记者采访时就道出了‘我相信专利’的心声，在科技界产生了积极而深远的影响。”①

知识产权是一种财产权，是民事主体依法对特定智力成果享有的专有权利。这种专有权利体现对智力成果的垄断权和排他权，而且只有符合法律相关规定的智力成果才能被授予知识产权。以发明专利为例，只有满足创造性、新颖性和实用性的智力成果才有可能被授予发明专利。正是因为知识产权依托知识产权制度赋予创新性成果以合法的垄断权，知识产权对技术创新有着十分重要的意义，甚至可能为企业构建一种独占性的商业空间，保证在市场上的竞争优势。因此，可以说，知识产权是技术创新的工具。看看我们的现实生活吧，你肯定会为可口可乐、微软、英特尔、星巴克的巨大商标价值所折服；为Windows、DVD或蓝牙等主要技术标准所占据的垄断技术空间所叹服；甚至你还可能会为儿童科幻畅销小说《哈利·波特》感叹不已。仅销售图书这一项就可获得巨大的版税回报，更不用说许可对书中人物形象商业化的权利和电影拍摄权了。

王选对知识产权重要性的认识也是一个从无到有的过程。1976年7月，上海电工所来了几位同志，了解北京大学方案的进展情况。他们是从事上海照排大项目中汉字输入和校改子系统任务的。当时，王选研究室的人数还没有他们参加项目的单位数多，于是王选热情接待，毫无保留地介绍了汉字终端方案。在场旁听的同事会后忧心忡忡地说，王老师把什么想法都告诉了人家，我们自己还没有实现呢。那时候，大家的市场和商品意识还比较差，长期受的教育都是互相学习，互相帮助，觉得对国内同行实行技术封锁和保密似乎是一种落后意识。

事实上，别说广大科技工作者，就连很多政府官员，包括国家领导人当时对知识产权也不甚了解。1978年12月到1979年1月的中美建交谈判给政府官员们上了一堂知识产权课。1979年1月，国务院副总理邓小平率领中国政府高级代表团抵达华盛顿进行国事访问，访问的一项重要任务是就《中美科技合作协定》、

① 吴辉，卓玛. 王选：“当代毕昇”的知识产权情缘. 人民网：http：//ip.people.com.cn/GB/9844295.html.

《中美文化合作协定》、《中美高能物理合作协定》等一系列双边协定进行谈判。在讨论《中美高能物理合作协定》时，美国提出一个强硬且又陌生的条款，也就是该协定第6条："中国必须承诺全面保护美国公民的版权、专利等知识产权。"知识产权这个字眼实在太陌生了，当时的中国没有任何关于知识产权方面的制度和法律，同时美方声明在知识产权保护问题绝不能作出退让。在这种紧急时刻，经过双方的讨论和反复斟酌，协定增加了一个"保留条款"，即如何保护知识产权，将由两国专家另行谈判。这个"保留条款"不但保证了谈判的顺利完成，而且掀开了中国开展知识产权保护的序幕①，1979年10月，国家科委将《关于我国建立专利制度的请示报告》报送国务院，标志专利制度建立的《中华人民共和国专利法》则是5年后的1984年3月12日才在全国人大常委会通过。1982年我国颁布第一部《商标法》，也是在这一年王选申请了我国第一个欧洲专利。

其实早在1979年，王选顺利调通了原理性样机的硬件并成功排版了一张八开大小的报版样张时，国内不少领导就开始关注北京大学这项重大成果的知识产权保护问题。但当时中国还没有专利制度，周培源校长曾想请杨振宁、李政道帮忙，以美籍华人身份在美国申请专利。正直麻省李凡教授来访，访后给方毅副总理写了一封信，建议重视保护自主知识产权，把王选的发明申请外国专利，并表示愿意帮忙。于是，周培源和王选专程找到国家科委的外事局和成果局，了解相关政策。接待的同志表示，他们非常关心和支持这件事，但中国成果申请外国专利还存在法律问题，于是此事暂时搁置了下来，最终促成此事的是钱伟长。

钱伟长是我国现代力学理论的奠基人，有趣的是，他还以其深厚的国学功底和卓越智慧，对中文信息处理作出过重要贡献。1981年，他担任了中国中文信息学会理事长。1984年，他提出汉字宏观字形编码，简称"钱码"。汉字是由能够表达形、声、义等多种信息的字形部件组成的。平时，人们经常是近似地、模糊地捕捉字形部件特征来读音辨义。"钱码"以汉字的宏观字形部件编码，把151种基本部件按形状相似、相近归类，定义在39个键位上。例如，把"其、耳、且、目、自、白、臼、贝、见、页"等部件编为一码，便于联想，记忆量少，易学易用。"钱码"允许重码，其字频最高的字直接跳入文本，其他同码字按常用

① 吴海民. 大国的较量——中美知识产权谈判纪实[M]. 北京：长江文艺出版社，2009.

字频排列于下，可供选择。使得码长缩短，效率提高。一个汉字最多选 3 个字形部件完成编码，有39个最常用字一键为码。且“钱码”具有容错能力，很多汉字可以采用不同的分割方式，来适应各人理解上的差异。“钱码”的词组输入方式也是早期开创性工作。1986年，在国家标准局组织的全国第一届汉字输入方案评测会上，在34种方案中，“钱码”被评为A类方案，单人输入速度第一，并在同一年获得上海市科技进步二等奖。

钱老1980年10月率电子部组织的代表团去香港参加国际中文电子计算机学术会议，王选是该团团员。大会事先没有安排王选发言，王选也没有准备论文和讲稿，只带了一些用原理性样机输出的报纸样张和样书。大会开幕式上，会议程序委员会主席、IBM公司的余嘉培博士作的主题演讲引起了王选的注意，他说，随着存储器及大规模和超大规模集成电路的日益发展，字形信息压缩的意义就变得不大了。王选在会下和他交换了不同意见，他很感兴趣，答应尽量安排时间让王选作一个发言。在会议的最后一天，王选被安排上台讲了15分钟，介绍了高倍率信息压缩技术和高速复原技术，以及以此技术为核心的汉字激光照排系统，在全场引起了很大轰动。专家们纷纷索要样报、样书，仔细端详，赞叹不已，“世界上没有一家照排系统能排出如此完美的中文报纸和书籍，你们的技术是世界一流的。”余嘉培也改变观点，信服地说，看来，对于汉字，高质量的信息压缩技术还是大有发展前途的。

钱老和王选有同乡之谊（老家都是江苏无锡），和王选的姨夫庄前鼎有同事之交（曾同为清华大学机械系教授），这次会上也有机会认识到王选研究的重要价值。他要为保护好这项了不起的技术作贡献。

钱老找到香港星光集团董事长黄金富，请他帮助。黄金富是第一位来大陆宣传知识产权制度、建议尽快设立知识产权制度的香港企业家，他本人也是有多项专利的发明家。此前，也是在钱老的引荐下曾帮助大陆居民李金凯申请过一项英国专利。黄金富说，他个人喜欢从事研究制造，将生活上遇到的问题千方百计想办法解决，在20世纪80年代，眼见当时内地一班搞科研的专家，有很多优秀的发明，但是没有专利法，所以他当时出钱资助多项重要发明到国外申请专利，其中最具代表的是北京大学的王选教授的激光照排版专利（即香港北大方正上市公司的激光排版系统），自此他与专利结下不解之缘。1982年，黄金富在北京与中国国际贸易促进委员的法律部签订协议，合资在香港成立专利代理机构，1984年3

月中国专利代理（香港）有限公司在香港成立，由联想计算机主席柳传志父亲柳谷书任董事长，而他则担任副董事长。黄金富后来还担任了北京大学知识产权学院的董事长。

王选回忆道，“钱先生于1981年写信给我，要我与黄金富先生联系，设法通过他申请外国专利。1982年春节我去钱先生家拜年，他还教我：在写专利说明书时，注意既要写出实质内容，又最好不要让别人能仿制出来，另外尽量要把权项（claim）搞得范围大大的。当时国内还没有专利律师这一职业，我只能参考国外专利说明书，自己琢磨。专利说明书中权项最重要，这是用严格的法律语言确定被保护的发明的内容和范围。权项往往不是一句英文句子，而是英文的一个字（word），然后下面是几行、十几行甚至几十行的句子来描述和限制这一个字。1982年写欧洲专利说明书的经验，使我1985年4月申请首批中国专利时就轻车熟路了。1982年5月底电子部张淞芝和我一起赴香港，由黄金富先生出资，登记了欧洲专利EP0095536‘字形在计算机的压缩表示’，发明人王选，专利申请人黄金富、张淞芝、王选（第一申请人必须是香港居民）。黄金富先生只是热心帮忙，一开始就没有指望将来有什么回报。EP0095536欧洲专利中，用参数描述来控制字形变倍时的横宽、竖宽，用标记点阵作为轮廓转换成点阵的中间形式，逐段生成汉字和逐段形成版面点阵等均是权项。这些内容是1976年完成设计的，直到1982年才申请专利。”①

中国人自己发明的激光照排技术终于在1982年申请了专利。在改革开放刚刚开始的年代，这是我国的第一个欧洲专利，开创了国外专利申请的先河，更重要的是，它为汉字激光照排系统抵御跨国企业冲击，实现产业化提供了重要保障。

1984年，国内掀起了第二次“引进热”，英国蒙纳公司、日本写研、美国HTS等跨国企业全面进军中国市场，企图抢占国内诱人的出版印刷市场。国外系统的蜂拥而至，王选汉字激光照排系统也被推上了悬崖。国内先后有六家大报社购买了五种不同牌子的美、英、日生产的照排系统，几十家出版社、印刷厂购买了蒙纳激光照排系统和若干台日本第三代照排机，而且国内一家大报更是花了430万美元购买了美国HTS公司的照排设备。HTS系统的硬件设备虽然很先进，但对汉字庞大的信息量一筹莫展，一直没能解决汉字信息处理的技术难关。按照

① 王选. 第二次引进高潮和Ⅱ型机的国家级鉴定[M]//王选文集（修订版）. 北京：北京大学出版社，2006：77.

合同，HTS公司应于1987年7月交付使用，但直到1987年年底仍迟迟不能交货。于是HTS许诺1988年6月底一定解决，并签订违约赔偿和最终交货协议。然而，半年后，HTS还是没能解决问题，不得不于7月宣告失败。事实上，在此之前，HTS公司曾派人同王选协商过，试图购买王选的汉字激光照排专利技术。王选随口说了个天文数字，把对方吓跑了。这就有了王选改造HTS系统的壮举，1989年北京大学与报社签订系统改造协议，仅仅5个月后，设备改造成功，系统效率提高了近20倍。1989年年底，来华研制和销售照排系统的英国蒙纳公司、美国王安、HTS、IPX公司和日本写研、森泽、二毛公司等全部退出中国市场。王选的汉字激光照排系统在与国外产品激烈的“肉搏战”中大获全胜，而知识产权所构筑的技术垄断空间是汉字激光照排系统战胜国外产品的重要因素。

认识到了知识产权的重要性，接下来的问题就是如何利用好这个工具呢？

首先应该坚持自主创新，研制出具有自主知识产权的创新产品，释放出蕴含在新技术中的巨大经济价值和社会价值。在王选看来，“一个技术含量不高的产品一旦在市场上走俏，马上会有一大批厂商蜂拥而上，很快就会使利润急剧下降甚至无钱可赚”；而且“只有强化软件产权保护，严厉打击盗版软件，才能促进国内、国际软件市场的发展。软件盗版使国产软件企业无利可图，因而无法继续发展”。也就是说，技术侵权和产品盗版不但严重破坏了市场竞争秩序，还可能造成企业没有利润，甚至无法收回技术的研发成本，严重影响到创新技术的商品化和产业化。

一方面，王选非常重视原始性创新，因为“不是什么都能引进的，比如汉字激光照排技术，全世界都没有，你跟谁去引进？只能靠自己创新嘛！”更为重要的是，原始性创新会“带来一本万利的效果”。方正就是靠汉字激光照排技术起家；DEC依靠测试磁芯存储器的晶体管化的逻辑组件起家，开创了一个新的时代——“小型机革命”，并随之跻身为世界第二大计算机公司。另一个例子是靠数字多媒体芯片发家的中星微电子。美国在通用计算机芯片领域独霸一方，韩国等在存储器芯片领域争得一片天地，唯独中国在半导体芯片领域是空白，中星微电子的数字多媒体芯片结束了“中国硅谷无硅”的历史，如今，全球多媒体芯片市场60%的份额已收进中星微电子的囊中。

另一方面，王选非常看重在国外最先进技术的基础上进一步创新，他认为，绝不能轻视在别人原创成果基础上不断作出重大改进，微软就是靠这一策略取得了市场的垄断地位，财力雄厚后又大力推动原始性创新。1988—1992年淘汰铅字的速度是非常惊人的，方正也迎来前所未有的赢利高峰，然而，王选敏锐地洞察到：让方正笑傲市场的RIP和前端排版软件即将面临国际开放潮流的冲击，尽管PostScript处理中文速度非常缓慢，但它的三次曲线轮廓描述方法有着北大自身页面描述语言BDPDL无法比拟的优势，与之同时，Windows的高集成性和可扩展性将对DOS版的NPM构成挑战。王选决定主动迎接开放潮流，于1993年10月推出了"支持PostScript2的RIP"，并使前端软件（维思）支持Windows的OLE，然后又把版面远传从原来方正自己的页面描述语言过渡到PostScript2。在PostScript和Windows基础上的再创新奠定了方正在华文报业市场的垄断地位，方正照排系统国内报社的市场占有率上升到81%左右，引导报业从黑白走向彩色出版，同时也进入彩色制版市场。

与此同时，王选还举了另外两个典型的实例。一个是上海三维生物技术公司，美国的一家公司发明了一种治癌新药，利用溶瘤腺病毒杀灭肿瘤，但是患者在注射新药后会出现发烧的并发症状，美国的医生不得不借助退烧药，从而影响了药物疗效。三维公司在仔细分析药物治疗原理后，认为应该增加热疗，改变配合的化疗药的用药次序，并首次提出将肿瘤细胞溶解释放的抗原信息，全息地呈递到免疫系统，激发特异的体内肿瘤疫苗，大大提高了疗效。三维公司在美国公司专利基础上的重大创新获得了13项国际新专利，按照上述原理推出的新药H101也将成为世界上第一个批准的基因工程腺病毒注射液。另一个则是微软。在微软推出文字处理软件Word时，Word Perfect软件在市场已经销售了近1000万套，而导致Word后来垄断市场的关键就是，微软技术人员仔细分析了Word Perfect和上百种其他字处理软件，从而让自己的字处理软件的功能处于领先地位，正如微软那句流传甚广的名言那样，"把创新聚焦到客户最愿意掏腰包的那些功能上"，有时一些表面看起来是非根本性、代价较小的改进，但由于很适合用户的胃口，结果使产品的竞争力和销量明显上升。王选为此呼吁国内企业，对已有的先进技术和产品必须真正掌握，并能综合各家的长处，想出新的办法克服其短处。

其次要合理运用知识产权合法的垄断权和排他权。在谈及加强知识产权保护力度，王选认为，只有强化软件保护，严厉打击盗版软件，才能促进国内、国际市场的发展。软件盗版使国产软件企业无利可图，因而无法继续发展；对国外软件的随意复制和非法廉价出售不仅败坏国家名声，也给国外软件长驱直入中国市场大开方便之门，一旦外国软件大量普及后，他们是不会让中国用户长期享受免费晚餐的，最终吃亏的还是自己。王选的这个观点在几年后得到了印证。资料显示，自加入WTO以来，从DVD、彩电、摩托车到数码相机、MP3芯片、汽车和电信设备等，我国企业因知识产权纠纷引发的经济赔偿累计超过10亿美元，一些企业为此付出沉重的代价，有些纠纷甚至对相关产业造成了毁灭性打击。

然而，必须指出的是，知识产权赋予创新思想或成果一种垄断权或独占权，但这并不意味着知识产权就是企业打击竞争对手的斗争武器。事实上，知识产权最大的价值不在于它是排挤竞争者的武器，而在于作为与其他企业开展合作的桥梁从而保证企业获得实现成功必需的技术和核心竞争力。正如微软副总裁菲尔普斯在《Burning The Ships》一书中所说的那样，知识产权不是决斗的武器，而是通向合作的桥梁。没有知识产权，企业不会分享各自的创意，因为他们害怕他人会盗用发明。有了知识产权，企业能够与其他企业分享他们的创新，完全受保护的知识使他们安全地感受到这样做会给他们带来共同的优势。就好比修好篱笆有好邻居，强的知识产权能建立强大且成功的合作关系。与此同时，与微软对知识产权态度的转变一样，一些专家学者对知识产权的经营提出了很多新的观点，最为著名的莫过于日本经济学家小宫义则提出的三位一体模型，即知识产权战略、经营发展战略和研究开发战略三位一体。产品的研究开发与知识产权保护相结合，树立产品的品牌，减少侵权纠纷，促进公司业务经营发展，经营发展战略与知识产权战略相结合，确保研发的正确方向，同时保证企业研发资金的持续高投入。

4. 把握前沿

王选一直把需求看作是刺激创新的源泉，最前沿的需求是最直接、最有效的创新源泉。他用这个观点有力地解释了“为什么不少中国人去美国后作出了创造性的贡献？”的问题，并且对自己提出了更高的要求“如何创造条件使在国内工作的年轻人能进入某个领域研究开发的最前沿”。王选认为：“除了待遇方面的差别外，确实在美国能接触到最前沿的研究开发课题，容易得到长进。”“我们要千方百计地让优秀的年轻人‘出彩’，最好的办法是把他们放在最前沿的需求刺激的风口浪尖上。”[①]“人的创造才能是需要受到刺激才能充分发挥的。一个优秀的棋手通过与世界一流的高手对弈才能迅速提高水平。年轻学者与世界一流科学家共同工作和讨论就容易冒出火花，在基础研究领域中这点尤为明显。”[②]

王选总结自己的两次创造高峰都是受到了异乎寻常的需求刺激。第一次是1964年，王选在从事四年计算机硬件设计、调试和三年高级语言编译系统软件设计的基础上，深感当时国外常规计算机系统设计方面的诸多缺点，使高级语言目标代码的运行效率较低；而一旦使硬件适合软件，就能解决绝大部分瓶颈。为检验新的设计方案，需要调查大量科学计算和数据处理的实际题目，当时找到了一个窍门：美国《ACM通讯》上，每期都登载用ALGOL 60或Fortran写成的源程序，只要分析这些源程序就能作出判断。20世纪60年代初软、硬件两方面的实践和对《ACM通讯》上登载的大量题目的统计分析，使王选在计算机很不发达的中国的环境下提前得到了需求刺激，发现了当时美国流行技术的不足，并提出了新的构思。第二次是1975年，开始从事汉字照排系统的研制。1975年王选按照国内对正式出版物分辨率的要求，选择了741线/英寸（今天的照排机分辨率均在1000线/英寸以上），并根据汉字笔画多的特点，采取参数描述方法，以保证变倍后的字形质量，这种方法即今天在西方大为流行的字形描述“提示信息”的一种形式。汉字字数多、笔画密的特点使王选比美国人早八年获得了十分宝贵的需求刺激，因而比西方更早选择了后来广为流行的技术途径。

为了进一步“寻求最前沿的需求刺激”，王选率领团队主动出击，进军境外市场。1990年6月采用北大方正系统的《新晚报》成为香港地区第一个全部版面均由电脑编排的报纸，从而证明了整页组版也适合于版数很多、时效要求很高的海外繁体字中文报。

香港彩色报纸和杂志、画刊的版面复杂，正是这种需求促进了方正组版软件的发展。王选团队完成的集成排版软件维思3.0是功能最强的彩色中文报纸组版系统，海外70%的华文报均用此软件出报，它的成熟和领先水平也依赖于海外一批用户的推动。

在进军境外市场的过程中，王选把开拓日本市场作为关键一步。日本的彩

① 王选. 寻求最前沿的需求刺激[M]//王选文集（修订版）. 北京：北京大学出版社，2006：220，225.

② 王选. 自主技术产品出口的若干思考[M]//王选文集（修订版）. 北京：北京大学出版社，2006：300.

色印刷业十分发达，不亚于美国，领先中国5～10年，市场的规模也比中国大十倍，而印刷出版系统的软件并不先进。发达的日本市场带来很多国内碰不到的需求，将刺激北大方正一批优秀年轻人的创造才能，使他们产生去发达国家领导技术新潮流的使命感，这是高额奖金所买不到的。”①

方正系统把文字、图形和图像处理功能集成在一起，使用比较方便和效率高。1997年方正日文出版系统正式进入日本市场。文字处理研究室主持研制成采用面向对象技术的飞腾排版软件，创造性地提出并实现了软插件体系，使系统容易扩展和升级。正是这一特点使日本市场所需要的各种功能能够用软插件这一扩展技术方便地实现。

出口发达国家市场对年轻的优秀研发人员是一个很大的激励，将引发他们的自豪感，促使他们充分发挥聪明才智，满足外商提出的苛刻要求和完成平日难以想象的困难任务。技术和市场要尽快形成正反馈过程，一旦一项产品在某个关键方面优于市场上的所有产品，就会被市场接受。市场就提出新的需求，刺激产品进一步发展，形成一个正反馈过程。在超豪华彩色印刷品质量方面，方正不亚于一般厂商，但比不过极少数几家顶尖厂商。20世纪90年代后期王选团队的周秉锋提出了新的数学算法，终于使电子挂网技术达到世界一流水平，被国外厂商纷纷接受。周秉锋把这一成果在原理上系统化，写成文章，发表在号称“国际图形学奥林匹克”的SIGGRAPH杂志上，这是十多年来中国研究单位第一次在该杂志上发表文章。应该说，为了进入国际市场，刺激了彩色挂网技术的创新，而高水平的文章是这一创新的必然结果。

二、王选创新方法的范式特征

以汉字激光照排系统为代表的王选创新，托起了一个企业，成就了一个产业，不仅在国内中文印刷市场所向无敌，甚至能够横扫全球华文照排市场，是当之无愧的重大创新。这项创新在2000年由中国工程院等单位组织的“20世纪我国重大工程技术成就”评选中，名列第二位，仅次于“两弹一星”。“在我国的

① 王选. 寻求最前沿的需求刺激[M]//王选文集（修订版）. 北京：北京大学出版社，2006：224-225.

大型科研项目中，像汉字激光照排系统这样，完整地走过基础研究、原理性样机研制、中间试验、定型生产、大面积推广各阶段，并在市场需求的拉动下最终实现产业化的重大创新并不多见。重大创新一般是指创造出全新商业业务链条的创新，这种创新是先前市场上不存在，可以大大降低成本提高性能。重大创新意味着掌握了标准、核心知识产权，决定了技术发展的轨道。”①

王选创新是个典型的重大创新，因此，对王选创新方法的研究，也就不只停留在个体或创新团队操作方法，而是包括项目策划、组织、管理等多种行为，包括政府、用户等多个主体，包括文化、价值观等多种要素在内的创新范式。广义而言，范式也是一种创新方法，重大创新的范式，通常也是国家的创新方法。②

1．国家命题

“748工程”是一个国家命题，“研究王选创新，不能离开国家命题这个大背景。”③王选对这一点也有十分清醒的认识，“照排项目涉及报业和印刷业的技术革命，其经济和社会价值是明显的，何况中国是汉字和印刷术的发源地，由中国人自己解决这一场技术革命中的关键问题，成为大家的共识。”④

“748工程”是国务院批准立项的项目，是政府根据国家战略需求和社会需要下达的一项科研任务，有明确的目标要求。国务院批准项目立项后成立的“748工程”办公室在项目的策划、论证、投入、协调、管理等方面做了大量的工作。在汉字激光照排原理性样机通过鉴定后，“748工程”办公室又积极把成果推荐给国家经委印刷装备技术协调小组，协调小组在对成果和课题组认真考核后，将其列入“六五”、“七五”的印刷专项。进入印刷专项后，汉字激光照排项目的研究就直接面向行业装备技术改造了，实用化就是项目的考核指标了。为了达到实用化的目标，动员试验用户参与、调动试验用户的积极性，就不是科研

---

① 柳卸林. 基于本土资源的重大创新——汉字信息处理系统案例研究[J]. 中国软科学，2006（12）.

② 实际上，创新范式就是日本学者儿玉文雄等在库恩的“科学范式”（scientific paradigm）、多西（G. Dosi）的“技术范式”（technological paradigm），及弗里曼（C. Freeman）和佩雷斯（C. Perez）的“技术—经济范式”（techno-economicparadigm）基础上发展出来的分析日本创新、也就是国家创新的概念。

③ 王选86级研究生周永军2010年2月15日接受本书作者访谈时的谈话。

④ 王选. 试谈汉字照排系统工程成功的原因[M]//王选文集（修订版）. 北京：北京大学出版社，2006：4.

单位力所能及的了，印刷装备技术协调小组在这方面发挥了不可替代的作用。

一项费时较长、投入较大、风险较高的创新工程，若无政府的支持，只是靠科研单位，或生产企业独自努力，很难实现预期目标。如果政府有关部门不出面组织协调，项目主持单位就很难适时地根据研制需求组织起一支跨地区、跨行业的合作研发团队。更重要的是，在不同利益群体发生意见分歧时，政府有关部门仍能从国家整体利益出发，继续扶持汉字激光照排系统的自主创新。如果政府职能部门缺位，或者行政不作为，错失在前竞争阶段实施政策调控的良机，致使出版印刷企业大量引进国外设备成为现实，那么汉字激光照排系统的自主创新就不可能取得成功。

考虑到我国政府对发展迫切性的要求，汉字信息化一旦作为国家命题得到确立，高定位、大跨越几乎就是一个自然的选择标准。在科研攻关上，“20年来高起点和创新是‘748工程’照排项目的灵魂，也是取得成功的重要原因。”①

实现跨越式发展的基本途径有两条：一条是基于持续性技术创新的跨越，另一条就是基于突破性技术创新的跨越，与之相对应，跨越式发展的基本路径也有两条：路径跳跃式跨越和路径创造式跨越。

路径跳跃式跨越的特点是沿着企业组织主流市场中主流用户的需求曲线逐步提高已定型产品性能的技术创新。如公元13~16世纪，意大利的很多小型企业借助从东方引进的手工业操作技术，对这些技术不断改进和深化，为以后的大规模制造工业奠定了基础，同时结合自身的私营手工业作坊式管理制度，极大地提高了生产力水平，实现了历史上第一次巨大的技术跨越，完成了人类文明中心从东方向西方的转移。

路径创造式跨越是那些并不是按照企业组织主流市场中主流用户的需求曲线进行改进的技术创新。它有可能在短时间内不能赶超持续性技术的性能，但是，它能够改变企业内部的组织结构、管理流程和价值取向等方面因素，促使企业沿着新的技术轨道发展，突破性技术最终必然能够赶超并替代现有的持续性技术。1785年，诺定昂郡建立了英国的第一座蒸汽纺织厂。由于采用瓦特蒸汽机作为原动机，使纺织厂打破了必须建在河谷地区的地理条件的限制，使纺织业的发展进入了一个新的时期。17世纪到1830年，英国众多企业都引进了瓦特蒸汽机，促使

① 王选.试谈汉字照排系统工程成功的原因[M]//王选文集（修订版）.北京：北京大学出版社，2006：5.

英国率先完成工业革命，使得工业中心从意大利转移到英国。

路径创造式跨越抛弃原有持续性技术创新的发展轨道，另辟蹊径，从新的角度、轨道对原有持续性技术进行替代。这种新模式常常导致习惯于持续性技术创新模式思维的企业家陷入困境，而技术落后的国家、地区、企业却可能因此获得与技术相对领先的国家、地区、企业在同一起跑线上竞争甚至于超越它们的机会。

美国哈佛商学院的克里斯滕森（Christensen）教授最先在《创新者的窘境》一书中将路径创造式跨越称为突破性创新，阐述了突破性创新对产业和著名企业带来的冲击原因。通过对磁盘驱动器、挖掘机、零售等多个行业的研究。克里斯滕森发现：在面临突破性技术变化的已定型公司在研制必要的技术方面没有麻烦；在要求管理作出决定之前，新产品的原型通常已经被开发出来了。相反，到了要在相互竞争的产品和技术开发建议之间分配不充足的资源时，突破性项目就被拖延下来了。公司最有力量的用户所需要的持久性技术项目几乎总是从市场较小的、用户需求不明确的突破性技术那里夺去所需要的资源。从而导致已定型公司的突破性创新项目被搁置，与此相对的是，一些新公司致力于突破性创新项目的研究开发和突破性技术的商品化，并且不断完善新的突破性技术，抢占已定型公司的市场，已定型公司的市场空间逐渐变小，最终被赶出市场，遭到失败。

克里斯滕森进一步指出，突破性技术通常从价格低、获利小的低端市场进入，也就是说，突破性技术通常在问世时都比较粗糙，仅仅是针对由于支付能力的原因而没有被服务的消费者，或针对某种技术的爱好者，或处于非常低端的被过度服务的消费群。是的，个人电脑刚推向市场时，只有个别电脑迷在使用；数码相机的推出，最开始只得到一些摄影爱好者和新事物追捧者的垂青；小灵通最初是针对那些买不起手机的消费者而推出的。

然而，仔细分析汉字激光照排系统跳过二代机、三代机，淘汰铅字的跨越过程，不难发现，汉字激光照排系统最初的定位就是要改变中国出版印刷业的落后面貌，也就是把目标定在了承担改造大任的大报社身上，而不是小型印刷厂，借助《经济日报》这个样板用户掀起了革命浪潮。事实上，当时的小印刷厂也没有能力购买汉字激光照排系统。

当然，分析激光照排离不开国家课题这个大背景，但王选这种高定位的路径创造式跨越对我国其他产业领域实现技术赶超具有重要意义，换言之，克里斯滕森所说的低定位对突破性技术创新并不是必然的。

对于路径创造式跨越而言，突破性技术能否颠覆持续性技术取决于突破性创新是否已经体现出持续性创新无法比拟的优势，能够创造出矛盾转化的条件。突破性技术实现持续性技术无法解决的矛盾的转化，这种矛盾在持续性产品的不足之处有所反映，但是由于人们的物质文化需求增长是一个渐进的过程，同时持续性技术的不断创新会暂时掩盖这个基本的技术矛盾，从而使得我们很难直接发现这个基本矛盾。基本矛盾的识别和判断与人的思维方式和思考能力有很大关系，同时突破性技术的成熟需要一个过程。只有等到持续性创新已经难以满足人们的物质文化需求，基本矛盾才会凸显出来，逐渐完善的突破性技术也就会凸显出惊人的威力。

也就是说，突破性创新是从低端市场切入，还是从高端市场切入，取决于基本技术矛盾的状态。

20世纪70年代，铅印在中国延续了上百年，铅印工艺的效率和质量早已无法满足人们的物质文化需要，矛盾已经到了不可调和的地步，所有的大报和日报都渴望淘汰铅字，在市场前沿需求的刺激下，汉字激光照排凭借技术优势一开始就进入高端市场，随着自身的改进最终颠覆垄断市场。1959年DEC第一台小型计算机PDP-1面世时只有一台冰箱大小，不需要安装在恒温防尘的机房，价格也只相当于IBM大型商用机的一个零头，因为每台机器都是为特殊用途而被用户定制，所以标价为125000～150000美元。1965年推出PDP-8则是小巧玲珑，长61厘米，宽48厘米，高26厘米，它的售价也只有18500美元，比当时任何公司的电脑产品价格都低。1977年DEC又推出了32位VAX-11/780小型机，寻址逻辑空间高达40亿个有效地址，并有设计良好的存储管理，使程序员能够得心应手地编程。小型计算机的发展掩盖了自身的不足，只有那些渴望更小体积和更低成本的游戏玩家对个人电脑产生兴趣，个人电脑也只能从低端市场切入，创造市场。这也就解释了为什么很早问世的个人电脑技术直到20世纪80年代才完成了对小型计算机的颠覆，第二次世界大战出现的无线射频技术直到50年后才实现对传统技术的颠覆。

另一个很好的例子就是闪存技术。相比于个人电脑和无线射频技术的几十年漫长历程而言，王选的激光照排技术花费了18年时间彻底淘汰了铅排和铅印工艺。而基于闪存技术的U盘仅仅用了6年时间就将3.5英寸软盘踢进了历史，彻底颠覆了软盘和软驱。U盘已经成为我们的日常生活和工作必备的工具之一，要知道，在2000年之前，几乎所有的计算机都配备软驱，相应的存储设备也都是3.5英寸的软盘。这种软盘运行缓慢，储存量小，每张软盘只能存储现在的一张或两张普通数码相片，而且软盘极易损坏，使用寿命很短。全球都在为解决这一问题而分头研究。1999年，邓国顺和成晓华发明了世界上第一款闪存盘，仅仅3年后的2002年，传统的软盘逐渐淡出市场，根据赛迪顾问2002年7月所做的统计，2002年上半年我国国内市场上的移动闪存盘的销量为66.5万个，较2001年同期增长了300%以上。第一款闪存盘的发明者朗科公司也提出了“取代软盘软驱”口号。到2005年，3.5英寸软盘插口被全面取消，取而代之的是匹配闪存盘的USB插口，闪存盘也彻底代替软盘成为主流的储存设备。事实上，U盘一开始走的也是高定位，从1967年IBM第一款32英寸软盘的推出，到后来的5.25英寸软盘，再到1979年索尼公司推出3.5英寸的双面软盘并成为PC的标准配置，在U盘出现之前，软盘已经走过30多年的历史。一方面，U盘基于USB接口与电脑相连，直到1997年，随着Intel在主板芯片组方面对USB支持的不断加强，计算机的大量外设才开始采用USB接口。另一方面，很多旧电脑的主板都不支持闪存盘的启动模式。尽管性能优异的U盘已经面世，很多中小企业和个人电脑使用者仍然频繁使用软盘，但是对高级商务人士和科研工作者而言，U盘有软盘无法比拟的优势，那就是更大的容量、更快的存储速度以及更长的使用寿命。因此，U盘必须从高端市场进入。2000年，U盘开始频频亮相于中国高新技术成果交易会、全球最大的IT盛会德国汉诺威CeBIT展、全球久负盛名的美国COMDEX展。2000年12月，IBM宣布朗科U盘为其移动应用解决方案中唯一的移动存储方案，从此，U盘掀起了告别软盘、软驱的技术变革。

当技术矛盾处于不可调和状态时，突破性创新往往采取高定位的路径创造式跨越。然而，创造出一种新的技术进化路径离不开原有的技术积累，学习——内化阶段塑造了王选入世奋进的价值观，培养了王选的合作创新精神，给予了王选扎实的计算机知识和数学基础，练习——确认阶段让王选认清了自己的优势，掌握了把握技术前沿的方法——从事软硬件相结合的研究，没有这两个阶段的锤炼，王选也是不可能实现跳过二代机、三代机直接研制最先进的激光照排系统的技术跨越。

以国家命题的形式组织大项目、大工程的研发、实施，带动国家创新能力大幅提升是一个有效的做法，在日本、韩国等都有很多成功的经验。2008年金融危机爆发以来，国家命题的模式再一次受到重视，但形式上有了些改变。

变化集中发生在2009年5月至7月。5月5日，美国总统奥巴马要求国会在第二年的预算中提供5000万美元成立社会创新基金（Social Innovation Fund），用以扩展与企业家和慈善事业合作，筛选最有前景的新技术在全国推广，解决贫困等社会问题。按照奥巴马的计划，这个基金将逐步增加，到2014财年达到1亿美元。美国的社会创新基金的目的是培育社会创新能力。

6月29日，英国首相布朗宣布创设英国创新投资基金（UK Innovation Investment Fund），政府部门投入启动资金1500万英镑，采用和民间部门同样的运营方式，集中支持数字与生命科学、清洁技术、先进制造领域的成长性中小企业、初创企业和溢出企业（spin-outs）。英国政府相信这个创新投资基金在今后10年能撬动10亿英镑的民间资金投向新技术。英国的创新投资基金是英国政府“构建英国未来（Building Britain’s Future）”的一部分，构建英国未来是布朗政府的一个重要创新计划。

7月27日，日本酝酿、准备了10个月的股份公司产业创新机构（日文名：株式会社产业革新机构）正式开始运营（当时的经济产业大臣二阶俊博出席成立仪式），资本金905亿日元，其中政府出资820亿日元，民间出资85亿日元。在需要的时候，日本政府可以为其提供8000亿日元的融资保证。日本产业创新机构的宗旨就是全力构筑下一代国富产业的技术基础。

7月29日，韩国政府宣布年内成立200亿韩元（约4亿美元）发明资本基金（Invention Capital Fund），其中政府投资50亿韩元，民间投资150亿韩元。韩国的发明资本基金预计到2016年扩充至5000亿韩元，基金主要用于购买对新产品制造至关重要的新技术。

美英日韩的这四个新基金的“新”主要体现为官民结合、社会创新。此次金融危机爆发后，市场流动资金受限，企业研发投入大减，方向感顿失，观望气氛弥漫。在这种情况下，政府为提振信心、凝聚方向，发起基金，汇集民智民资，确为明智之举。美国的社会创新基金是以政府资金为基础，动员企业界和社区的领袖人物，推广新技术来解决贫困等社会问题。这也表达了奥巴马对创新的独特理解。

日本的产业创新机构为了培育社会创新能力，安排了全新的制度，明确规定机构的存续期间为15年。2009年秋季完成定编的50人招聘计划，受聘人员年龄为35岁左右，15年后机构解散，这些人就要到社会上另谋职业，把这15年间学到的知识、掌握的本领扩散到社会上去。

美、英、日韩这四个在创新上很有作为、很有成绩的国家，几乎在同一时间成立或宣布成立官民合作的新型技术投资基金，在以下三个方面有其明显的意图。

第一，争夺下一代产业架构主导权。IPS细胞、3G手机、纳米材料、下一代互联网、空间开发、海洋利用、能源环保等新技术、新产品的不断成熟，正在逐步拉开新产业革命的大幕。在知识经济条件下发生的新产业革命，必将是以标准为基础的产业架构革命。在标准制定和产业结构设计的竞争中取胜，是各主要国家创新政策的核心所在。美、英、日、韩都由政府发起、成立新技术投资基金，显然是为了尽快获取产业主导权上的竞争优势。

第二，解决“研究分散化、产品集成化”的矛盾。随着科学技术的发展，科研的专门化成为一个突出的特点，这带来了研究资助和研究活动的分散化。而现代社会的消费却要求使用便利、功能齐全的产品，开发能满足这样需求的成品必须有大规模的技术集成投入。大范围、深层次的金融危机，大大影响了民间投资的热情和能力，危机前一些活跃的民间技术投资资金纷纷转向低风险领域，对技术集成的投资越来越少。政府不得不担负起投入资金集成要素技术、整合产品研发的重任。

第三，保卫本国研发成果。知识资产经营公司如Intellectual Ventures（高智发明），是一家由微软、英特尔等大公司投资设立的专门从事发明与发明投资的公司。该公司目前投入50亿美元在世界范围内购买新创意和新技术的知识产权，掌控着近2万件专利。2008年先后进入我国、日本和韩国，和这三个国家的很多大学院所建立了联系，购买了约300件专利。三个国家的政府都高度关注高智发明的投资和经营活动。在世界范围内的技术收购行为给各国敲响了警钟，有些国家采取了有力的应对措施。日、韩两国基金就有明显的、捍卫本国技术主权的国家技术主权基金的意味。

美、英、日、韩成立的新型技术投资基金加速了新产业革命进展的步伐，加剧了下一代产业架构竞争的程度，这对我国有直接的影响，也是一种严峻的挑战。另一方面，美、英、日、韩的这些举措，也给我们提供了如何进一步推动我国创新的启示，即集结官民、集中目标、集成资源。下面以日本创新机构为例来说明。

日本产业创新机构的投资目标领域是环境、能源、生命科学等社会期待高、成长空间大的领域。投资策略主要有三种：一是专利库策略（patent bank），即通过收购、投资等手段，把新专利技术等集中起来，面向重大社会需求，构建满足这些需求的产品；二是二次培育策略（secondary venture），即通过向有潜力的初创企业等投资，面向未来的战略性产业，整合企业资源，大造承担产业发展重任的支柱企业；三是完善产业链策略（product chain），即通过投资等手段，接手从大企业分离出来的新项目（主要指受金融危机的影响，一些日本大企业无法再继续支持的好项目），支持这些项目完善走向国际市场的各环节，建立国际竞争优势。

为了实施上述策略，产业创新机构创新体制机制，以求充分官民结合的优势。在资本构成上，日本政府出资820亿日元，日本政策投资银行出资10亿日元，14家日本本土大企业（包括松下、夏普、东京电力等）和一家跨国企业（日本通用电气）各出资5亿日元。这样的资本构成显然是为了优化经营管理而设置的。

在治理结构上，行使投资判断最终决定权的是来自产业界、法律界等各界的代表产业创新委员会（委员长是吉川弘之，曾担任过东京大学校长，担任产业创新委员会委员长之前是产业综合技术研究所所长），负责日常经营管理的CEO能见公一、COO朝仓阳保分别来自民间商业银行界和民间投资银行界。力图通过这样的治理机构，来保证政府对投资原则上的掌控和投资家在具体项目上发挥才能。

在业务人员组成上，公开招聘、录用技术、经营、金融等各领域有能力的人才。采用招聘录用、合同管理、15年后解散（如前述）等手段，就是希望能集结日本各界的智慧与热情推进创新。

此次金融危机是一个重要转折点，在一定意义上说，和10年前的全球互联网泡沫破灭有类似之处，即随着市场流动资金的大量缩减，产业发展进入盘整期，社会各方开始逐步深入地探讨新的产业发展方向，政府在选择稳定社会为第一政策优先目标的同时，凭借相对的资金优势和广泛的动员能力，提倡下一代产业的基础和架构，并组织力量实施。当然，这次金融危机的影响远远超过了上次网络泡沫破灭的影响，触发了人们对市场机制、社会制度甚至人类前景等诸多根本问题的深刻思考，有些这样的思考已经在政策上有所体现。比如美、英、日、韩的官民合作新型技术投资基金，就不同于金融危机前这些国家的创新政策表达的官民合作形式。可以认为，世界各主要国家都以金融危机为分水岭，调整了创新政策的一些基本理念和实施方式。

在这种形势下，我们应该扩展国家命题的内涵和外延，在以下几个方面积极采取措施。

第一，解放思想，打破“公共资金不能资助竞争阶段研发”的教条束缚，针对重点产业发展的需要，大力支持产品研发。尽管几乎所有的西方经济学理论著作都坚持“公共资金不能资助竞争阶段研发”的观点，但是在世界上几乎没有一个政府严格遵照这个观点行动。我国到目前为止很少有直接支持进入市场的产品研发的政府资金，很多人认为资助市场产品研发违反了经济学原理，其实这是对现实世界竞争形势的无视。美、英、日、韩成立技术投资基金的举措让我们进一步认识到现阶段的动用公共资金资助产品研发的重要意义。

第二，设立“技术主权基金”（暂名），收购、管理、集成、开发有商业前景、事关产业发展的基础性技术，应对跨国专利经营公司的威胁。这样的“技术主权基金”要承担起“解决问题、探索方法、培育人才、传播知识”四大任务。解决问题，是指解决当前面临的技术评价、技术转移、技术经营方面的难题，提高技术转移的效率，提升产业和产品的技术含量。探索方法是指学习国际上的先进经验，探索解决我国的实际问题的方法。培育人才是指培养把技术在实际中用起来的各类人才。传播知识是指要在社会上传播、普及技术转移的知识，形成有利于技术转移的氛围。如果说解决问题、探索方法是一般的私人基金也能够做的事情的话，那有效率地培育人才、传播知识则非政府介入不可。

第三，组织力量集中研究即将到来的新产业革命的特点，调查、分析下一代产业架构的特征和我国的竞争、参与方式，力争在关涉下一代产业的重要标准制定中反映我国的利益。

第四，利用开放创新（open innovation）的观点和方法重新审视我国的创新体系。开放创新最早于2003年由美国加州大学伯克利分校的切萨布鲁夫（Henry Chesbrough）教授提出，经过这些年的发展，已经被普遍认可为是创新的主流范式。比如日本在研究成立产业创新机构事项的各种讨论中（包括国会经济产业委员会为此举办的听证会），多次提到开放创新。成立产业创新机构的说明文件中，也明确宣称这是应对开放创新环境、推动开放创新发展的重要举措。开放创新提倡的“跨学科、跨领域、跨组织”的合作创新、集成创新和协同创新，可以为解决我国的“科技、经济两张皮”提供新的思路和框架。

第五，正确认识开放创新环境下“官民合作”的价值，认真设计官民合作的体制机制，充分调动和发挥民间创新资源的积极性，通过建立创新型社会来建设创新型国家。我国现在仍极大地受到“官本位”思想的影响和困惑，官民合作不容易落到实处。而开放创新恰恰要求各类创新主体间的开放、交流、合作与分享。美、英、日、韩在官民合作上有很好的成绩和基础，新的技术投资基金又一次把本国的官民合作提到了一个新高度、推进到一个新阶段。有效地强化官民合作，是我们最应该向这四个国家学习的地方。

因此，我们在强调企业应该成为技术创新的主体的同时，还应看到，依靠市场竞争和赢利激励并不能完全解决我国企业创新动力不足的问题。实际上，即使是在日本这样的发达国家，也会不时地由政府所属机构牵头或资助组织一些技术创新联盟来推动那些研发周期长、资金投入大、风险比较高的研发项目。何况国内的很多企业目前仍不具备从事技术创新的能力，即使一些企业具备了一定程度的技术创新能力，它们也并非只处于国内市场的竞争压力之中。在全球化竞争日益加剧的环境下，如果我们不正视后发劣势，盲目强调市场的调节功能，不愿冒遭受严重挫折的风险，对那些涉及国家安全和核心竞争力的战略性产业的技术创新进行重点扶持，那么我们将会越来越多地受制于人。后发国家赶超先发国家，一味地迷信市场机制不可能取得成功。

2. 领军人物间的默契

作为国家命题的“748工程”，这个工程的领军人物是一个群体。王选是技术领域的领军人物，郭平欣、范慕韩是政府领域的领军人物，技术专家和行政专家的互信互动，是“748工程”得以克服重重险阻、赢得最终成功的根本性基础。如果没有郭平欣、范慕韩对王选的信任，很难设想“748工程”的正确展开。在20世纪70年代末80年代初强烈的“尊重知识、尊重人才”的社会氛围下，一般意义上的尊重是可能的。难得的是对王选技术建议的采纳，更难得的是两位德高望重、位高权重的老革命对一个四十岁上下的小助教的信任。在科技决策中，应该怎样听取专家的意见，仍然是我国面临的重大难题。郭平欣、范慕韩、王选三人围绕“748工程”形成的“行政专家—科技专家”关系，值得认真学习。

王选、郭平欣、范慕韩三人之间最大的交集是“振兴中华”、是“中国人来解决汉字文明进入信息时代的问题”、“希望能在自己手中把国产设备搞上去”，是共同的理想和事业心把三人紧紧连在一起。其实，其他几位对“748工程”发挥重要作用的人物，如周培源、杨家祥、黄辛白、沈忠康等，都是基于这样的理想和志气，在关键的时候，作出了正确的决定。

王选曾经在回忆文章中专门谈到黄辛白对“748工程”的支持。“北大‘748工程’从1975年5月起步以来办公用房一直紧张，文史楼两间总共约20平方米的破教室是软件组的所在地；冬天暖气不足，加上穿堂风，陈堃銶不得不在腹部捂上热水袋工作。1977年8月人员大增，一大批定购的设备即将到货而无处安装，事情已到了异常紧迫的地步。张龙翔想起旧图书馆的一楼是‘四人帮’时期组织的教育革命展览会所在地，在新形势下已无存在必要。张龙翔提出的这一方案得到了周培源、黄辛白等领导的支持……在旧图书馆动工改造成机房期间，有一件关于黄辛白的事情给我们印象最深并在研制组中传为佳话。1977年10月在经过对‘四人帮’的清查后，北京大学新的领导班子即将建立，在原来北京大学革委会中任职的一些干部都需要‘说清楚’（这是当时的政治术语），也即要对‘四人帮’统治期间跟着犯的一些错误作一交代和检讨。北京大学的同志都知道黄辛白同志在很多问题上是抵制‘四人帮’那套做法的，是受排挤和没有实权的，但由于是领导成员，仍然要‘说清楚’。这当然不是一件愉快的事，难免也要受到一些批评和责难。一天下午，黄辛白同志刚刚在办公楼礼堂大会上作检讨和‘说清楚’，散会后立刻步行到旁边的旧图书馆参观正在动工的机房，并兴致勃勃地询问情况，与刚才‘说清楚’时的神态判若两人，这使我们深受感动。黄辛白同志一直对这一项目充满感情和大力支持。”①

由于和科学技术、研究开发有关的决策（以下统称为科技决策）的特殊性，常常需要科技专家的参与，这样就出现了科技决策的专家参与现象。王选创新中多次出现这样的现象。由于王选和郭平欣、范慕韩等行政领导的互相信任，王选创新中的专家参与科技决策的情况是比较成功的。我国经常被引用的专家参与科技决策的成功案例是“863”计划。“863”计划设想提出者之一王大珩院士在

① 王选. 原理性样机的研制[M]//王选文集（修订版）. 北京：北京大学出版社，2006：37-38.

1996年4月19日的《中国科学报》撰文回忆到："1983年党和国家开始考虑迎接新技术革命的对策。同年11月国务院经济技术研究中心组织全国上千名技术和经济专家进行发展新技术的研究，提出了长达150万字的研究报告。鉴于当时的情况，陈芳允同志与我商量，向最高领导写个发展我国的战略性高技术的建议，由我起草，并与杨家墀、王淦昌商量定稿。建议于1986年3月2日送上，3月5日就得到小平同志的批示：'此事宜速作决断，不可拖延'。经国务院组织专家们进行再三的周密论证，1986年11月18日，国务院发出《高技术发展计划纲要》的通知。《高技术发展计划纲要》，即'863'计划，于1987年2月正式组织实施，称为'863'计划，因为建议的提出和小平同志的批示是1986年3月作出的。"

政策是一个过程，这个命题指的是在正常运行的现代社会中不应该发生突如其来的政策、也不应该存在不被实施或无法实施的政策，而一个实施了的政策又不可能不引起有关方面的反应和评价。所以，政策的制定、实施和评价等政策步骤或政策阶段组成了一个连续的整体，舍弃其中的任何一个步骤或阶段，政策都因失去了其完整性而不成其为现代意义上的政策。政策过程概念和理论产生50多年来，取得了丰富的成果。

另一方面，就其本质来说，政策是政治，既是政治活动的结果，也是政治追求的目标。所以在发达国家的政策研究中普遍接受这样的一个判断，"政策决定政治"。这句话的意思可以理解为对于任何一个政治团体或政治人物而言，没有独自的政策，就没有存在的意义。这和毛泽东同志讲的"政策和策略是党的生命"是相通的、一致的。从其内容上看，政策可以分为方向和路线指引型政策、环境和条件整备型政策、问题解决和任务完成型政策等。无论哪一类型的政策，都依赖于并且越来越依赖于知识。这里所说的知识，既包括可编码的明示知识，也包括以经验、体会为主的暗默知识。因此，政策是政治与知识结合的过程。

这是一个抽象的表述。在现实生活中，这个表述所包含的道理常常被具体化为行政权威和知识权威结合过程。这主要是因为成本的约束，每一个政策都不可能脱离成本。政策成本可以分为决策成本和执行成本。知识权威和行政权威的结合，可以在兼顾执行成本的情况下有效地降低决策成本，从而提高决策效率。当然，行政权威单向决策（如拍脑袋决策）的决策成本更低，但是由于缺少知识的支撑，可能会带有很大的风险，从而大大提高执行成本。这也是拍脑袋决策越来越少的一个重要原因。

最先出现的是一个想法或一个灵感（idea），这样的想法、灵感能否转化为政策问题或政策概念（concept）取决于多种多样的因素，权威和相关信息是其中两个重要变量。如果idea得到权威的认可或者idea就产生于权威之脑，就很有可能在相关信息的支持下转化为concept，其后的工作就是以这个concept为核心组织和论证政策，经过必要的法律或行政程序，上升为政策（Policy）。然后就是把Policy具体化为操作方案和程序（Programme），付诸实践（Practice）和进行评价（Assessment）。

政策形态（idea、concept、draft、policy、program、practice、assessment）和行政权威、知识权威的级别有密切的关系，而政策形态的转变又和政策信息传递的方式关系密切。以日本的国家科学技术基本计划为例，在idea阶段，行政方面参与的级别不高于处级，知识方面以课题组为主；在concept阶段，行政方面参与的级别不高于局级，知识方面以专门审议会为主；在draft和policy阶段，行政方面政府各部门负责人、首相参与，知识方面以科学技术综合会议（日本最高的科技政策审议、咨询机构）参与。在政策信息传递方式上，日本强调人与人、面对面的直接交流、讨论，认为这个交流、讨论的过程，重要的是以已有的信息为背景和基础，在这样的背景下、基础上，人与人面对面的交流和讨论是一种产生新想法、新思维的方式，创新性地推动政策从一种形态向另一种形态的转变。所以，无论是行政还是知识方面，都至少会有一个人自始至终参加政策全过程。

实际上，concept-policy阶段是政策制定中的最重要阶段，在此之前的idea-concept是准备，在此之后的policy-program等是实施，准备是为policy的准备，实施是对policy的实施。或者说，policy是concept的理论化，program是policy的操作化，policy是观念到实践的转折点。

对政策过程的研究起源于20世纪50年代。政策科学的奠基人阿斯韦尔（Harold D. Lasswell）发表了一系列关于政策过程的观点和著述，比如《政策科学的指向》（1951）、《决策过程》（1956）等，明确提出和讨论了政策过程的概念和模型。拉斯韦尔把影响政策过程的知识区分为关于政策过程的知识（knowledge of policy process）和包含在政策过程中的知识（knowledge in policy process）。关于政策过程的知识是指关于政策如何决定、如何付诸实践的系统的经验性知识；包含在政策过程的知识是指在现实的政策制定中能够动员、利用的知识储备。这种区分明确了政策过程的知识和政策内容的知识的区别。

按照拉斯韦尔关于政策过程的知识分类，如果说在科技政策的制定过程中，“of”类的知识主要掌握在行政机构手中的话，那么对于“in”类的知识行政机构则不具有科技专家那样的优势。在concept向policy转化、发展时，行政机构不邀请科技专家参与，显然是不明智的。而如果科技专家的参与是非制度化的，那么这个决策机制就是相对不完善的。其实，现在世界上还没有一种完善的科技政策决策机制，也就是说世界上任何一个国家也都没有找到一种把关于科技政策的“of”知识和“in”知识完美地结合起来的机制。美国、日本、中国以及其他一些国家都进行了艰苦、有益的探索。当然，科技政策决策机制是国家政治体制在科技政策决策方面的一个映射。在本质上是受国家政治制度约束的，也受到社会文化的强烈影响，不存在对他国模式的照抄照搬，但也不是不存在借鉴的可能。

参考拉斯韦尔的观点，可以把对政策的研究分类为对政策过程的研究、对政策内容的研究和对政策过程和政策内容如何结合的研究。政策过程研究的重点是怎样通过合理的过程和程序，制定好的政策。政策内容研究的重点是制定什么样的政策，可以有效地解决实际面临的问题。政策过程与政策内容的如何结合的研究重点是什么样的政策过程适用于或适合于什么样的政策内容，或者相反，什么样的政策内容适用于或适合于什么样的政策过程。

研究政策过程的目的是制定好的政策，那么什么是好的政策呢？以下“四性”可以作为判断的参考标准。

有效性。政策的根本目的是解决问题，有效地解决问题，哪怕只是在一定程度上解决问题，就是政策的有效性。一个政策如果不能解决问题，就是一个无效的政策。无效的政策不但不能解决问题，还会堵塞政策通道，妨碍新的针对同样问题政策的制定。因为，第一，讨论、研究一个问题的政策机会是有限的，一旦针对一个问题的政策被讨论、研究并且得出结论，那么这个问题就会在比较长的时间里不会再次进入决策议程，出台的政策不管怎样无效，也要过比较长的时间才能修改。第二，同一个决策机构不会轻易否认自己的决策，除非这个决策机构的主导者换了人或者彻底换了思想。在科学史上有一个著名的“普朗克命题”，是由德国著名科学家马科斯·普朗克提出的：“科学上新思想的成立，往往不是因为老一代科学家的被说服，而是因为老一代科学家的死掉。”这个命题确实有些极端，但是在此用来说明决策机构对于自己所作决策的固执程度，还是有很大启发性的。所以，有效性是判断一个政策是不是“好政策”的第一个标准。

效率性。效果与成本之比是效率，把效率性作为判断政策是不是“好政策”的目的在于引入成本概念。政策是需要成本的，政策成本可以分为决策成本和执行成本。通常的情况是，匆忙制定的政策的决策成本低、执行成本高，谨慎制定的政策的决策成本高、执行成本低。在实行问责制的政府体制中，决策者象征性地承担政策成本，即“坏政策”的制定者要引咎辞职。在“政策即政治”的选举制国家，“坏政策”可能会导致政权的更替。另一方面，政策成本还隐含着风险积累的意思。在决策阶段适当增加投入，多一些调查研究、多吸收一些知识，可能会降低政策风险。如果在决策阶段一味求快，该投入的决策成本没有投入，就可能会把决策阶段应该排除的风险推移到执行阶段，导致政策风险在执行阶段的堆积。一旦爆发，将大幅增加政策成本。在政治和知识互动良好的政策过程中，决策成本会显得高些，但能却有效地降低甚至消除了执行阶段的风险。因此，一个“好政策”，必须考虑成本。

统合性。现代社会不存在孤立的政策，每一个政策都和其他政策有或多或少，或直接或间接的联系，在接受其他政策影响的同时也影响着其他政策。统合性作为评价政策的标准，意在强调一个政策和其他政策的方向大致统一、效果基本复合的关系。其他政策，包括同时发生效力的政策，也包括先前存在的政策，还要考虑到这个政策对将来的影响，这就是下面要谈的发展性。以科技政策为例，简单地说，科技政策是促进科技发展和科技应用的政策。在制定科技政策时，和教育政策、产业政策、经济政策的关系是必须要考虑的，过去的科技政策也是必须要考虑的，决策前调研常说的“梳理已有政策”，就是这样的含义。而一个政策的未来将会怎样，也是不能不考虑的。

发展性。未来永远是现在的判断者，因此，“好政策”是立足未来解决现在问题，这是政策的发展性。用发展性来判断政策，意在强调现在的政策要为未来的政策打好基础。不认真学习知识，不认识规律、掌握规律，很难制定具备发展性的政策。政策意义上的学习，通常是集体学习，是决策者与知识者的共同交流和学习。好的政策过程，为这样的学习提供了操作指引。

在制定政策时，有两个基础性的问题必须高度注意。第一个是政策过程作用的有限性，第二个是政策供给的垄断性。

政策过程是一个约束机制而不是一个保障机制，好的政策过程可以防止坏政策的出台，但不能保证出台的每一个政策都是好政策。就像第二次世界大战后的现代民主选举制度一样，民主选举出来的领导人肯定不是最坏的，但也不一定是最好的。可以说，好的政策过程是好政策的必要条件，但不是充分条件，即一个满足了政策过程要求的政策并不必然是一个好政策，反之，一个没有严格按照政策过程要求制定的政策也不必然是不好的政策。

政策供给的垄断性是指在一个国家中，政策的供给是由政府垄断的，尽管需求不是唯一的。在这样的供求关系中存在着垄断利益机会，但是有强力约束（内在的理想约束、外在的机制约束）的政府不会也不应该利用这样的机会。政策过程就是一个外在的约束机制，而且得到越来越多的重视和强调。20世纪90年代兴起的新公共管理（New Public Management，NPM）理论认为包括政府部门在内的每一个组织都有自己的利益诉求，也有追求满足自己利益诉求的方式和渠道。这样的利益诉求大大冲击了政府机构内在的理想约束，而为了保障政策的及时、有效供给，有必要强化外在的机制约束。实际上，近年来世界各国都为“如何制定好的政策”下了很大的力量，因为在创新要素的世界范围流动越来越便利的环境和条件下，国家之间的竞争也越来越集中地体现在政策的竞争。能及时、有效供给政策的国家，将获得更大的竞争优势。所以，政府作为政策的唯一供给者，应该最大限度地调动全社会的政策性资源，组成政策资源网络，提高政策供给能力。

我国在政策供给上面临的一个严峻的问题是政策参与者的缺乏。一个好的市场，必须有足够多的市场参与者。如果没有足够多的参与者，这个市场就不会发育健全甚至会萎缩。同样，一定数量的政策参与者是及时、有效供应政策的前提。在发达国家，行业性组织、中介性机构都是政策过程的积极参与者，而我国的这类组织、机构远远没有发挥出其应有的政策研究和政策提案功能。培育更多的合格的政策参与者，是我国改善政策质量、提高政策供给能力必须要解决的问题。

在王选创新的过程中，领军人物之间的默契大大降低了决策成本，提高了政策效率。王选、郭平欣和范慕韩三人还两两各有交集。王选和郭平欣都是计算机专家，两人（不同时代）都听过周培源的课，王选和范慕韩同是北大校友，郭平欣和范慕韩都是新中国成立前的大学生，都是老干部。这些偶然的因素也为三人间的默契提供了些养分吧。

3．科研团队的定力

心理学家弗兰克·巴伦在《创造力和个人自由》中写道，就是那些具有非凡的独创性的人，也只能指望以某一种方式或在某一方面出类拔萃。这意味着选择有价值的问题和奋斗的领域是一个人获得创造性思维成果的一个重要条件。根据他的分析，创造性思维能力很强的人往往选取单一的、有点与众不同的生活焦点，一种特殊的行动方式、职业或兴趣爱好。这些人熟知自己领域的现状，对自己研究领域的不足和机会洞若观火，了如指掌。他们勇于堵漏补缺、排解矛盾，愿意接受任何挑战。同时，他们能够忍受长期艰苦的工作，耐心追求问题的答案而不急于求成。他们踏踏实实地推进自己的工作，而不是哗众取宠抬高自己的地位，更不是投机取巧妄图一夜成名天下。他们能够从自己的思想和经验中清理分辨出有价值的问题，并作出新的解释。此外，这些人具有丰富的经验和内在的敏感，尽管他们面对的问题可能十分复杂，模糊不清，但他们能够依靠自己广博的学识和敏锐的直觉去明确和界定问题。他们着手解决的是“真正的”问题，而不是问题的表象。

“定力”是佛家语。佛学之三藏十二部经典籍的核心或曰总纲，乃“戒、定、慧”三学，戒即戒律，定即禅定，慧即智慧，修行佛法者须“依戒资定，依定发慧，依慧断惑”，方可“显发真理，成正等觉”。而三学中，“定”又为佛法之中枢，有佛学家言：“广义的定不单指禅定，定学的修持意在培养人之定力，有定力的人，正念坚固，如净水无波，不随物流、不为境转，光明磊落，坦荡无私，有定力的人心地清净，不被假象所迷惑，不为名利而动心，定学修持到一定程度自然开慧。”对于定力与智慧之关系，禅宗第六代大师慧能还有进一步的阐述。慧能大师在《六祖坛经·定慧品第四》中说：“定是慧体，慧是定用……犹如灯光，有灯即光，无灯即暗，灯是光之体，光是灯之用。”也就是说定力如灯，智慧如光，有定力就可使智慧圆显明发，觉悟真理。至于定力自何而来？佛家说，须有坚、诚、恒之心，有此心方能有大定、修大行、成大果。以上二说，不但适用于修行佛法者，并且适用于一切欲精通技艺、成就事业之人，可谓“放之俗世而皆准”。

这里所说的定力有两个方面的含义，一个方向上的定力，一个在一段时间内集中精力、解决问题的定力。在一个优秀的团队中，集中精力、解决问题的定力是每一个成员都应该具备的。而在相当长的一段时间里坚持一个方向不动摇，则主要是团队领导人的定力。

关于解决问题的定力，发明家凯特林认为，研究的过程就是撕碎问题，使整块的问题分离为不同的要素——其中相当一大部分要素是你已经了解了的。然后你才能集中精力攻克你尚不了解的要素。分解一个问题可以帮助我们找出这个问题的主要方面，并在这个方面聚集我们的主要精力。富有创造力的人能够不为错综复杂的局面所左右，直截了当地指出问题的实质。而找出问题的症结可以帮助我们克服不必要的禁忌、畏难和恐惧的心理，推倒虚构的藩篱和围墙，使我们开阔视野、思想高远。

研制汉字激光照排系统无法绕开的一个难题是，在存储器容量很小的情况下，如何解决数量庞大的汉字字模信息的高倍率压缩存储与快速还原问题。由于像西文一样采用黑白段长度编码技术根本无法解决汉字字模信息的存储难题，故先行一步的日本学者试图用字元组字的方式来解决这一难题。后因用此方法拼出来的汉字质量满足不了需要，故该项研究最终无疾而终。王选深入研究后发现，用字元组字不如用笔画组字。这导致他最终发明了轮廓加参数的汉字字形信息描述法，从而为汉字激光照排系统的研制奠定了技术基础。

核心技术的研究取得突破之后，王选又和大家一起对国内现有技术进行了一系列的改造，进而在蒙纳系统来华参展前推出汉字激光照排系统原理性样机。其后，王选又在同事们的协助下利用进口元器件和设备，对汉字激光照排系统进行了一系列改进性设计。在此过程中，王选还成功地借助钱伟长等先生之力，通过与香港居民联名的方式在欧洲申请了汉字字形信息压缩存储技术专利。当时中国的专利法还没有问世，如果不能解决专利保护问题，好不容易开发出来的核心技术极有可能迅速落入竞争对手的囊中。在使用进口元器件和设备提高产品竞争力方面，王选也费尽了心机，甚至向当时人在香港的荣智健发出了求助。为扩大汉字激光照排系统的市场份额，遏制外国公司的攻势，王选还积极参与推动北京大学创建新技术公司。不难看出，这一系列举措对汉字激光照排系统最终实现产业化至关重要。王选作为技术总负责人，贡献卓著。

在方向的定力上，王选堪称领袖。高等院校、科研院里有的是科学家，然而能够领军创业的并不多；产业界积聚了一批创业型人才，然而能够领导科研团队甚至直接参与科技攻关的凤毛麟角。创业型科学家的成长离不开所处的社会环境，因此靠跨洋引进杰出科研人才不能从根本上解决问题。相反，我们好不容易培养出来的创业型科学家却很容易被发达国家用高薪挖走。假如王选当年接受麻省理工学院的邀请出国作研究，汉字激光照排系统未必能够在中国实现商品化，说不定它还会率先在美国变成产品。制定倾斜性政策吸引国外大学和研究所中的优秀科技人才回国充实我们的基础研究队伍固然大有必要，但是防止我国战略性产业中的本土科技人才，特别是核心技术骨干的流失同样非常重要。

定力，如同中流砥柱，清朝诗人郑板桥有诗云："咬定青山不放松，立根原在破岩中。千磨万击还坚劲，任尔东西南北风"。王选的定力，凝聚了坚定信念、坚守职责、坚持奋斗之美，散发出启迪人、振奋人、激励人的光泽。

4. 用户和参与方的大力协作

任何产品，无论其设计思想有多么新颖，使用的技术有多么先进，如果经受不住实用化试验的考验，就不可能获得商业用户的信赖，因而也就不可能进入市场。从这个意义上讲，新华社积极使用华光Ⅱ型系统出版旬报和日刊，《经济日报》印刷厂顶着巨大的压力坚持使用华光Ⅲ型系统出版每周3期的《中国机械报》和每日4版的《经济日报》，对汉字激光照排系统的商业化应用贡献颇大。因为"在系统尚未成熟的时候，第一用户的选择是很重要的。新华社作为Ⅰ型机（原理性样机）和Ⅱ型机的第一用户和研制协作单位，付出了代价。我们（研制单位）和新华社均付出了学费，但总算付了学费后毕了业，形成了自己的新兴产业。《经济日报》作为四开日报的第一用户，是要冒风险的。没有这些开明用户的促进和大力配合，国产照排系统的成熟周期还要长得多，就会丧失占领市场的时机。"①

我国企业用户大都偏爱选用相对比较成熟的技术设备，而且在选用新设备时比较偏爱西方发达国家的产品，这种偏好很容易挫伤科研院所和生产企业从事科技创新的积极性，而且也人为地加大了自主创新的难度。由于难以获得用户的信任和支持，故很多研发项目进展缓慢，甚至不得不中途而废。因此，我们在强调研究单位和生产单位合作，也即产学研合作从事科技创新的同时，还应注意调动

① 王选. 试谈汉字照排系统工程成功的原因[M]//王选文集（修订版）. 北京：北京大学出版社，2006：4.

使用单位，也即用户参与科技创新的积极性。如果使用单位不愿意配合，那么无论研究单位和生产单位如何努力，技术的商业化应用都很难取得成功。

激光照排虽然是新技术，但它毕竟只是铅排替代技术。由于国内出版印刷企业已经购置了不少铅排设备，并已习惯了铅排作业方式，因此要它们冒着巨大风险改用激光照排技术很难。更何况当时的国产激光照排系统性能还很不稳定，经济效益也不高。如果用户都不愿意尝试使用汉字激光照排系统，那么研制人员就无法获得大量有价值的产品改进信息。这样，汉字激光照排系统也就不会有机会进入市场。由于新华社乃“748工程”的发起单位之一，因此新华社理所当然地成了华光Ⅱ型系统的第一用户。但是，《经济日报》社的情况就不同了。如果国家经委没有将《经济日报》印刷厂的技术改造项目列入“七五计划”，在资金上给予重点扶持，《经济日报》印刷厂即使有意做华光Ⅲ型系统的中试用户，恐怕也很难解决设备投资之类问题。

在计划经济时代，用户，特别是大型技术装备用户对政府的依赖性比较强，因此，政府引导其支持乃至参与科技创新的政策手段比较多。但在市场经济体制下，政府对一般企业用户的约束力已远不如从前，因此有必要导入新政策工具以激发用户支持、参与科技创新的热情。没有用户支持的产学研合作创新联盟很难有所作为。

王选在回忆文章中写道：“创新的构思和设计是保证系统竞争能力的重要因素，而新方法的实现过程往往是很艰苦的。北京大学、潍坊计算机公司、杭州通信设备厂、长春光机所等单位的一大批科技人员为这一项目付出了艰辛的劳动，潍坊参与合作的一些骨干克服家庭和生活方面的困难，在北京大学工作长达七八年之久。没有协作单位的齐心合力，很难及时完成研制任务，而一个好的设计，若不能及时变成产品，时间一长就会失去价值，这种反面的例子也是不少的。”①

如果汉字激光照排系统没有采用产学研参与各方合作的方式进行研制，只是依靠个别单位来进行攻关，人们很难想象该单位能够在如此短的时间内推出原理性样机和实用性样机。如此一来，即使汉字激光照排系统最终研制成功了，也极有可能错失掉抢占市场的先机。在商海中，快鱼吃慢鱼现象比比皆是。谁在竞争过程中落后了，谁就有可能先被吃掉。相反，一步领先了，在接下来的一段时间

① 王选．试谈汉字照排系统工程成功的原因[M]//王选文集（修订版）．北京：北京大学出版社，2006：4.

里就有可能步步领先。因此，推进重大工程项目时，能否将具有比较优势的科研机构和生产企业有效地组织起来，进行联合攻关以抢占先机十分重要。

在“748工程”办公室的协调下，汉字激光照排系统的总体设计和研制单位北京大学先后选定有过DJS130主机研制经验的潍坊计算机厂作为系统总承单位，以联合研制照排控制器等；选定有过U形磁心存储器研制经验的无锡计算机厂作为汉字终端的研制协作单位。至于激光照排机的研制协助单位，最初则选定了有过整版报纸传真机研制经验的杭州通信设备厂，之后，又与中国科学院长春光机所、四平电子所合作，展开了平面转镜式照排机的研究。由于各协作单位在各自领域有着丰富的研究积累，而且参与协作的热情也比较高，故汉字激光照排系统原理性样机得以抢在蒙纳公司来华举办产品展览前输出第一张报纸样张，其后实用性样机华光Ⅱ型系统又于1984年交付新华社试运行。原理性样机和实用性样机的及时推出，不仅使蒙纳系统大举进军中国的如意算盘落空，而且还为后来遏制住海外激光照排系统的进攻立下了汗马功劳。

在全球化竞争日益加剧的今日，如果我们不能像日本20世纪60～70年代那样大力推进产学研合作，组建具有竞争优势的技术创新联盟，不要说在一些新兴技术领域了，即使在一些具有优势的传统技术领域，我们也很容易被海外跨国公司一个一个地攻陷。在开展产学研合作创新方面，汉字激光照排系统的创新无疑为我们树立了一个样板。

现在进入了开放创新的时代，强调多主体的参与、外部知识资源对于创新过程的重要性，并要求从内部和外部两个渠道加快技术研发和商业化速度，是如何能够借用别人的思维、方法、成果和方案结合到本身的项目中，降低科技和产品的研发成本和研发周期，带来更高的效益和利润指标。开放创新体系下，技术创新将吸纳更多的创新要素，形成以创新利益相关者为基准的多主体创新模式。在开放创新的环境下，王选创新中的用户和参与方的协作精神和模式，值得深入研究。

5．本土资源与海外技术的对立统一

本土资源，包括了本土的文化、消费习惯、地理和自然资源所形成的市场资源的综合。中国市场由于规模巨大，快速多变，中国消费者在语言、文化、地理上的不同，形成了许多中国独特的消费习惯，这种巨大、变化、独特的消费本土资源，正是中国企业进行重大创新的巨大推动力，也是与跨国公司竞争的一个比较优势。如果结合难得的技术机遇，就可以实现这种重大创新。从熊彼特的创新本意上说，一个创新是市场与技术新的结合的结果。仅有领先的技术，并不能实现创新。因此，市场知识的掌握和满足市场需要的能力是创新的要素之一，也是中国现在相当多的企业所创新的基础，海尔、华为等企业的成功都证明了这一点。因此，中国企业在技术领域相对落后的情况下，如何发挥中国市场的独特优势，是实现创新的重要前提。汉字激光照排系统的创新充分说明了这一点。

中国是汉字的故乡，长期浸染在汉字文化中的中国科研人员对汉字有着独特的理解。由于西方科研人员对汉字的理解有限，因此他们在从事汉字信息处理技术开发时，往往偏重于计算机技术的应用研究。这种忽视研究汉字内在特性的结果是，他们开发出来的汉字信息处理技术很难满足中国民众的需求。其实，即使西方科研人员意识到了这一问题，由于他们对汉字文化并不精通，故也很难找到着力点。从这个角度来看，中国学者从事汉字激光照排系统的研制明显具有本土资源优势。

汉字激光照排系统主要是提供给中国用户使用的，因此，了解中国用户的需求及其使用习惯非常重要。与西方相比，我们的研发人员在贴近市场方面也具有更多的优势。首先，我们的研发人员离用户的空间距离比较近，遇到问题很快就可以前往现场加以解决。其次，我们的研发人员与用户沟通时不需要借助翻译。再次，我们的研发人员与用户有着相同的汉字文化背景。还有，我国用户在使用国产汉字激光照排系统时可以从政府获得一系列政策性补助。由于海外公司在开拓中国汉字激光照排系统的市场过程中明显处于劣势，因此他们要战胜中国的竞争对手非常困难。蒙纳公司当初根据中国客户的需求派员对其展示设备进行改造时可谓吃足了苦头。之后，他们便意识到汉字激光照排系统与全球通用的商品不同，自己在这方面并不具有太多的竞争优势，因此他们最终不得不放弃当初的计划转而在中国专营通用类产品——激光照排机。

中文是非常复杂的语言，报纸排版又涉及很多文化问题，譬如说，正文横排，标题有时却要竖排。这一点，西方人觉得很难想象，而我们却司空见惯。处理这类只有中国市场才有的特殊问题，当然我们更擅长。因此，中国在汉字激光照排系统这项既涉及技术，又涉及文化的特殊产品的开发竞争中获胜很正常。由此看来，在现阶段，相对基于基础研究产生的突破而言，基于本土资源与本土市场优势开展自主创新有可能更容易获得成功。

一是汉字自身独特的屏障。而国外的照排系统都是基于字母语言开发，字母语言的简单性和汉字的复杂性使得国外的照排系统都有一个致命的缺陷：汉字信息处理能力差。这个缺陷使得国外系统无法在中国市场上迅速投入使用，必须经历一个过渡期和改造期，这为王选的汉字激光照排系统的完善赢得了时间。

二是低成本成为制约产品创新的重要因素。一连串的政治运动让新中国的经济陷入了困境，经济落后和国家贫穷使得当时的用户将低成本摆在非常重要的位置，这也是为何当初很多人认为激光照排无法淘汰铅字一个重要原因。国外系统的另一个不足就是价格非常昂贵，这对广大中小印刷厂而言，完全是天方夜谭，即使大报社，也是非常慎重，1981年日本东芝公司报价2000万美元，愿为中国某大报社提供整套照排系统，当即被中宣部否定。根据王选的调查，一套照排系统报价应在70万元人民币左右。大报社的双机系统加上众多的PC终端，总价格也应控制在200万元左右。王选激光照排系统无疑具有价格优势，更何况，低廉的轻印刷系统的推出，让购买力极其有限的中小印刷厂使用汉字照排系统成了可能，性价比的优势使汉字激光照排系统在市场上所向披靡。

三是论文热影响了应用工程项目的研究，加之用户可选择的产品种类很少，实用型的系统容易推广。即使在今天，我国的技术转化率还是比较低的，很多新技术不是躺在专利柜中就是没有创造出新的市场而被淘汰，很重要的一个原因就是，市场的成熟，竞争日益激烈，用户面临多种选择，技术商品化异常困难。而在20世纪80年代末90年代初，一方面国内生产照排系统只有方正和潍坊，另一方面国外系统不仅价格贵而且功能较差，再加之人们对铅印工艺早以显示出极大的不满，性能优异的汉字激光照排系统在市场上独占鳌头也就是顺理成章的事了。

因为本土的屏障，即使到了20世纪80年代中后期，海外跨国公司推出的汉字激光照排系统也只是一些未经市场考验的新产品。这意味着汉字激光照排系统在市场上并没有遇到十分强劲的竞争对手。如果华光汉字激光照排系统同支线飞机、大型计算机、内燃机车等项目一样，一开始就要面临如何绕开国外知识产权保护问题，还没有正式投产别人就已将同类产品低价倾销到自家门前，那么华光汉字激光照排系统的市场开拓将会被置于非常不利的境地。

半个多世纪以来，像“两弹一星”这类其他国家不卖的技术我们凭借自己的力量搞出来了，相反，很多其他国家愿意出售给我们的技术我们反而搞得并不是非常成功，汽车工业可以说是一个典型例证，类似的例子还有很多。其实，很多先进技术发达国家原本并不想卖给中国，如大型计算机技术，一开始他们寻找各种借口对我们实行技术封锁，当我们搞出银河号亿次机后，为阻击我国亿次机的商品化，海外公司开始大举倾销同等级别的大型计算机。不过，此时他们绝对不会将百亿次计算机拿到中国来销售。当我们搞出百亿次机后，他们又故伎重演。其目的很清楚，就是要占领中国市场，追求利益的最大化。在这种险恶环境下，国内的很多研发项目最终都无法实现商品化、产业化目标。

汉字激光照排系统商品化、产业化的成功在于项目组一开始就提出了一个全新的产品概念，其核心内容有两条：一是采用轮廓加参数的汉字字形信息压缩技术，二是使用整版激光照排输出技术。当众多海外公司也纷纷推出类似产品后，项目组又结合中国的国情推出了价格低廉的带有大样激光打印机的轻印刷系统。之后，项目组又研制出了大屏幕交互式报纸排版系统软件等，并通过引进国外的先进激光照排打印设备，使自己的产品性能和经济性获得了大幅提升。很明显，项目组走的是一条人无我有，人有我优的道路。由于海外公司的产品不仅没有明显的技术优势，甚至在不少方面还落后于中国产品，这就为华光汉字激光照排系统的脱颖而出提供了难得的良机。简言之，汉字激光照排系统的研制不是从成熟技术，而是从萌芽技术开始着手的，这为其后来的市场开拓创造了不少得天独厚的有利条件。

汉字激光照排系统主要由主机、显示器、照排控制器、激光照排机、软件等部分组成。虽然项目组抢在蒙纳公司来华举办中文激光照排系统展览前推出了原理性样机，但是该样机采用的国产元器件和设备，只达到了国外20世纪70年代初的水准，因此整机性能并不理想，无法投入实际使用。如果一味地强调独立自主，所有的元器件和设备都自主研制，实用性样机的推出将会变得遥遥无期。如此一来，项目组极有可能失去抢占市场的先机。于是，使用进口大规模集成电路代替国产小规模集成电路，使用进口动态随机存储器代替国产磁鼓和磁芯，大幅度降低汉字显示终端和照排控制器的体积便成了当务之急。另外，导入体积小、功能强的进口主机，提高系统的稳定性也十分重要。所幸项目组并没有被国产化率问题束缚住自己的手脚，加之又赶上了改革开放的大好形势，故项目组得以从日本和美国进口了一批先进元器件和设备。这些元器件和设备的导入极大地提高了华光汉字激光照排系统的性能与整体竞争力。出于阻击海外激光照排系统进攻的考虑，项目组后来放弃国产大样打印机和激光照排机，选择日本佳能打印机和美国ECRM激光照排机作为配套外设虽说是无奈之举，但也不失为明智决定。否则，华光汉字激光照排系统很难站稳脚跟，彻底击败海外竞争对手。

从汉字激光照排系统的产业化实践来看，在工业技术基础比较薄弱的我国开展自主创新，不能不切实际地强调高国产化率。自主创新不等于自己创新。自主创新的关键在于自己要主导创新，即要掌握创新的主导权，核心技术和关键技术的突破要依靠自身力量来实现。至于一般技术和共性技术，不一定要由自己去攻克。换言之，自主创新与技术引进并不矛盾。如果引进得当，不仅可以实现优势互补，而且还可以缩短开发时间，降低开发成本。当然，引进不能喧宾夺主，必须服务并服从于自主开发的需要，要有助于自身核心技术优势的发挥。

按照弗里德曼（T. L. Friedman）的说法，人类已经进入了“全球化3.0”时代，世界正变得越来越平、越来越小。①在这种大背景下，任何重大创新都必然包含对外部技术知识的吸收和利用。因此，我们在开展自主创新时，有必要像王选那样及时掌握相关技术的国际发展趋势，不失时机地从海外导入一些先进元器件和设备，以使自己开发的核心技术能够跨越“死亡谷”，变成具有竞争力的实际产品。

① 弗里德曼.世界是平的：21世纪简史[M].何帆等，译.长沙：湖南科学技术出版社，2006.

结 语

继承王选，走向世界

2000年10月6日，王选在被确诊为肺癌后的第三天，写下了遗嘱。遗嘱共八条，其中的第七条写的是对方正集团和北京大学计算机研究所的期望："超越王选，走向世界"。

这显然不是只对方正集团和北京大学计算机研究所的期望。王选在遗嘱中还写道："我对国家的前途充满信心，21世纪中叶中国必将成为世界强国，我能在有生之年为此作了一点贡献，已死而无憾了。"王选期望每一个中国人都能为祖国的繁荣昌盛作出贡献。

2009年，新中国成立60周年之际，各级组织和部门纷纷评选为建国60年做出丰功伟绩或带来重大影响的代表人物，王选教授多次获选。

2009年4月，中华全国总工会开展"时代领跑者——新中国成立以来最具影响的劳动模范"评选活动。王选教授当选"新中国成立以来最具影响的劳动模范"。2009年9月10日，中宣部、中组部、统战部等11个部门联合组织评选出"100位为新中国成立作出突出贡献的英雄模范人物和100位新中国成立以来感动中国人物"（简称"双百"人物）。王选教授当选"100位新中国成立以来感动中国人物"。12月25日，中央电视台《人民英模》专题节目播出了作为"双百"人物的王选教授的感人事迹。新华社编辑出版了《感动中国——100位新中国成立以来感动中国人物书系》，其中《科技中国》一册刊登了王选、邓稼先、钱学森、华罗庚、袁隆平等十位科技界"双百人物"的事迹，《王选："当代毕昇"的人生故事》位列首篇。12月20日，"共和国60年经济盛典系列评选"结果在人民大会堂揭晓。评选活动由人民日报社人民网、《中国经济周刊》发起主办，《人民日报海外版》特别协办，由全国知名经济学家、社会与传媒人士组成的专家评选团推选出"共和国60年影响中国经济60人"、"共和国60年最具影响力品牌60强"等11个奖项。王选教授当选"共和国60年影响中国经济60人"。受新闻出版总署委托，中国出版工作者协会和韬奋基金会联合中国出版科学研究所、中国出版集团、中国印刷技术协会、光明日报社、中华读书报社、《人物》杂志社、新浪网等共同举办“新中国60年百名优秀出版人物”评选活动。2009年12月，22位“新中国60年杰出出版家”和“新中国60年百名优秀出版人物”获奖者名单出炉，王选教授当选“新中国60年杰出出版家”。此外，王选教授还获得由品牌中国产业联盟主办，《中国企业家》、航美传媒、分众传媒、《华夏时报》等媒体联合评选的“建国60年60位品牌功勋人物”称号。

2009年，北京大学计算机科学技术研究所及方正集团品牌管理部分别通过改建王选院士纪念网站、建设无锡王选事迹陈列馆，以及出版《我们的王选教授》企业文化系列丛书等方式，将王选事迹与崇高品格向社会各界广泛传播，激励芸芸众生。在此期间，王选夫人陈堃銶教授给予各方不遗余力的支持，无私奉献大量珍贵的历史资料。

2009年6月5日，由北京大学计算机科学技术研究所和方正阿帕比公司共同设计制作的王选院士纪念网站（http：//www.wangxuan.net）改建完成，正式对外发布。新网站在保留原有大部分内容基础上，对外观风格和板块构成进行了重新设计和完善，并增加了大量丰富资讯。“献身科学就没有权利再像普通人那样生活，必然会失掉常人所能享受到的不少乐趣，但也会得到常人所享受不到的很多乐趣。”——王选教授亲笔题写的、一生最为推崇的格言赫然在目。

方正和北京大学计算机研究所正在努力实现着王选的殷切期望。2010年1月11日，“2009年度国家科学技术奖励大会”在人民大会堂举行。北京大学计算机科学技术研究所与方正集团共同研发的“基于数字版权保护的电子图书出版及应用系统”（简称Apabi，阿帕比），荣获2009年度国家科技进步二等奖。

阿帕比是王选生前一直关注和支持的事业。2006年2月17日，王选去世的第三天，为纪念王选，《搜书网》征得出版社和作者的同意，采用阿帕比技术制作了《王选的世界》电子书，并提供全书免费下载。

阿帕比是英文字母组合Apabi的英语发音，正式出现在2001年4月26日。这一天，方正正式对外发布了E-book解决方案—Apabi，这短短的5个英文字母体现了方正新军的良苦用心。Apabi分别代表着Author（作者）、Publisher（出版者）、Artery（流通渠道）、Buyer（读者，即购买者）以及Internet（网络）。Apabi的意思就是通过互联网，将作者、出版社、中间商和读者联系起来，提供一整套解决方案。

其实，英文中并没有Apabi这个词。Apabi是方正的造词，已经成为中国出版、传播技术标志。获国家大奖前一年的2009年1月，温家宝总理访问英国期间，莅临剑桥大学作精彩演讲，将一套由其亲自题字的方正阿帕比（Apabi）电子书及数字图书馆系统——“中华数字书苑”作为国礼，赠送给英国剑桥大学。此次馈赠活动将电子书作为国际外交活动中的国礼，标志着电子书作为一种新兴的数字出版物，已经受到我国政府部门的高度认可，并在国际上被广泛关注。阿帕比是方正以电子书概念为基础发展出来的一个系统，也是方正从印刷到出版的开拓，是对王选的汉字信息化技术的新运用，是王选持续创新精神的新体现。

对王选创新的研究也取得了新进展。对王选创新思想的研究，2008年，东南大学的赵志成以《王选的技术创新思想研究》为题，撰写了硕士学位论文。论文认为“我国技术创新理论思想大多是从国外引入的，原创性的、本土性的思想还不够多；并且在我国以往的技术创新思想研究中，在很大程度上忽略了对优秀技术专家的技术创新思想的研究。王选院士是我国出色的技术专家，他不仅做出了在当代中国具有代表性的技术创新实践工作，而且还对技术创新实践活动本身进行了深刻的思考。对王选院士的技术创新思想进行系统深入的研究无疑能丰富和深化我们对技术创新的认识。”论文“依托已有的技术创新的理论成果，通过自己的对比研究，从哲学视角，试图构建出王选的技术创新思想体系，即以创造观为整体思想的核心，以跨越观、人才观、市场观为具体内容的思想体系”。“重视技术与市场的结合，是贯穿王选整个技术创新过程始终的指导思想。王选主张用前沿需求刺激技术创造，用新技术引导和开拓市场。中国的高新技术企业必须要注重未来技术的研究，以实现长远的发展。王选的技术创新思想体系对于我国深入、持续的开展技术创新和进一步发展高新技术产业具有重要的指导意义。”

2010年，中国科学院研究生院的徐立以《王选思想研究》为题，撰写了博士学位论文。徐立在论文创新性地提出了传统文化中的“义利并重”思想对王选的影响值得关注。[①]首先，把价值判断放在前面，道德重于建功，义重于利。“我认为青少年时代就应该按好人的标准培养，这是德育的重要内容，只有先成为好人，才能做有益于国家、有益于人民的好事。”

---

① 徐立. 王选思想研究[D]. 北京：中国科学院研究生院，2010：113.

其次，应该高度重视人才的价值，把高科技人才作为“民族英雄”来看待，“今后应较少出现那种靠投机倒把、非法经营、专门钻市场经济法制不健全空子的大款，而应涌现一批依靠知识和创新，为我国民族高科技产业作出贡献的知识分子百万富翁，他们是科教兴国的脊梁和知识经济时代的民族英雄”；坚持要发现和重用年轻的小人物，鼓励年轻人才“超越王选，走向世界”。尽管王选并没有刻意阐述自己“义利并重”的思想，但我们从他的思想和创新实践中不难发现“义利并重”的影子。“义”是“德”的一种具体表现形式，是一切利益道德准则的根基，包括道德的准则、立身处世的依据，顺乎天道自然的法则。这种“义”建立在仁爱之心的基础之上，既是一种外在的合规行为，也是一种内在的仁德。这种“义”集中体现为王选的“好人”观。徐立在论文中着重强调“义利并重”思想的重要性：“第一，‘义利并重’的儒家文化是中国未来发展的必然选项，只有系统梳理、全面倡导‘义利并重’的儒商文化，才能真正确保社会主义市场经济的全面实施，构建和谐社会，推进全面小康建设进程；第二，‘义利并重’的儒家文化将是中国，乃至东亚和东南亚构筑商业文明，走向现代化的重要指导思想。从这种思想中孕育出来的另一种不同于西方商业文明，但确是同样健康地发展的商业文明模式，将使世界认识到：发展商业文明并非只有西方市场经济道路这个唯一选项。世界也同样可以借鉴和采用‘义利并重’的儒商文化作为自己发展商业文明的指导思想。”

王选确实具有儒商风骨。在王选看来，重用青年人才就是要实现“才”和“财”的正反馈，“方正的实践表明，人才可以创造出巨大的物质财富，这是‘才’变‘财’，反过来我们应该用‘财’支持‘才’，实现‘财’与‘才’之间的良性循环。”王选非常重视“义”，“义”字当先，但是王选深知，长期的重“义”轻“利”必然阻碍经济的发展，因而王选在重“义”的同时兼顾“利”。但是，我们不能为了立名而去窃名，应追求国家和人民的“利”，“不短视，不虚名，把为国民经济和科学事业作出实际贡献为奋斗目标。”王选追求“义利并重”还体现在保持“学术抱负与占领市场的高度一致”，王选曾说：“我认为在国内，达到以下四个目标之一的项目均属第一流的成果。一是文章发表在权威杂志上，有国内外学者的引用。二是在原理性样机或系统中，提出了新思想、新技术或新方法，被后来的研究者采纳，并最终影响了工业界。三是把新技术首次应用于某一领域，并在应用中效果显著，从而得到了一定的推广，随之而来的是该领域的商品热潮。四是风靡市场的商品。”

在王选创新方法研究方面，王选的“双领先、正反馈”模式正在受到广泛重视。“双领先”是技术领先、市场领先，“正反馈”是指技术和市场之间的正反馈。也就是说，首先实现技术跨越，向用户提供最先进的技术；用户在使用这一技术的过程中，根据自身特点不断提出进一步需求，从而促使技术向更深更精发展。

王选总是强调，“最前沿的需求刺激是创新的重要源泉”；“我自己的两次创造高峰是27岁和38岁，都是受到了异乎寻常的需求刺激”；“只有创新的、难度大的而技术含量高的产品才容易在市场上赚大钱。一个技术含量不高的产品一旦在市场走俏，马上会有一大批厂商蜂拥而上，很快就会使利润急剧下降，甚至无钱可赚，这在当今的中国尤为明显。”关于青年人才培养的一段论述更是深刻反映了王选在技术跨越过程对前沿技术和前沿市场需求相互结合的重视，“如何创造条件使在国内的年轻人能进入某个领域研究开发的最前沿？只有把应用和市场推到最前沿，才能获得十分宝贵的最前沿的需求刺激，而这是创新的重要推动力。”

人才和战略性新兴产业是我国当前创新工作的重点。王选在这两方面都有弥足珍贵的实践和总结，值得我们大力继承和发扬。在人才方面，王选的实践和总结是直接的。在战略性新兴产业方面，王选的实践和总结不是那么直接。不过，在他的汉字激光照排系统等一系列高新技术创新中也有明显的体现。只是现今的战略性新兴产业有一些新特点，如“发展迅猛”的速度特点、“跨学科、多学科”的研究特点、“与技术开发关联密切”的应用特点、“产业界渴望自主技术”的需求特点、“基础力、再教育”的人才特点、“柔软性、灵活性”的组织编制特点，这些正是我们需要学习、借鉴王选的创新精神和方法，予以创新的地方。

参考文献

[1] 王选. 王选文集（修订版）[M]. 北京：北京大学出版社，2006.

[2] 王选. 王选谈信息产业[M]. 北京：北京大学出版社，1991.

[3] 北京大学. 风范长存——怀念王选院士[M]. 北京：北京大学出版社，2008.

[4] 丛中笑. 王选的世界[M]. 上海：上海科学技术出版社，2002.

[5] 白晶. 方正人生：王选传[M]. 江苏：江苏人民出版社，2008.

[6] 郭洪波. 中华之光——王选传[M]. 南宁：广西科学技术出版社，1990.

[7] 沈忠康. 创新历程[M]. 北京：经济日报出版社，2004.

[8] 刘大椿. 互补方法论[M]. 北京：世界知识出版社，1994.

[9] 刘海波. 技术经营论[M]. 北京：科学出版社，2005.

[10] [美]亨利·切萨布鲁夫. 开放式创新：进行技术创新并从中赢利的新规则[M]. 金马，译. 北京：清华大学出版社，2005.

[11] [美]弗朗斯·约翰松. 美第奇效应：创新灵感与交叉思维[M]. 刘尔铎，杨小庄，译. 北京：商务印书馆，2006.

[12] [美]吴霁虹·桑德森. 下一步，中国企业的全球化路径[M]. 北京：中信出版社，2006.

[13] 吴海民. 大国的较量——中美知识产权谈判纪实[M]. 武汉：长江文艺出版社，2009.

[14] [美]托马斯·弗里德曼. 世界是平的：21世纪简史[M]. 何帆，译. 长沙：湖南科学技术出版社，2006.

[15] 赵敏，胡钰. 创新的方法[M]. 北京：当代中国出版社，2008.

[17] [英]爱德华·德博诺. 创新思维训练游戏[M]. 宗玲，译. 北京：中信出版社，2009.

附　录

王选大事年表

年份	日期	事件
1937	2月5日	出生于上海衡山路964弄15号，祖籍江苏无锡
1941	9月	入读上海南洋模范学校幼稚园
1942	9月	入读上海南洋模范小学
1948	9月	小学毕业，升入上海南洋模范中学
1954	9月	高中毕业，考入北京大学数学力学系
1956	—	大学三年级选择计算数学专业，与计算机应用技术结下不解之缘
1958	7月	大学毕业，参与北大自行研制的中型计算机——红旗机的研制工作，负责逻辑设计和整机调试工作，也参与了部分电路设计工作
1961	—	决定从硬件转向软件，但不放弃硬件，从事软硬件相结合的研究，以探讨软件对未来计算机体系结构的影响
1963	—	开始锻炼英语听力，英语水平进一步提高，为了解外国先进技术打下了扎实基础
1964	—	承担了DJS21机的ALGOL 60编译系统的研制，这是国内较早的高级语言编译系统，在几十个用户中得到推广，并被列入计算机工业发展史大事记
1975	5月	北京大学决定成立会战组开展汉字信息处理系统工程（“748工程”）中“精密照排系统”项目的研究，并确定了王选提出的“数字存贮、信息压缩和小键盘输入”总体方案
	9月	王选的高倍率字形信息压缩技术、字形的高速还原技术进一步成熟，并通过软件在计算机中模拟出“人”字的第一撇
1976	8月	决定采用激光输出方案，直接研制第四代激光照排系统
	9月8日	郭平欣征得四机部刘寅副部长的同意，给北京大学正式下达了“精密照排系统”的研制任务
	12月	决定按照“四路平行扫描”要求设计激光照排控制器，并完成了“748工程汉字精密照排系统方案说明”
1979	7月	主持研制成功汉字激光照排系统的主体工程，输出了一张八开报纸底片
1980	9月15日	北大激光照排系统成功地排出第一本样书《伍豪之剑》，王选晋升为副教授
1981	7月	主持研制的我国第一台计算机激光汉字照排系统原理性样机（华光I型）通过部级鉴定

1982	5月	电子部张淞芝和王选一起赴香港，由黄金富出资，登记了欧洲专利EP0095536“字形在计算机的压缩表示”，这是我国第一个欧洲专利
1983	—	北京大学在原汉字信息处理技术研究室的基础上成立计算机科学技术研究所，王选任副所长
1984	—	晋升为教授，获全国教育系统先进工作者称号
1985	5月	华光Ⅱ型系统通过国家级鉴定，同时，新华社激光照排中间试验工程通过了国家验收
1986	—	华光Ⅱ型激光照排系统被列为1985年中国十大科技成就，获第14届日内瓦国际发明展览会金奖
	—	被聘为博士生导师，获得突出贡献的中青年专家称号
	12月	华光Ⅲ型系统与科技版软件通过了部级鉴定
1987	—	华光Ⅲ型系统获国家科技进步一等奖
	5月22日	《经济日报》的四个版面全部用上了华光III型激光照排系统，世界上第一张用计算机屏幕组版、用激光照排系统整版输出的中文报纸诞生了
1988	—	研制成功华光IV型系统，采用专用超大规模集成芯片，使系统的功能、速度和稳定性大大提高，迅速在全国推广应用，延续上百年的中国传统出版印刷行业得到彻底改造
	7月	《经济日报》印刷厂在全国第一个废除了铅排作业，卖掉了沉甸甸的铅字，开启了我国报业和出版印刷业“告别铅与火，迎来光与电”的印刷技术革命
1989	8月	成功改造从美国HTS公司进口的两套照排系统
	—	获北京市劳动模范称号，其国家专利“高分辨汉字字形发生器”获中国专利金奖。
	12月26日	华光Ⅳ型系统通过了部级鉴定。方毅副总理亲自出席了鉴定会
1990	—	获陈嘉庚技术科学奖和全国高等学校先进科技工作者称号
1991	—	华光IV型系统获国家重大技术装备成果特等奖。
	3月	北京大学计算机研究所和北大新技术公司联合推出新一代电子出版系统——“北大方正电子出版系统”（即方正91型系统）
	—	获政府特殊津贴。
1992	1月21日	研制成功方正彩色出版系统，在《澳门日报》投入使用，诞生了世界上首次实现彩色图片与中文合一处理和输出的中文彩色报纸
	—	研制成功通过卫星以页面描述语言形式远程传送报纸版面的创新技术，被人民日报社首家采用，在我国报业跳过报纸传真机，直接推广以页面描述语言为基础的远程传版新技术，实现了报纸发行的全国同步、同质量印刷

1992	—	推出国内第一个基于MS Windows 的中文专业组版软件维思1.0
	—	当选中国科学院院士，第八届全国政协委员。
1993	—	研制出世界上第一个PostScript Level 2的中文页面解释器，与专用协处理器芯片相结合，推出第六代产品——方正93系统，在香港《明报》的竞标中一举中的
	—	决定退出科研第一线，全力扶持年轻人创造新成果
	—	当选第三世界科学院院士，获全国教育系统劳动模范，并被授予人民教师奖章
1994	1月	研制成功新闻采编流程计算机管理系统，《深圳晚报》首家采用，引发了国内报业“告别纸和笔”的技术革新。
1995	—	当选中国工程院院士，任电子出版新技术国家工程研究中心任主任
	—	中文电子出版系统再次被评为中国十大科技成就，获国家科技进步一等奖
	5月	决定研制日文出版系统，进军日本市场，依靠自主创新技术走向国际；决定以研制计算机动画制作系统为契机，开发数字视频领域，进军广电业
	7月1日	北大计算机研究所与北大方正共同成立方正技术研究院，王选任院长，实现了产学研一体化
	—	出任方正（香港）有限公司董事局主席。方正在香港以红筹股的形式成功上市
	—	获联合国教科文组织科学奖、何梁何利科学与技术进步奖、全国先进工作者称号；当选九三学社中央副主席
1996	—	当选中国科学技术协会副主席
1997	5月23日	方正日文出版系统正式出口日本
1998	—	当选为九届全国人大常委，人大教科文卫委员会副主任，人大中国一菲律宾友好小组主席，外交部中俄友好、和平与发展委员会委员
1999	—	获“首都楷模”荣誉称号，香港蒋氏科技成就奖，当选中国国际交流协会副会长，受聘为马来西亚多媒体超级走廊国际顾问小组成员
	—	辞去方正技术研究院院长职务
2000	—	方正研究院推出第七代栅格图像处理器——纯软件方正世纪RIP，出口欧美西文市场
	—	方正研究院推出基于INTERNET的全数字化报业生产流程管理系统，及电子图书出版系统（E-book）、印前领域全数字化工作流程系统等基于互联网的新技术、新产品
	—	获北京市劳动模范称号

2002	—	荣获2001年度国家最高科学技术奖。将500万国家最高科学技术奖奖金中的450万元作为基金，在北大计算机研究所设立“王选科技创新基金”，支持和鼓励青年科技工作者从事具有基础性、前沿性的中长期科技创新技术研究
	—	获北京大学重奖500万元
	7月26日	辞去方正控股有限公司董事局主席职务，改任方正控股有限公司首席科技顾问
2003	—	在全国政协十届一次会议第四次全体会议上，当选为政协第十届全国委员会副主席
	—	任中国专利保护协会名誉会长
	—	出席首届“中国十大科技前沿人物”颁奖仪式，并为获奖者颁奖，出席全国农村小学优秀教师代表座谈会，并会见优秀教师代表和第一届高等学校教学名师将获得者，出席全国高新技术产业化工作会议暨火炬计划15周年总结表彰大会，并为作出突出贡献的先进集体和个人颁奖
	—	出席北京体育大学建校50周年庆祝大会并发表讲话，出席第三世界科学院第14届院士大会、第9次学术会议暨建院20周年纪念大会，以及第三世界科学院科学组织网络第8届大会
	—	任“国家中长期科学和技术发展规划总体战略顾问专家组”成员，出席国家中长期科学和技术发展规划战略研究交流会议
2004	—	任中国印刷技术协会名誉会长
	—	作为全国政协京昆室主任，先后主持全国政协京昆室举办的“保护扶持昆曲艺术”和《中国京剧音配像精粹》二期工程新闻发布会
	—	任中国青少年网络协会名誉会长，出席中国青少年网络协会第一次会员代表大会开幕式并讲话
2005	—	出席中共中央、国务院春节团拜会，出席全国政协十届三次会议，出席2005年中国E-book产业年会并讲话
	—	会见科技部马颂德副部长，希望有关部门对网络出版项目予以支持
2006	2月13日	上午11时3分逝世

后 记

离开人民大学十几年后，再次参与恩师刘大椿教授主持的课题，并在其中做一点儿工作，确有“故地重游”之感。

1997年自人民大学毕业以来，由于主要集中在技术经营、知识产权等方面的研究上，基本脱离了科技哲学研究领域。每年回母校几次，都能感受到人民大学在这个领域的新气象。2009年仲夏，刘大椿老师来电话，问愿不愿意研究一下王选的创新方法。何其幸哉，能够在科技哲学大师刘大椿老师的具体指导下学习、研究方正大师王选的创新方法，愿乐欲从也。那以后的这段时间里，除了调研王选的创新方法外，还重温了一些科技哲学著作，也比往年多跑了几次人民大学校园。既是身重游，也是心重游。

非常感谢恩师提供的机会和指导。也同样感谢王选原来的学生周永军、爱国者数码的黄晶、北京大学教授周程、中国农业大学教授李建军、中国科学院研究生院教授肖显静等朋友、同学的帮助。周永军、黄晶先生详细介绍了王选的思维特点，为笔者理解王选创新方法提供了具体素材；周程、建军、显静三位教授慷慨提供了他们自己的相关研究成果和参考资料。感谢科技部科技发展战略研究院的刘东研究员、中国科学院科技政策与管理科学研究所的冷民研究员、中国科学院研究生院的孟建伟教授为本书写作的推进出谋划策。感谢中国科学院研究生院的徐立博士和笔者交流研究王选创新的体会。

由于能力、水平有限，书中的存在不少不足与不当之处，敬请读者批评指正。

刘海波

2011年8月